高等职业教育铁道供电技术专业系列教材

接触网施工

主　编　韩晓峰　上官剑　王语园
副主编　雷宇岩　黄林锋　詹冬桂
主　审　刘　浩

西南交通大学出版社
·成　都·

图书在版编目（CIP）数据

接触网施工 / 韩晓峰，上官剑，王语园主编.
成都：西南交通大学出版社，2024.7. -- ISBN 978-7
-5643-9943-6
Ⅰ. ①U225.5

中国国家版本馆 CIP 数据核字第 2024CT6197 号

Jiechuwang Shigong
接触网施工

主编 韩晓峰 上官剑 王语园

责任编辑	黄淑文
封面设计	原谋书装
出版发行	西南交通大学出版社 （四川省成都市金牛区二环路北一段 111 号 西南交通大学创新大厦 21 楼）
发行部电话	028-87600564 028-87600533
邮政编码	610031
网址	http：//www.xnjdcbs.com
印刷	成都中永印务有限责任公司
成品尺寸	185 mm × 260 mm
印张	18.5
字数	482 千
版次	2024 年 7 月第 1 版
印次	2024 年 7 月第 1 次
书号	ISBN 978-7-5643-9943-6
定价	58.00 元

课件咨询电话：028-81435775

前　言

近年来，我国铁路事业蓬勃发展，在大规模铁路建设中不断采用新技术、新工艺、新材料。这些工程建设方面的创新对现场工程技术人员的从业素质提出了更高的要求。为了适应铁路建设现代化发展对技能人才的需要，加强铁路职工的岗位培训，弥补高职院校传统教材重理论少实践的不足，我们从工学结合、理实一体的角度出发，编写了这本既能满足现场职工培训，又便于职业院校在校学生学习理解掌握理论知识、培养动手操作能力的理实一体化教材。

本教材编写的特点：

1. 针对性强。根据铁道供电技术专业的培养方案合理安排教材内容，在每个施工任务实施前均有相关理论知识的介绍，理论知识本着够用、易懂并满足施工的规范和标准。

2. 贴近实际。注重接触网施工一线技术资料的搜集，引用了大量施工技术文件的现场作业工艺，在作业标准上符合中铁电气化铁道施工标准的要求。

3. 内容编排合理。按照施工工序的先后分成六大模块，以项目和具体的施工任务来操作，为学习者创造一个理论和实践相结合的学习模块。

本书由西安铁路职业技术学院韩晓峰、湖南高速铁路职业技术学院上官剑、陕西铁路工程职业技术学院王语园主编；中国铁路西安局集团有限公司调度所供电调度室雷宇岩，昆明铁道职业技术学院黄林锋，湖南高速铁路职业技术学院詹冬桂副主编；济南轨道交通集团建设投资有限公司长期从事接触网施工管理工作的技术专家、高级工程师刘浩主审；西安铁路职业技术学院李桥、李安乐参与了编写。具体编写分工如下：模块一以及模块二中的项目一、项目二由雷宇岩编写；模块二中的项目三、项目四由上官剑编写；模块三以及模块四中的项目一至项目三由韩晓峰编写；模块四中项目四、项目五由李桥编写；模块四中的项目六、项目七由李安乐编写；模块四中的项目八、项目九由詹冬桂编写；模块五的全部内容由王语园编写；模块六由黄林锋编写。韩晓峰负责全书统稿并完成教材课件、教学视频资源及现场施工案例等图文资料的制作、整理汇编工作。

中国铁路西安局集团有限公司、中铁武汉电气化局集团西安分公司提供了大量的施工技术标准，本教材建设项目得到西安铁路职业技术学院领导给予的大力支持，在此表示衷心感谢。教材编写过程中还参阅了大量现场施工资料、技术手册及相关图文资料，在此也向以上参考资料的原作者表示衷心感谢。

由于编者理论水平和实践经验有限，书中错漏之处在所难免，希望读者提出宝贵意见，以利修订和完善。

编　者

2024 年 3 月

目 录

资源列表

模块一　接触网施工准备与施工规范

项目一　施工准备

模块一课件

【导　读】

本学习模块重点介绍接触网施工准备、高速铁路接触网工程施工的准备、接触网施工组织设计等内容。通过对本模块的学习，完成接触网施工准备与施工技术规范的综合应用。

【学习目标】

（1）掌握接触网工程的特点和进度要求，会合理部署和使用施工力量。

（2）会进行施工组织设计、施工准备。

（3）会识读平面图与安装图。

（4）具备施工调查和施工文件的核对能力，具备开工报告的撰写能力，具备施工组织设计能力及平面图与安装图的识读能力。

【思政目标】

（1）培养学生的国家意识和民族自豪感，了解我国铁路建设的成就和未来发展的方向，培养国家意识和民族自豪感。

（2）培养学生“没有调查，没有发言权”的思想观念，能够在项目施工开始前，对整个施工项目有清晰的认识；

（3）让学生牢固树立安全意识，时刻绷紧安全施工弦，提高安全意识和自我保护能力；

（4）培养学生创新精神和实践能力，鼓励学生在接触网施工施工准备过程中积极探索新的施工方法和技术，培养创新精神和实践能力。

任务一　施工调查与准备

【任务描述】

施工前的调研与准备是保证施工任务顺利完成的必要条件。本任务就是要掌握该工程的特点和工程技术规范、进度要求，合理地安排部署和使用施工力量，主要从人力、物力、机械、技术和组织等方面为施工创造一切必要的条件，使工程开工后能够保证工程进度、工程质量。

一、理论部分

（一）接触网施工调查与准备概述

接触网施工调查是确保工程顺利完工最为重要的环节，直接关系到开工日期、进度、质量及安全，关系到工程经济效益和社会效益。俗话说“良好的开端是成功的一半”，表现在工程施工中就是接触网施工调查做得越充分、越细致、越全面、越具体，工程进度就越顺利，就可以创造优质、高效及良好的经济效益。反之，外部环境等因素调查不充分，施工准备不充分，仓促上马开工，物资、材料、机械设备、人力资源不到位，必然造成窝工待料，制约工程进度。

根据我国电气化铁道建设经验，要想加快工程施工进度，缩短建设周期，保证工程质量和施工安全，最大限度地减少施工对铁路运输的干扰和影响，就必须坚持“工欲善其事必先利其器”的原则，积极稳妥地做好施工前的各项准备工作。只有切实做好施工组织、生活、物资、技术等方面的准备工作，才能优质高效地完成施工任务，开创建设单位与施工单位等所有参建单位共赢的局面。

（二）施工调查的主要内容

（1）工程概况，包括工程环境、气候特征、工程地质、水文地质、工程规模数量和特点，并应在特殊地质情况调查的基础上，研究技术资料及施工文件工程的承（发）包合同、设计文件及各种相关文件，与顾客沟通、了解顾客对工程施工的需求，明确竣工归档的要求，为施工中原始施工资料归档及保管做好准备，并以此制订详细的施工方案。

（2）现场调查，工程的施工条件，包括施工运输、水源、供电、通信、场地布置、征地、拆迁、青苗补偿情况等。现场实地调查，与有关单位建立协作关系，签订各类施工协议、施工合同。

（3）技术准备，做好施工的各项技术准备工作。

（4）物资调研，做好施工物资调查，与建设单位物资部门联系沟通，了解各种甲供、甲控材料设备的供货管理规定、程序、方法等，确定自我采购物资、材料设备的范围、品种、规格、型号及技术参数等。

（5）机具调查，做好施工机具准备工作，确保按照不同的施工时间节点进退场。

（6）施工队伍调研与准备，做好施工队伍及补充劳动力的准备。

（7）牵引变电所的土建和相关工程进度情况及施工配合问题。

（8）临设拆迁，做好大型临时设施拆迁的准备工作。

（9）对当地生态、环境保护的一般规定和特殊要求，工程对环境可能造成的近、远期影响，以及其他尚待解决的问题。

二、任务实施

（一）实施的工艺流程（见图 1-1-1）

图 1-1-1　任务实施的工艺流程

（二）施工准备的实施调查及接口检查

（1）施工单位应依据施工设计文件及相关资料进行施工调查及接口检查，并编制施工调查报告。

（2）施工单位应在施工前对临时过渡方案进行现场核查。

（3）施工环境条件调查应包括以下内容：

① 施工当地的地形、地质、气象、水文，以及雨季、降雨量、冻土深度等情况。即要对本标段的工程情况、水文地质、地形特点、地方资源、人力资源、通信设施、交通运输、水源电源、环境保护、水土保持、文物保护、临时用地、临时用房、外来材料采购供应等情况进行更进一步的详细调查，为编制本标段单位工程实施性施工组织设计提供基础资料。

② 生活供应、医疗、卫生、防疫、民俗及社会治安情况等。设置保安设施，与当地环保部门联系，了解当地生态环境和环保要求，做好环保方案及规划。

③ 施工道路运输、场地、仓储、水源、供电、通信等条件。建立项目经理部及各施工队驻地，配齐生产、生活、仓储用临时设施；安装通信设施、保证通信联络畅通；落实电源、水源等是否满足施工要求，生活饮水是否符合饮用水标准；设置消防设施。

④ 现场准备。

与产权单位取得联系，签订有关配合协议，确定施工范围，便于施工顺利开展；做好现场规划，按施工平面布置图租用临时房屋，设置料库；施工前做好与地方各部门的协调工作，主动与地方有关部门联系，做到既方便施工又不影响地方利益。

⑤ 接触网施工条件调查还包括下列内容：

a. 土建工程中接触网预留基础、沟、槽、管、线、人孔（井）、手孔等预留情况。

b. 施工范围内既有地下管、线、缆等径路。

c. 轨行车辆停放场地。

项目经理部在签订施工合同后立即组织先遣队伍上场，快速完成队伍的驻地和临时工程建设。严格按照承诺调遣施工队伍和机械设备、材料进场，积极做好工程开工前各项准备工作，保证按业主要求的开工日期准时开工，为全面展开施工做好准备。

三、任务考核

（1）人员：以作业组为单位。

（2）操作时间：规定时间为 20 min。在规定时间内完成，不加分也不扣分；每超时 1 min，从总分中扣 2 分；超时 10 min，停止作业。

（3）测评标准（见表 1-1-1）。

表 1-1-1　测评标准

考评项目	分值	序号	测评要求及评分标准	分值	扣分情况	得分
工具准备	0 分	1	笔	0 分		
		2	试卷	0 分		

续表

考评项目	分值	序号	测评要求及评分标准		分值	扣分情况	得分
操作标准	95 分	3	工程概况		25 分		
		4	施工条件		25 分		
		5	施工配合		25 分		
		6	其他准备		20 分		
安全及其他	5 分	7	按规定设置防护		0 分		
		8	安全		0 分		
		9	动作、语言文明		5 分		
主定时间	20 min		操作时间				
合计	100 分				100 分		

任务二　高速铁路接触网工程施工准备

【任务描述】

普速铁路接触网施工一般是在既有的运营铁路线路上进行电气化改造施工，包括大修和更新改造项目，或者是在新建线路上的一次电气化施工，高速电气化铁路施工基本上属于新建铁路一次电气化施工。由于线路运行速度高，所有接触网涉及的路基部分施工，需要做提前的相关施工预留，以减少接触网基础施工对路基、桥梁、隧道稳定性的破坏。

一、理论部分

（一）高速铁路接触网施工特点

1. 接触网基础等全部由站前工程预留

高速铁路由于其高速度及高平顺性的特点，对站前路基质量要求非常高。为了减少接触网站后工程施工对已经成型的站前路基工程的二次施工破坏，在高铁所有涉及接触网专业的路基部分的施工，如接触网路基部分的基坑开挖、基础浇筑，桥梁、隧道的锚栓，全部由站前土建施工单位在路基、桥梁、隧道施工时预留，以减少接触网基础施工时对路基、桥梁、隧道稳定性的破坏。站前土建施工单位人员由于不了解供电设备预留的孔、洞位置，有可能会造成预留位置尺寸与设计误差较大，有的甚至没有预留，从而给接触网工程施工造成很大困难，影响工程的工期和质量。

2. 接触网工程受站前工程施工影响较大

接触网施工属于站后工程，其工程施工进度受路基、桥梁、隧道等站前施工的影响较大，如果站前工程出现问题，必然会压缩站后“四电”各专业工程的施工时间。这种情况一旦发生，就会使得接触网工程的施工时间非常紧张，进而影响到工程质量。

3. 建设工期制约因素较多

高铁建设周期受制因素较多，不可避免地会出现交叉施工的情况，接触网专业不仅要和站前专业交叉施工，还会与“四电”专业中的通信、信号、变电及电力专业同步施工。

4. 施工单位的提前介入

施工单位加强接口技术管理的同时，除按照接触网工程施工进场时间节点，结合高速铁路工程的特点，根据接触网专业的施工要求做好施工准备阶段的工作以外，还需要与建设单位、站前施工单位及通信、信号、变电及电力专业施工单位沟通，提前介入接触网的预留工程施工，避免不符合接触网专业设计问题的发生，最大限度地降低工程施工成本，提高工程施工质量。组织工程技术人员和有经验的施工人员组成接触网预留设施安全质量检查组，在接触网预留设施施工时，进行监督检查，避免在接触网预留设施施工时出现问题，为打造精品接触网工程奠定坚实的基础。

（二）高速铁路接触网施工模式及原则

高速铁路接触网施工具有“六化”特征，即：施工人员专业化、施工作业标准化、施工机具专用化、施工计算电脑化、施工检测精准化、施工组织科学化。

由于高速铁路接触网的技术要求较高，为保证施工精度，必须在施工前对相关的施工参数进行准确测量和计算，对装配结构进行预装配，做到施工作业标准化和工厂化，简化现场作业内容，缩短现场作业时间。

高速铁路接触网工程与路基、桥梁、隧道等专业间的配合度很高，下部工程施工大多与站前工程同步进行，应做好协调和相互配合工作。在任何情况下，线路设备的变动或新设备的建立都不得侵入建筑基本限界。

高速铁路接触网工程的关键项目实行专业化、实名制安装制度，建立腕臂、吊弦（含吊索）、电连接、棘轮、线岔等安装和调整的专业班组，实行接触网腕臂安装、吊弦（吊索）安装的程序化和数据化；建立专门的腕臂和吊弦安装测量、计算、预配班组，确保接触悬挂安装的精度；建立接触网零部件物流及预配中心，严格执行零部件入库检验管理规定，实行零部件使用可追溯管理制度；严格按《安装手册》要求使用安装工具，接触网配件中所有螺栓必须采用力矩扳手紧固，紧固力矩应符合《安装手册》要求；上部安装和悬挂调整不应给接触线施加外力，任何情况下严禁踩踏接触线。

高速铁路接触网工程实行螺栓安装紧固、防松终检制度，接触网精调完成后必须由专门班组对所有接触网零部件的螺栓实行防松措施和紧固力矩的全面检查。

二、任务实施

（一）施工工艺流程

高速接触网工程可分为上部工程和下部工程两大部分，下部工程是指支柱及以下工程，这些工程大多为隐蔽性工程，其余为上部工程。

在施工准备阶段应从施工进度的角度确定高速铁路接触网的施工工艺流程，可将高速接触网工程分为七个阶段：施工准备、施工测量、下部工程施工、上部工程施工、试验、送电开通、竣工验收等，如图 1-1-2 所示为高速铁路接触网施工流程图。

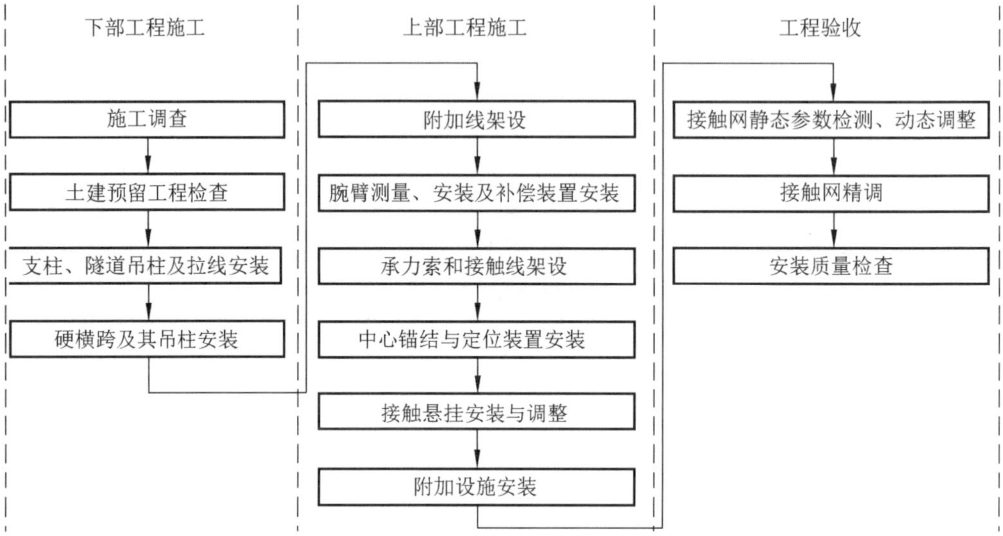

图 1-1-2　高速铁路接触网施工流程

从施工安装调整项目上看，接触网工程主要有：施工测量、预埋件检查、基础与支柱安装、隧道吊柱安装、硬横跨和吊柱安装、拉线安装、附加悬挂安装、腕臂安装、补偿装置安装、承力索和接触线放线架设、中心锚结安装、定位装置调整、接触悬挂调整、电连接线安装、线岔调整、锚段关节式电分相开关安装、避雷器及分段绝缘器安装、接触网接地及回流引线安装、供电电缆安装、标志牌安装、接触网检测与精调。

（二）施工前的调查与准备

1. 施工前准备

接触网工程施工开始之前，应做好人员、物资、设备、外部环境（包括人文环境和施工环境）等各个方面的准备工作。施工准备的工作很多，概括起来可归纳为：

（1）研究文件。熟悉工程合同、工程设计文件以及与工程有关的各类规范、标准性文件。

（2）现场调查。现场实地施工调查，与施工有关单位签订各项合同及协议，建立协作关系。

（3）编制施工组织设计。编制实施性施工组织方案和施工计划，编制施工预算。

（4）准备施工所需的技术、物资、生活设施、施工机具、施工队伍。

（5）临设建设。临时设施的建设与拆迁。

（6）建立制度。制定各项管理制度，如劳动工资、定额、奖惩制度、分配办法等。

施工准备阶段是施工全过程的首要环节，它直接影响开工日期、工程进度、工程质量和施工安全，是关系到工程效益的重要阶段。

2. 高速铁路接触网预留施工检查监督重点

（1）钢柱施工。H 形钢柱基础型号及位置是否符合接触网平面布置图的要求。预留锚栓数量、材质、垂直度偏差等是否符合要求。每根锚栓配螺母、垫圈的机械性是否能与锚栓配套。

在桥隧等特殊地段，检查接触网支柱等下部工程是否同桥隧工程的设计和施工同步进行。使桥隧工程和接触网基础工程成为一个整体，既有利于提高施工精度和效率，增加基础的稳定性，同时又可避免接触网基础施工对桥梁和隧道结构的二次破坏。

（2）零件防腐。锚栓、螺母、垫圈及预埋钢板均应做防腐处理，防腐质量必须达到设计要求。

（3）管线位置。电缆上桥及过轨位置符合设计要求。站内电缆过轨设置间距、数量应符合设计要求，钢管两端穿入电缆槽或手孔（电缆井），管内无异物，过轨钢轨无变形，管口应封堵完好。

（4）缆槽施工。电力电缆槽应按设计要求施工，质量达标。

（5）隧道槽道。隧道内预埋槽道应符合设计要求。

（6）综合接地。综合接地系统的预留施工应符合设计要求，并满足接触网施工要求。

（7）声屏障、CP3 观测桩位置。必须关注声屏障、CP3 观测桩等与接触网设备安装位置冲突问题，提前发现问题，及时反映协调，确保无冲突。

三、任务考核

（1）人员：以作业组为单位。

（2）操作时间：规定时间为 20 min。在规定时间内完成，不加分也不扣分；每超时 1 min，从总分中扣 2 分；超时 10 min，停止作业。

（3）考核标准：见表 1-1-2。

表 1-1-2　施工准备考核记录表

考核项目	分值	序号	考核要求及评分标准	分值	扣分情况	得分
工具准备	0 分	1	笔	0 分		
		2	试卷	0 分		
主要操作技能	95 分	3	工程概况	25 分		
		4	调查施工条件	25 分		
		5	接触网施工预留项目检查	35 分		
		6	其他准备	10 分		
其他	5 分	7	按规定设置防护	0 分		
		8	安全	0 分		
		9	动作、语言文明	5 分		
时间	20 min		操作时间			
合计	100 分			100 分		

★ 思政链接

中国铁路电气化的奠基人——曹建猷

一颗报国心，毕生铁路情，中国铁路电气化专家曹建猷长期从事铁路电气化与计算机科学的教学和研究，铁道牵引电气化与自动化学科的创始人，对确定我国电气化铁道供电制式及电气化铁道的发展作出了重要贡献，被誉为中国铁路电气化奠基人。

1953 年 11 月，当时的铁道部决定发展我国的电气化铁路，决定首先在宝鸡—凤州段采用电力牵引，宝凤段跨越秦岭的一段铁路地形极为险恶，91 km 就有 48 个隧道。1958 年 6 月 15 日，宝鸡至凤州段电气化铁路开工。电气化铁道第一工程段一支近千人的施工队伍开进了秦岭深处，他们风餐露宿，挖坑立杆，架线铺缆，成为电气化铁路这片广袤原野上第一批拓荒者，由此揭开了中国铁路电气化建设的序幕。

1960 年，宝凤段电气化铁路建成准备通电试车，铁道部邀请曹建猷前去协助担任指挥的电气化工程局局长贾耀祥，同时还有几位局长与他组成临时领导小组，曹建猷任副组长兼技术组组长。

1956 年，年仅 39 岁的曹建猷到北京参加国务院组织的《1956—1967 年科学技术发展远景规划纲要》研讨会，当时，年轻有为的曹建猷颇为引人注目——中科院曾两次邀请他来搞加速器研究；中科院筹备成立自动化所时，钱伟长也邀请他加入自动化筹备组。然而，这一切曹建猷都婉拒了，他始终坚持进入国内一片空白的“铁路电气化”方向。

经过近半个世纪国内外铁路电气化建设和运营实践，工频单相交流牵引制得到了快速发展，已取代直流制而成为世界上主要的电力牵引制式。我国从铁道电气化起步，便确定了先进的交流单相工频 25 kV 电压制，为以后重载运输、高速铁路的快速发展和安全运营创造了有利条件，并减少不必要的牵引制式改造带来的麻烦和资金浪费，从而在总体上促进了铁路电气化的加速发展。

“曹建猷先生的一生，是精忠报国，为中国特色社会主义事业奋斗的一生；是开拓创新，不断开创中国铁路电气化事业新局面的一生；是勇于担当，为学校发展和人才培养鞠躬尽瘁的一生。”

项目二　接触网施工组织设计

模块一
项目二课件

【导　读】

接触网施工组织设计是指导和组织施工的依据，是电气化铁路工程进行施工准备和组织施工的基本技术经济文件。本项目的主要任务是施工组织设计、施工准备和平面图与安装图的识读。

【学习目标】

（1）掌握实施性施工组织设计编制的原则和内容。
（2）掌握施工准备的内容要求和开工报告的撰写内容。
（3）掌握平面图和安装图的基本知识。

【思政目标】

（1）强化安全意识与风险管理，培养学生风险识别、评估和防控的能力，确保施工过程中的安全稳定。

（2）培养学生细致入微的工作态度，精益求精的工作品质；注重施工平面图与安装图中的细节研读与分析，树立“细节决定成败”的哲思。

（3）培养法律意识和合规意识，使学生了解国家相关法律法规和行业规定，强调在接触网施工组织设计中遵循法律法规和行业规定，确保施工过程的合法性和规范性。

任务一　实施性施工组织设计

【任务描述】

实施性施工组织设计是组织施工的依据，是工程施工的纲领性文件。编制实施性施工组织设计应通过全面的调查研究，按照建设项目的工期要求和投资计划，有计划地合理组织和安排好工期、施工方案、施工方法、施工顺序，并提出劳动力、材料、机具设备等生产资源的合理配置。

一、理论部分

（一）施工组织设计概述

施工组织设计是指导项目建设的纲领性文件，一经批准，即作为项目建设管理的重要依据。

目前执行的是 2015 年 2 月 16 日由中国铁路总公司发布的《铁路工程施工组织设计规范》（Q/CR9004—2015）。该规程突破以往的概念，明确了施工组织设计的编制和优化方法。

（1）施工组织设计按阶段不同分为概略施工组织方案意见、施工组织方案意见、施工组织设计意见、指导性施工组织设计和实施性施工组织设计，工程实践中常用并大量使用的是实施性施工组织设计。

（2）施工组织设计应满足铁路建设“管理制度标准化、人员配备标准化、现场管理标准化、过程控制标准化”的标准化管理要求，提高“机械化、专业化、工厂化、信息化”水平。

（3）施工组织设计应以保证工程质量和安全为前提，以优化工期、资源配置和投资效益为目标，结合工程实际，对工程建设进行“全项目、全过程、全要素、全目标”规划与组织。

（4）施工组织设计应遵循节约用地、节能环保、因地制宜的原则，力求永临结合、节省投资，并重视防灾减灾、文物保护等。

（5）施工组织设计应统筹安排各项工程，按照技术先进、经济合理的原则，做好施工组织方案比选，优化人、财、物、机等资源配置，合理安排施工顺序，注意工程接口，均衡组织生产。

（6）技术复杂的站场改造等工程，应单独编制施工组织设计。对于高风险工程应制订风险管理预案。

（7）铁路营业线施工及可能影响营业线运行安全的施工，必须严格执行营业线安全管理的有关规定。营业线施工组织设计应在保证运行安全的前提下，坚持施工、运营兼顾的原则，优化设计方案和运输组织，采取必要的工程措施或过渡方案，保证各项建设目标的实现。

（8）工期目标的确定，前期设计应适当留有余地以增强抵御建设风险的能力，实施阶段指导性施工组织设计宜体现先进水平，实施性施工组织设计在满足指导性施工组织设计的安排下，可根据企业管理水平和技术装备水平等合理安排工期，鼓励采用先进水平。

（9）施工组织设计管理实行各单位第一责任人负责制。审定后的施工组织设计应严格执行，实施中应结合工程实际情况进行动态优化调整，并履行相关建设程序。

（二）实施性施工组织设计的编制

在概述中，我们谈到施工组织设计按阶段不同划分为五类，工程实践中常用并大量使用的是实施性施工组织设计，因此本节重点介绍实施性施工组织设计的有关内容。

实施性施工组织设计是指导和组织施工的依据，是工程施工的纲领性文件。应遵循“统筹兼顾、全面安排、总体协调、均衡施工”的原则进行编写。实施性施工组织设计的编写应遵循《铁路工程施工组织设计规范》（铁总建设〔2015〕79 号）的文件要求编写。

实施性施工组织设计是根据施工合同文件的要求，结合电气化工程建设的实践经验，为满足拟建工程具体条件和要求，由施工单位编写的安排、指导、组织工程从施工准备到竣工验收全过程的一个综合性的技术经济文件。施工组织设计应具备指导性、实用性和规范性，既要体现工程的设计和使用要求，又要符合施工的客观规律，对施工全过程具有组织、部署或安排的作用，是施工准备（现场准备、技术准备、物资准备、人力资源准备、机械准备等）工作的依据和重要保证。

为了保证编制的质量和效率，一定要挑选精通工程技术和管理技术，具有一定经济知识、了解设计思路、经验丰富的技术人员来担当编制负责人。在选择施工方案、确定施工总平面图和施工进度计划时要坚持集思广益的工作思路，让参加具体施工的基层技术人员和管理人员参加讨论，充分运用头脑风暴法，了解设计意图，以便贯彻实施的过程中具有极强的针对性和可操作性。施工组织设计的编制负责人，应是贯彻实施的负责人，施工组织设计应逐级审批，通过审批后方能生效。在施工过程中，如因工期、技术改造、先期工程或施工任务等特殊原因，需要对施工组织设计进行修正和补充时，应报原上级和建设单位审批后方可执行。

二、任务实施

（一）实施的工艺流程（见图 1-2-1）

图 1-2-1　任务实施的工艺流程

（二）实施性施工组织设计的编制应遵循的原则

（1）满足指导性和综合性施工组织设计。

（2）进行技术经济方案的比选，择优确定方案。

（3）应完善施工工艺，积极采用新技术、新工艺、新材料、新设备。

（4）因地制宜，就地取材。

（5）根据工程特点和工期要求，安排好施工顺序及工序的衔接。

（6）提高施工机械化作业水平，提高劳动生产率，减轻劳动强度，加快施工进度，确保工程质量。

（7）符合环境保护、安全生产及职业健康有关法律、法规的要求。

（8）应根据实际工程数量、工程特点、工期要求，合理组织施工队伍，统筹安排工程进度。

（三）编制实施性施工组织设计的依据

（1）建设项目的合同文件。

（2）设计文件、相关标准、施工技术指南和施工工法。

（3）调查资料，如气象、交通运输情况、当地建筑材料分布、临时辅助设施的修建条件，以及水、电、通信等情况。

（4）施工人员及机具现状。

（5）现行施工定额和本单位实际施工水平。

（四）实施性施工组织设计的内容

（1）工程概况、地区特征、气候气象、工程地质、工程设计概况、工期要求、质量要求、主要工程数量等。

（2）工程特点、施工条件、施工方案、交通运输，任务分工，各工程的衔接与配合，施工队伍部署，运输与施工的配合。

（3）临时场地布置，水、电、燃料供应方法。临时工程修建规模、地点、标准及工程量。

（4）安全、质量控制目标。

（5）施工进度安排、施工形象进度。

（6）施工测量、基坑开挖方法及工程检测等。对通信、信号、电力工程的配合技术要求及措施。拆迁、干扰处理工作量及措施。

（7）机械设备配备、劳动力配备，主要材料供应计划，主要器材、机具的筹备及配备，当地材料供给等。

（8）施工管理、工程质量和施工安全保证措施等。

（9）施工过程中对环境的影响因素所采取的保护措施。

（10）自然灾害等紧急情况的应急预案。

（11）主要技术经济指标及相应的技术组织措施等。

（五）实施性施工组织设计管理

实施性施工组织设计应在开工前作为开工报告的一部分，经报批后实施；在实施过程中应根据客观条件、生产资源配置的变化情况调整施工组织计划并实行动态管理。

（六）施工单位组织计划

施工单位应根据承发包合同或上级下达的施工组织计划，做好施工组织工作，提出施工组织计划。

（七）单位工程施工组织计划

单位工程施工组织计划应贯彻全线（段）工程施工组织计划的精神和要求，应简明具体、切合实际，主要有下列内容。

（1）概述，包括：① 线路概况；② 电化工程概况；③ 编制依据。

（2）施工地区特征，包括：① 地区特征；② 气象资料；③ 交通运输情况；④ 沿线水、电、燃料、砂、石等可供利用的情况；⑤ 地区卫生防疫情况；⑥ 沿线劳动力资源情况。

（3）主要工程数量及主要经济技术指标。

（4）施工队伍的部署、施工任务的划分、工期及主要工程进度分季度计划。

（5）控制工期的工程项目的施工方案、实施措施、月份计划。

（6）对通信、信号、电力工程的配合技术要求及措施。

（7）季度施工轮廓计划。

（8）季度主要物资供应计划。

（9）利用封闭点施工的具体计划，以及减少施工与运输干扰的具体措施、办法。

（10）主要工程项目的施工方法，以及保证安全、质量的措施。

（11）施工经济责任制的具体办法。

（12）拆迁、干扰处理工作量及措施。

（13）临时工程修建规模、地点、标准及工程量。

（14）图表资料，包括：① 主要工程数量表；② 主要劳动力数量表；③ 材料、设备数量表；④ 施工机具数量表；⑤ 干扰、拆迁数量表；⑥ 有关施工调查资料；⑦ 施工图纸目录；⑧ 主要经济技术指标；⑨ 有关协议、纪要及公文；⑩ 施工进度示意图。

（八）设备、材料申请计划

施工单位应根据设计文件提供的设备和主要材料数量，估编材料、设备 申请计划，提报上级物质部门。施工单位应根据批准的技术设计（或扩大初步设计）、施工图及施工调查资料，提出详细的材料、设备申请计划。

（九）施工订货

施工订货时，产品的技术条件应符合设计文件，若订货确有困难需改代用产品时，应事先征得设计和建设单位的同意。

三、任务考核

（1）人员：以作业组为单位。

（2）操作时间：规定时间为 30 min。在规定时间内完成，不加分也不扣分；每超时 1 min 从总分中扣 2 分；超时 10 min，停止作业。

（3）考核标准：见表 1-2-1。

表 1-2-1　考核记录表

考核项目	分值	序号	考核要求及评分标准	分值	扣分情况	得分
料具准备	0 分	1	笔	0 分		
		2	试卷	0 分		
操作技能	95 分	3	编制原则	25 分		
		4	编制依据	25 分		
		5	内容	25 分		
		6	施工单位	20 分		
安全及其他	5 分	7	按规定设置防护	0 分		
		8	安全	0 分		
		9	动作、语言 文明	5 分		
规定时间	30 min		操作时间			
合计	100 分			100 分		

任务二　开工报告

【任务描述】

接触网工程施工有其特殊的要求，必须具备一定的外部、内部条件方可展开施工。工程开工必须坚持开工报告制度，这是严格按照基本建设(简称为“基建”)程序办事的重要措施之一，是保证组织均衡施工的关键一环。开工报告是竣工验收文件的组成部分。

一、理论部分

（一）开工条件

接触网工程施工应具备一定的内、外部条件，如果条件不具备就仓促开工，轻则造成人员、机械的不合理使用，导致窝工浪费；重则可能造成返工、工程质量达不到要求的严重质量事故。接触网工程施工应具备的基本条件如下。

（1）与接触网工程有关的线路改造工程，就全线路来说，应该基本完工；就某个站场或区间来说，应全部交工，且线路基本稳定。

实践证明，线路改造工程与电化工程交叉施工的办法只能造成相互严重干扰，增加对运输行车的影响，而且施工效率低、工期长、容易造成窝工、返工等浪费弊病。

（2）繁忙的营业线路施工，应有铁路局给定固定的线路封闭时间，供电化施工专用（或与其他工程合用，但以电化工程使用为主）。封闭点的长短及期限应保证立杆、架线、隧道作业的需要，并满足工期要求。为了尽量减少运输损失，封闭点时间应经过严格核算确定。封闭区间可按区段划分。

（3）与铁路线路交叉、跨越、接近的通信、电力线路，电缆，上、下水管道，油、气管路，以及其他建筑物和设备的拆迁改建工作，应有与电化工程施工进度配合一致的安排和相应的协议保证。

（4）接触网工程在具备上述条件，且充分做好各项准备工作后，还需具备下列条件方可开工：

① 设计文件、施工图纸能满足施工需求；

② 施工复测已经完成，施工标桩完备；

③ 主要材料、设备的供应已基本落实，机具、劳动力能满足施工要求；

④ 实施性施工组织设计已经获得总监理工程师批准；

⑤ 施工预算已经编制；

⑥ 前期工程，如线路、桥梁、隧道、站场股道等已基本完成，质量符合电化施工要求。

⑦ 路内、外拆迁工程和工程用地已有妥善协议和安排，并能满足开工要求；

⑧ 工地布置、临时房屋、运输便道、通信设施以及施工用水、用电等能满足开工需要；

⑨ 施工现场安全措施符合安全规程要求。

（二）开工报告

接触网工程开工必须坚持开工报告制度，这是严格按照基建程序办事的重要措施之一，是保证组织均衡施工的关键一环。开工报告是竣工验收文件的组成部分。按照基建程序，凡属铁路新建、改建、扩建或停工后复工的铁路基本建设项目中的单项工程，都应在正式开工或停建后复工之前，办理开工报告审批手续。

建设项目的开工是指设计文件规定的永久性工程第一次开始施工时间（平整土地、拆迁旧建筑以及修建临时便道、三类工程都不算正式开工）。

项目部根据《国务院办公厅关于加强和规范新开工项目管理的通知》和关于发布《铁道总公司基本建设大中型项目开工条件和办理程序》的通知文件要求，对照检查，达到开工要求后，填写工程开工、复工报审表，送项目监理机构审核，经专业监理工程师现场审查，具备开工条件，由总监理工程师签发工程开工报审表，并报送建设单位批准。开工报告未经批准不得开工。

二、任务实施

（一）实施的工艺流程（见图 1-2-2）

图 1-2-2　任务实施的工艺流程

（二）开工前准备

施工单位应在施工前和施工过程中，对管理人员、作业人员进行技术安全培训。施工作业人员资质应符合有关法规的规定。对从事特殊作业的人员，按规定持证上岗。

1. 施工机械准备

（1）施工机械应根据实施性施工组织设计的要求，配备污染小、能耗小、效率高的机械。

（2）施工机械应机况良好，零配件、附件及履历书齐全，施工机械的准备应适应施工进度的要求迅速而及时地分期完成，确保正常施工。

（3）施工机械的安装应选择适宜的地点，机械运转时的废气、噪声、废液、振动等应尽量减少对周围环境造成污染和影响。在靠近居民区时，各项排放指标均应达到现行《建筑施工场界噪声限值》《污水综合排放标准》《环境空气质量标准》等有关规定。

（4）施工机械配套应针对铁路的特点，以实现机械化均衡生产为目标，配套的生产能力应与施工能力相匹配。

（5）应根据铁路电气化的特点，配备工程必需的施工、试验及检测设备。

2. 施工场地与临时工程

（1）施工场地布置应符合下列要求：

① 有利于生产、文明施工、节约用地和保护环境。

② 事先统筹规划，分期安排，便于各项施工活动有序进行，避免相互干扰。

（2）施工场地布置应包括下列内容：

① 运输道路的引入和其他运输设施的布置。

② 水、电设施的位置。

③ 大型机具设备的组装和检修场地。

④ 混凝土拌和站及砂、石等材料的布置。

⑤ 各种生产、生活等房屋的位置。

⑥ 场内临时排水系统的布置。

（3）临时工程施工应符合下列要求：

① 运输道路应满足运量和行车安全的要求。

② 电力线路和通信线路应按有关规定统一布置尽早建成。

③ 各种房屋应符合相关的安全消防规定，爆破器材库、油库的位置应符合有关规定，房屋内应有通畅的给排水系统并避开高压电线。

④ 严禁将住房等临时设施布置在易受洪水、泥石流、落石、雪崩、滑坡等自然灾害威胁的地点。

⑤ 临时工程及场地布置应采取措施保护自然环境。

⑥ 临时设施的布置应考虑突发性自然灾害并制订相应的紧急预案。

（4）施工场地布置时在水源保护地区内不得取土、弃土、破坏植被等，不得设置搅拌站、洗车台、充电房等，不得堆放任何含有害物质的材料和废弃物。

（5）工程竣工时，应修整、恢复受到施工影响的植被、自然资源等。

3. 开工报告撰写

（1）电力牵引供电施工准备工作完成后应按规定提交开工报告。

（2）开工报告应包括建设项目名称、单项工程名称、工程地点、施工单位、申请开工日期、实际开工和竣工日期、开工项目的主要内容、准备工作情况以及存在的问题。

三、任务考核

（1）人员：以作业组为单位。

（2）操作时间：规定时间为 30 min。在规定时间内完成，不加分也不扣分；每超时 1 min。从总分中扣 2 分；超时 10 min，停止作业。

（3）考核标准：见表 1-2-2。

表 1-2-2　考核记录表

考核项目	分值	序号	考核要求及评分标准		分值	扣分情况	得分
料具准备	0 分	1	笔		0 分		
		2	试卷		0 分		
操作技能	95 分	3	施工机械准备		25 分		
		4	施工场地布置		25 分		
		5	临时工程		20 分		
		6	开工报告		25 分		
安全及其他	5 分	7	按规定设置防护		0 分		
		8	安全		0 分		
		9	动作、语言文明		5 分		
规定时间	30 min		操作时间				
合计	100 分				100 分		

★ 思政链接

电气化铁路发展之路——宝成铁路全线电气化

在渡过“三年困难”时期之后，经过“调整、巩固、充实、提高”，国民经济恢复生机，“三线建设”掀起高潮，铁路运输进入繁忙时期。1965 年，为强化宝成铁路运输能力，疏通广元“咽喉”，铁道部决定宝成全线实现电气化。1966 年开展初步设计，1967 年进行初步设计鉴定。鉴于当时的形式和任务，结合线路的具体情况，铁道部决定宝成铁路分段进行电化设计，分段进行施工，分段交付运营，先后顺序是：广元至马角坝至绵阳；凤州至广元；绵阳至成都。1975 年 7 月 1 日，全长 668 km 的中国第一条电气化铁路宝成线贯通，如图 1-2-3 所示。

图 1-2-3　新中国第一条电气化铁路建成通车

如果说宝凤段的电化设计是在苏联专家指导下拄着“拐杖”完成的，那么凤成段电气化铁路设计则是在“自力更生、艰苦奋斗”精神鼓舞下，丢开“拐杖”完全依靠自己的力量，根据国情结合实际完成的。相比于宝凤段，凤成段电气化设计在技术标准、技术水平方面都有长足的进步和提高，采用了许多新设备、新材料和新工艺。例如，牵引变电所内采用 27.5 kV 室内六氟化硫气体断路器、少油断路器和馈线晶体管成套保护；接触网采用全补偿链型悬挂，在净空 6 m 的隧道内采用简单补偿悬挂，支柱采用横腹杆式预应力钢筋混凝土支柱，全部采用绝缘腕臂。大量采用钢铝接触导线，并在广汉至成都区段安装 BT 吸流变压器—回流线装置。

模块二　接触网下部工程施工

模块二课件

本模块包含基坑定位测量、基坑开挖与基础浇筑、支柱与拉线安装、桥支柱与隧道埋入杆件灌注四个项目。包括：纵向测量（杆位测量）和横向测量（基坑测量）；开挖基坑和在开挖过程中的安全防护；灌注混凝土和预埋地脚螺栓及基础养护；支柱安装和整正及锚板安装与拉线安装；孔位测量、钻孔打眼和灌注作业。旨在培养学生的测量能力、基坑开挖和基础浇筑能力、支柱和拉线安装及支柱整正能力、锚栓和杆件的灌注能力。

项目一　接触网施工测量

【导　读】

接触网施工测量按测量所处的地点分为区间测量、站场测量和隧道测量等。按具体形式又可分为纵向测量和横向定位测量。纵向测量是根据接触网平面布置设计图，沿铁路线路测量出接触网支柱、基础及隧道悬挂点的纵向位置；横向定位测量是指支柱、基础及隧道悬挂点在沿线路定出纵向位置之后，确定其支柱、基础、埋入杆等偏离线路中心的位置（即进行垂直于线路方向的定位）。

【学习目标】

（1）掌握纵向、横向测量的目的。

（2）掌握纵向、横向测量的方法和步骤，具备纵向测量、横向测量的能力。

【思政目标】

（1）培养学生严谨、细致的工作态度，强调施工测量在接触网工程中的基础性和重要性。夯实测量基础，勤练测量技能。

（2）注重团队协作的训练，培养学生与团队成员间的沟通、协调和配合能力。

（3）培养学生作业过程中一丝不苟，精益求精的测量态度，“失之毫厘，谬以千里”，小误差也会造成大隐患。

任务一　纵向测量

【任务描述】

接触网施工的纵向测量是把图纸上的内容和线路具体情况结合起来，即把施工图纸上的支柱，基础等接触网建筑物的位置落实到具体施工地点，为挖坑作业提供依据，并核定接触网设计平面图与现场实际情况是否相符，初步检验设计是否合理，有无遗漏、缺陷和错误等。线路的纵向测量即支柱、基础纵向位置的测量。

一、理论部分

（一）纵向测量的目的及起点确定

纵向测量指根据接触网平面布置设计图，沿既有铁路线路定测出接触网支柱或基础的位置，又称为杆位测量。纵向测量的目的是决定各个支柱在线路上的相对位置。

纵向测量的起点一般用接触网平面图中标注的测量起点。如果接触网平面图中未标注测量起点，可以将线路上的设备或建筑物的中心里程作为测量起点。站场一般采用车站最外道岔的中心里程，区间一般采用桥梁和隧道的中心里程。

（二）技术要求

（1）测量中遇有大型建筑物，如桥、隧、立交道口时，应根据平面图分段进行闭合，测量精度不得低于 1/2 000。

（2）杆位因地形、地物需调整跨距以避让时，跨距调整幅度为设计跨距的 $-2 \sim +1$ m 调整后的跨距不得大于设计允许最大跨距。

（3）当出现设计图纸与现场实际情况出入很大的情况时，应提请设计变更后重新测量，严禁自行修改设计。

（4）杆位应避开道口及交通密集地点。

（5）杆位布置应满足信号机显示距离要求。

二、任务实施

（一）实施的工艺流程（见图 2-1-1）

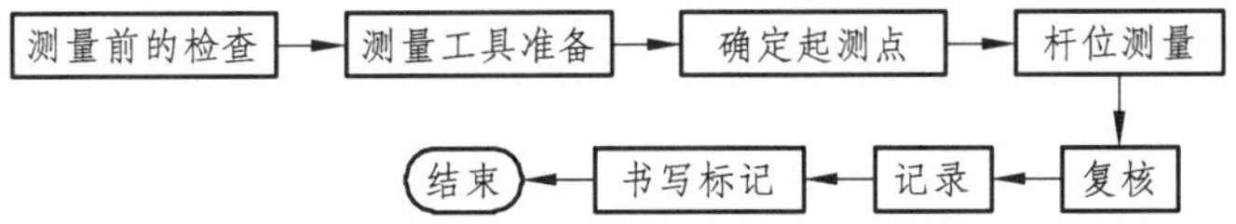

图 2-1-1　任务实施的工艺流程

（二）人员组织（见表 2-1-1）

表 2-1-1　纵向测量人员组织

序号	分工	人数	主要工作内容
1	负责人	1	负责全面组织工作
2	测量人	5	纵向测量、书写标记
3	司镜（测量操作人）	3	经纬仪测量操作
4	记录员		观察施工环境地质条件，记录施工干扰、障碍情况及处理意见
5	防护员		负责行车安全防护（驻站 1 人，现场 2 人）

（三）工机具配置（见表 2-1-2）

表 2-1-2　纵向测量工机具配置

序号	名称	规格	单位	数量	用途
1	钢卷尺	50 m	盒	1	丈量跨距
2	钢卷尺	5 m	盒	1	测量支柱侧面限界等
3	钢丝刷		把	1	钢轨除锈
4	油性记号笔	红、黑	支	各 1	书写永久标记（或油漆、画笔）
5	经纬仪		台	1	含三脚架
6	丁字尺		把	1	测量
7	记录簿	或记录表	个	1	记录有关数据及事项
8	粉笔		支	若干	书写临时标记
9	工具袋		个	1	装工具
10	防护		套	每人 1 套	行车防护
11	对讲机		台	4	驻站防护、现场防护、负责人
12	防护旗		套	1	红、黄各 1
13	防护喇叭		个	2	行车防护

（四）纵向测量方法

1. 区间纵向测量

根据接触网平面布置图找出测量起点。由测量起点出发，使用钢卷尺拉链，直线区段沿任意一根钢轨进行测量，曲线区段沿钢轨外侧进行测量。曲线区段的测量转点一般选在线路的直缓点附近。

测量步骤如下：首先由技术员根据接触网平面布置图复诵跨距尺寸。拉链人员从测量起点出发，在测量起点处做出标记，然后根据跨距值依次测量。定出下一提支柱的中心位置，并在每一根支柱中心处的钢轨腰部用白油漆做出标记，支柱中心区标记应在除锈和擦拭干净后的轨腰上书写，字体要端正、醒目，标记实例如图 2-1-2 所示，每测量一定距离（一般为 1 000 m 左右）应对跨距值进行一次复核，复核合格后再继续进行测量。直到全部线路测量结束。

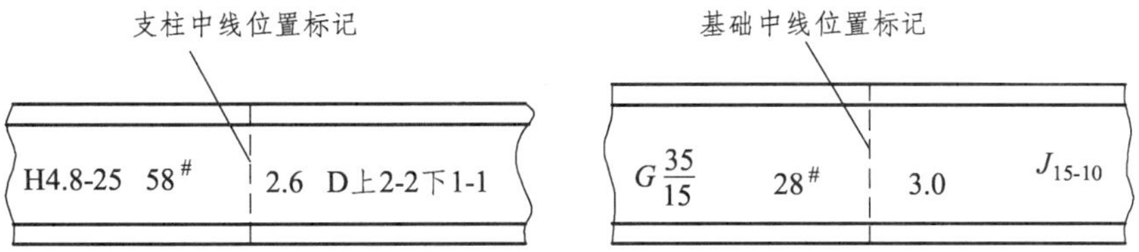

H4.8-25—支柱类型；58#—支柱号；2.6—限界；D—底板；上 2-2 下 1-1—横卧板；

$G\frac{35}{15}$—钢柱类型；20#—支柱号；$J_{15\text{-}10}$—基础类型；3.0—侧面限界。

图 2-1-2　标记实例图

2. 站场纵向测量

站场纵向测量的步骤基本与区间杆位测量相同，只是站场内纵向测量一般沿正线进行，如为复线区段则按设计规定的相应正线测量。站场腕臂柱的杆位测量方法与区间相同。

站场软（硬）横跨柱的杆位测量则先用经纬仪或测量绳测出杆位点的基线垂线（或曲线切线的法线），测出站场软（硬）横跨柱的中心位置，在最外侧钢轨轨腰上书写标记，标记格式与区间相同。

三、任务考核

（1）人员：以作业组为单位。

（2）操作时间：规定时间为 20 min。在规定时间内完成，不加分也不扣分；每超时 1 min，从总分中扣 2 分；超时 10 min，停止作业。

（3）考核标准：见表 2-1-3。

表 2-1-3　纵向测量考核记录表

考核项目	分值	序号	考核要求及评分标准	分值	扣分情况	得分
工具、仪器准备	15 分	1	钢卷尺、计算器、记录表格、白油漆桶、钢丝刷、小排笔、粉笔、防护旗、口笛、工具袋、铅笔、抹布	15 分		
操作技能	65 分	2	确定起测点	15 分		
		3	杆位跨距测量	20 分		
		4	复核、记录	10 分		
		5	书写标记	10 分		
		6	复核测量精度	10 分		
安全及其他	20 分	7	按规定设置防护	5 分		
		8	安全	10 分		
		9	动作、语言文明	5 分		
规定时间	20 min	操作时间				
合计	100 分			100 分		

任务二　横向测量

【任务描述】

接触网工程施工中，支柱在沿线路方向确定纵向位置后，要根据基侧面限界横向测出支柱的位置，即确定支柱坑口位置及其尺寸，并做出标记。横向定位测量后，就可以进行基坑开挖。

一、理论部分

（一）横向测量

横向测量是指根据纵向测量出的支柱位置，确定基坑坑口位置及其尺寸，也称为基坑坑位测量。横向测量的目的是确定基坑坑口尺寸并做出标记，为基坑开挖做准备。

（二）侧面限界

支柱侧面限界是指轨平面处支柱内缘到线路中心的水平距离（用 C_x 表示）。

（三）坑口尺寸的确定

1. 混凝土支柱坑

根据不同类型支柱的底面尺寸，并考虑以下因素确定支柱坑的相关参数。

（1）便于开挖和排土，土方量最少。

（2）预留支柱的调整范围。

（3）设有横卧板或底板的基坑要留有安装和调整余量。

2. 钢柱基础坑

基础坑根据基础类型和土质情况等因素确定。

（1）土质松软易坍方的地带（如流沙、碎石等）需按基础底部最大几何尺寸加模型板厚度及支撑距离确定。

（2）平地和路堑地带的硬性土质基础坑可采用挖小坑、不设模型板就地浇制的方法施工，坑口可采用局部模型板。基础坑结构尺寸应比基础设计尺寸略大。

（3）在次坚石和普坚石地带可保持基础原深度，取消台阶部分，但必须达到基础的体积，仅坑口采用局部模型板，就地浇制，基础横断面尺寸应比设计尺寸大 10 ~ 20 mm。

二、任务实施

（一）施工工艺流程（见图 2-1-3）

图 2-1-3　任务实施的工艺流程

（二）任务分工

1. 人员组织

在进行横向测量时需 5 或 6 人分工协作，具体分工如表 2-1-4 所示。

表 2-1-4　横向测量人员组织

序号	分工	人数	主要工作内容	
1	组长	1	负责全面指挥和记录	
2	行车防护人员	2	负责测量人员的安全	
3	测量人员	2 或 3	测量，钉桩，校核	

2. 工机具准备（见表 2−1−5）

表 2-1-5　横向测量工机具配置

序号	名称	规格	单位	数量	目标
1	丁字尺	带水平尺、长≥2.5 m	把	1	测量支柱侧面限界
2	皮尺	10 m	盒	1	测量支柱中心线
3	线坠	带吊线	个	1	投影定位
4	测量绳	50 m	条		测量软（硬）横跨支柱坑
5	木桩		根	若干	作标桩或辅助桩
6	钉子	1 inch	根	若干	钉标桩中心
7	手锤	1 ~ 1.25 kg	把	1	钉标桩

（三）横向测量方法

1. 区间横向测量

区间横向测量的方法：

（1）根据平面布置图复核钢轨轨腰上的测量标记，主要内容有：支柱中心线、支柱类型、支柱侧面限界及底板、横卧板类型和数量等。

（2）使用丁字尺确定坑口中心线位置。

（3）确定坑口内缘和外缘的位置。

（4）确定坑口的宽度。

（5）对坑口尺寸进行复核，复核无误后，将中心标桩和辅助桩钉好，桩心钉上铁钉。

区间混凝土支柱坑坑口内缘和外缘位置可根据图 2-1-4 和表 2-1-6 中的数据确定。

区间混凝土支柱坑坑口宽度在不考虑安装横卧板和底板的情况下为 0.6 m，即从坑口中心线向平行于线路两侧各量出 0.3 m。当安装横卧板和底板时，坑口和坑底的尺寸应能保证横卧板和底板的安装，并留有充分的调整余量。

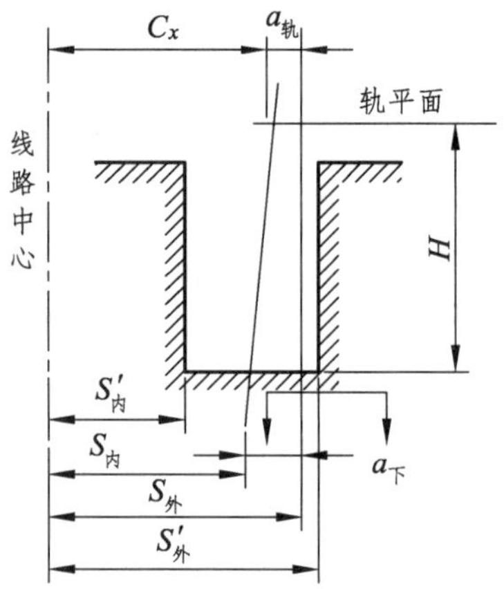

图 2-1-4　区间混凝土支柱坑坑口内缘和外缘位置示意图

表 2-1-6　区间混凝土支柱坑坑口内缘和外缘数据　　单位：mm

支柱型号	H38		H48-250、H60、H78		H90 ~ H170-250
有无横卧板	有	无	有	有	有
坑口内缘至线路中心的距离 $S'_{内}$	C_x-150	C_x-150	C_x-150	C_x-150	C_x-200
坑口外缘至线路中心的距离 $S'_{内}$	C_x+700	C_x+700	C_x+850	C_x+700　$C_x+1\,000$	$C_x+1\,000$

2. 站场纵向测量

站场纵向测量的步骤基本与区间杆位测量相同，只是站场内纵向测量一般沿正线进行，如为复线区段则按设计规定的相应正线测量。

站场腕臂柱的杆位测量方法与区间相同。

站场软（硬）横跨柱的杆位测量则先用经纬仪或测量绳测出杆位点的基线垂线（或曲线切线的法线），测出站场软（硬）横跨柱的中心位置，在最外侧钢轨轨腰上书写标记，标记格式与区间相同。

确定了基坑横向中心位置后，即可根据侧面限界决定坑口尺寸，如图 2-1-5 所示。

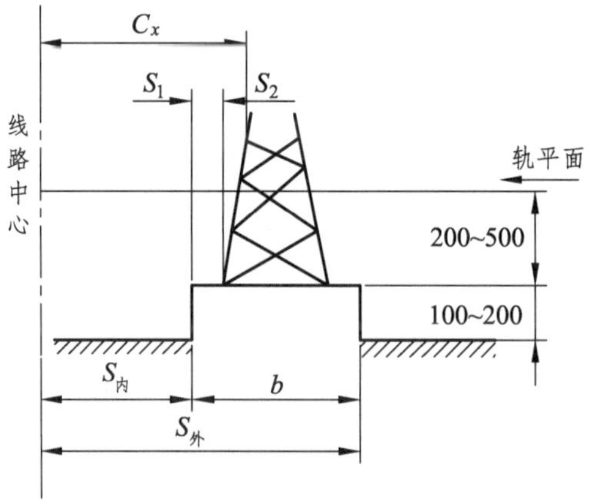

图 2-1-5　坑口尺寸示意图

根据钢柱和基础外形尺寸可知，钢柱底部边缘至基础边缘的距离 $S_1 = 125$ mm。

$$S = S_1 + S_2 = 125 + \frac{a_{下} - a_{上}}{2L}H$$

$$S_2 = (a_{下} + a_{上})H/2L$$

$$S_{内} = C_x - S = C_x - (50 \sim 100)$$

$$S_{外} = S_{内} + b$$

式中　S——轨平面处钢柱内缘至基础内缘的水平距离，m；

S_2——轨平面处钢柱内缘至钢柱底部的水平距离，m；

L——钢轨高度，m；

H——钢柱底部至钢轨平面的垂直距离，m；

$a_{上}$——钢柱顶部宽度，m；

$a_{上}$——钢柱底部宽度，m；

C_x——侧面限界，m。

三、任务考核

（1）人员：8 ~ 10 人。

（2）操作时间：规定时间为 20 min。在规定时间内完成，不加分也不扣分；每超 1 min，从总分中扣 2 分；超时 10 min，停止作业。

（3）考核标准：见表 2-1-7。

表 2-1-7　横向测量考核记录表

考核项目	分值	序号	考核要求及评分标准	分值	扣分情况	得分
工具、仪器准备	15 分	1	钢卷尺、计算器、记录表格、白油漆桶、钢丝刷、小排笔、粉笔、防护旗、口笛、工具袋、铅笔、抹布	15 分		
操作技能	65 分	2	复核钢轨轨腰上的测量标记	15 分		
		3	确定坑口位置	20 分		
		4	确定坑口宽度	10 分		
		5	复核	10 分		
		6	钉好中心标	10 分		
安全及其他	20 分	7	按规定设置防护	5 分		
		8	安全	10 分		
		9	动作、语言文明	5 分		
规定时间	20 min		操作时间			
合计	100 分			100 分		

★ 思政链接

宝成线上的空中飞侠

20 世纪 70 年代初，随着宝成线（宝鸡—成都）电气化铁路分段开通，一项新工作——接触网维修随之诞生。接触网维修是高空高压作业，作业难度大，而单线运行，停电维修会影响运营能力。应着当时“男女都一样”的时代背景和女同志有耐力、胆大细心的优点，1974 年 3 月 8 日，略阳供电段“三八女子带电作业班”正式成立，当时成员 30 多名，平均年龄 22 岁。图 2-1-6 所示为“三八女子带电作业班”空中作业情形。

由于高空作业的工作特性，女子带电班的成员们必须控制体重，需要控制饮食和睡眠。当时的技术指导员为她们制定了“魔鬼式的训练法”。每天带领成员 4 点多起床跑步，跑完步开始学习《技规》《安规》及事故案例。早饭后，进行单手剪铁线比赛，做吊弦、抬铁塔及换导线、承力索、腕臂的训练。单手一下剪断直径 4.0 mm 的铁线是基本功。有的组员剪不断，借助腿的力量，训练一天下来，手上起泡，腿上青紫一片，大家没有一个叫苦的。晚上，大家又聚在一起总结工作，到深夜一两点睡觉都是常事。

图 2-1-6 “三八女子带电作业班”空中作业情形
（西安铁路局集团公司党委宣传部供图）

女子带电作业班正是凭着不畏艰险、不怕吃苦的奉献精神，练就了过硬的业务技术，在技能比赛中胜过了男职工。1977 年，女子带电作业班获得陕西省和西安铁路局的先进集体称号，并与西北国棉一厂细纱车间乙班四组的“赵梦桃小组”结为姐妹组，成为全国“工业学大庆”先进集体。

1979 年，段党委考虑到女子带电作业班的成员年龄都大了，都要结婚生子，所以相继将她们调到变电所等部门工作。同年 9 月“三八女子带电作业班”分编完毕解散。

追忆往事，她们在电气化铁路发展中，书写了连续 5 年带电作业无人身事故的辉煌历史。如今，当年的女子班成员都已退休，她们仍然怀念着那些不畏艰险、不怕吃苦、不抱怨、乐于奉献的日子。

2018 年 1 月 27 日，宝成铁路入选首批“中国工业遗产保护名录”，这座中国铁路发展的里程碑上镌刻着一代代铁路人的“芳华”。

“三八女子带电作业班”检修的就是柔性接触网，地铁的柔性接触网在结构上与铁路接触网基本相同，只是线路较短、电流制式为直流、没有电分相等。

项目二　基坑开挖与基础浇筑

【导　读】

根据支柱横向测量的结果，开挖基坑，再根据已经挖好的基础坑，进行钢柱基础的混凝土就地灌注，为支柱安装作业打下基础。主要任务是开挖基坑和在开挖过程中的安全防护，以及灌注混凝土、预埋地脚螺栓、基础养护等工作。

【学习目标】

（1）掌握基坑开挖的质量要求、基坑开挖的施工方法和施工防护要求，具备基坑开挖的施工能力。

（2）掌握基础浇筑的质量要求、基础浇筑的施工和养护方法，具备基础浇筑的施工能力。

【思政目标】

（1）培养学生按照程序作业的纪律意识以及精益求精的质量意识，让学生明白施工基础决定上层设备的稳固性和可靠性，夯实基础，提升基础承载能力，方能为设备的运行解决后顾之忧。

（2）使学生认识到建筑工程对社会的贡献和影响，培养社会责任感。

（3）强调在基坑开挖与基础浇筑过程中要关注环境保护、资源节约和可持续发展。

任务一　基坑开挖

【任务描述】

在支柱位置确定后，就可以进行基坑的开挖工作。由于地质条件的不同，基坑开挖的方法也有很大区别。本任务介绍了不同地质条件下，不同用途的基坑开挖的工艺及安全防护要求。

一、理论部分

（一）基坑用途分类

接触网基坑的种类有支柱坑、基础坑和拉线坑。

（二）基坑深度的确定

1. 钢筋混凝土支柱基坑深度

基坑的深度决定支柱埋藏的深度（即支柱埋深），是指支柱底部至地面或基础面的高度，允

许施工误差为 ± 100 mm。直线区段钢筋混凝土支柱坑深为轨平面至坑底的垂直距离。曲线区段钢筋混凝土支柱坑深为内轨顶面加上外轨超高的一半至坑底的垂直距离，即轨平面上线路中心点至坑底的垂直距离。位于站台上的支柱坑深为站台面至坑底的垂直距离。

支柱基坑深也可以根据下式确定：

支柱基坑深＝支柱规定埋深＋线路上部建筑高度（如有底板再加上底板厚度）

线路上部建筑高度一般为 800 mm。

2. 钢柱基坑深度

钢柱基坑深度应根据选定的基础标高和基础尺寸计算确定：

钢柱基坑深＝基础高度＋基础面至轨平面的距离＋垫层厚度

位于站台上的钢柱坑深为基础高度。

3. 拉线基坑深度

拉线基坑深度是指锚板底部至地面的垂直距离（以地面最低处计算）。一般情况下为 2.5 m，不得少于 2.0 m。所有基坑坑深的施工误差为 ± 100 mm。

（三）基坑开挖方法

由于我国电气化铁路施工大部分是在运输繁忙的营业线路上，基坑开挖作业又具有点多、量少的特点，因此基坑开挖作业一般采用人工开挖。对于不同的路基土质，基坑开挖采用不同的方法。

硬土类：包括普通土质、碎石类、硬土类、砂岩和风化石等。这类土质密实，自结合力强，非雨季人工开挖，不会塌方，不需要坑壁支撑防护。

碎石类：包括石夹土、碎石、塌方土等。这类土质自结合力不均匀，稳固性较差，为了保证行车及人身安全，需要采用基坑防塌方措施，一般采用基坑局部支撑的开挖方法加强坑壁的稳定性。

流沙、高水位土质类：这类土质采用局部支撑防护板进行开挖的方式已不适应，尤其是混凝土软横跨柱基坑，由于支撑面大，防护板容易变形、折断，宜采用钢筋混凝土防护圈进行防护施工。这样不仅保证了施工安全，还可以节省大量人力和木材。实践证明，在流沙地带开挖接触网基坑，采用混凝土防护圈防护，是一种行之有效的防护措施。

坚石、改坚石类：一般采用分层打眼爆破进行开挖，每爆破一次就需对基坑中的松动石进行一次清除。为减少爆破对周围人员及建筑物等环境影响，对这类基坑开挖一般应采用控制爆破法。

二、任务实施

（一）实施的工艺流程（见图 2-2-1）

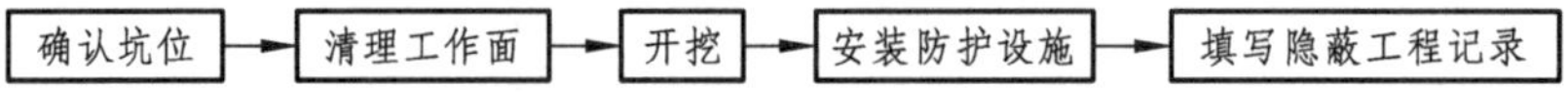

图 2-2-1　任务实施的工艺流程

（二）施工组织

1. 人员组织（见表 2-2-1）

表 2-2-1　基坑开挖人员组织

序号	项目	单位	数量	备注
1	坑下作业	人	1	挖坑
2	坑上作业	人	1	提土、弃土

2. 工机具配置（见表 2-2-2）

表 2-2-2　基坑开挖工机具配置

序号	工具名称	规格	单位	数量	用途
1	铁锹	长把	把	1	挖坑
2	铁锹	短把	把	1	挖坑
3	十字钢	短把	把	1	刨土
4	吊篮		个	1	提土
5	棕绳	$\geqslant \phi 12$ mm	条	1	提土

（三）基坑开挖方法

（1）复核横向测量的标记，确认坑口尺寸是否正确；清理坑口周围杂物，清除障碍物；设置线路防护设施和防砟挡板，确定排土地点，处理地下埋设物。

（2）根据坑口尺寸的测量标记，沿坑口用十字钢垂直地将地表刨开，再用铁锹将土铲去，弃土应远离坑口，一般不小于 0.6 m。开挖过程中，锹和钢应配合交替使用，每用钢刨一层（每层 1.5 m 左右），就用锹清理一次。每挖下几层土后，就应对基坑限界进行校核，修理坑壁，坑底尺寸应与坑口尺寸保持一致，直至挖好基坑。

（3）当坑深小于 1.5 m 时，可由坑内人员直接排土，超过 1.5 m 时，由坑上人员用吊篮提土排土。当坑口弃土堆积过多时，坑上人员应立即进行清理，弃土不可混入道砟。

（四）安全防护

1. 行车防护

为保证施工人员的安全，施工前必须设置行车防护。

2. 线路防护

基坑开挖过程中，必须保证线路路基的稳定，保证行车安全。对于侧面限界较小的基坑，坑边距离线路很近，为保证开挖期间行车和施工的安全，可采用吊轨防护，即在坑侧的枕木头上，放置两根小面朝上的钢轨（钢轨长度一般不小于 4 m），再在两钢轨间倒放一根钢轨，最后用夹板和螺栓固定在枕木头上即可。为保证行车安全，基坑挖好后，暴露时间应尽量短，一般不超过一昼夜，特别是雨天更要加强对基坑的巡视和检查。

3. 作业防护

每个基坑开挖不得少于两人，坑内有人作业时，坑上必须有人防护，列车通过时，坑内不得有人。坑下挖坑人员必须戴好安全帽，坑边不得放置重物和工具，以免落下伤人。为防止道塌落伤人，应设置防砟挡板，即在坑口四周用木板挡住道砟。火车通过时，坑下挖坑人员应提前上坑，坑口堆土量不宜过多，应随时移土，以免堆土对坑壁压力过大塌落伤人。

三、任务考核

（1）人员：4 ~ 5 人。

（2）操作时间：规定时间为 60 min。在规定时间内完成，不加分也不扣分；每超时 1 min，从总分中扣 2 分；超 10 min，停止作业。

（3）考核标准：见表 2-2-3。

表 2-2-3　基坑开挖考核记录表

考核项目	分值	序号	考核要求及评分标准	分值	扣分情况	得分
工具准备	10 分	1	长把铁锹、短把铁锹、短把十字钢、吊篮、棕绳	10 分		
操作技能	80 分	2	复核坑口尺寸	10 分		
		3	清理坑口周围杂物和障碍物	10 分		
		4	设置防砟挡板	20 分		
		5	挖坑	20 分		
		6	弃土	5 分		
		7	坑形矫正	5 分		
安全及其他	20 分	8	按规定设置防护	10 分		
		9	安全	5 分		
		10	动作、语言文明	5 分		
规定时间	60 min		操作时间			
合计	100 分			100 分		

任务二　基础浇制

【任务描述】

接触网钢柱坐落在基础之上，通过基础将悬挂的重量传给大地。接触网专业所说的基础就是由地脚螺栓与混凝土组成的一个整体。地脚螺栓与钢柱连接，并将钢柱固定在基础顶面上。接触网专业基础浇制主要是指浇制基础混凝土。一般采用现场浇制，普遍的施工方法是原土胎模直接浇制法。

一、理论部分

（一）混凝土组成知识

基础中的混凝土是由水、水泥、细骨料（砂）、粗骨料（石砟）及附加材料（石片、外加剂）经混合搅拌而成的整体。

1. 水

一般情况下，凡能饮用的水均可用来浇制基础，如自来水、地下水、河水等。对于混凝土质量影响较大的，如含有糖类、油类、盐类、酸类的水，不能用于基础中。对水质的情况可进行化验，水质必须符合国家现行（混凝土拌和水）标准。也可用此水与净水分别做成水泥砂浆或混凝土，然后进行强度比较，决定其是否可用。

2. 水　泥

水泥是一种无机水硬性胶凝材料，呈粉末状，与水混合后，经过物理化学过程能由可塑性浆体变成坚硬的石状体，并能将散粒材料胶结成为整体，是一种良好的矿物胶凝材料。水泥不仅能在空气中硬化，还能更好地在水中硬化，保持并发展强度。所以水泥属于水硬性胶凝材料，它可以用于地上、地下、水中的工程。水泥的标号应根据所配制混凝土的等级选用。

1）水泥的种类及选用

水泥的种类很多，在接触网基础施工中，通常使用普通水泥（即硅酸盐水泥）、矿渣硅酸盐水泥、火山灰硅酸盐水泥。

普通硅酸盐水泥具有水化热较大、早期强度较高、耐热性较差、抗冻性较好、耐水性较差、耐腐蚀性较差等特性。

矿渣硅酸盐水泥简称矿渣水泥。它是在酸盐水泥熟料中，加入粒化高炉矿渣及适量石膏磨细而成的。矿渣硅酸盐水泥具有早期强度低、在低温环境里强度增长缓慢、后期强度增长较快、水化热较低、干缩性较大、耐热性较好、抗硫酸盐侵蚀性较好、析水性较大、抗冻性较差、耐磨性较差等特性。

火山灰硅酸盐水泥简称火山灰水泥。它是在硅酸盐水泥热料中加入火山灰质混合材料和适量石膏磨细而成的。火山灰硅酸盐水泥具有早期强度低、在低温环境里强度增长缓慢、在高温潮湿环境里强度增长较快、水化热低、抗硫酸盐侵蚀性较强、抗冻性较差、耐磨性较差、干缩变形大、需水量比普通硅酸盐水泥多、不沁水的特性。

2）水泥的储存与运输

（1）水泥的存储。

水泥容易受潮变质，如直接浸水（雨淋水浸）会立即水化凝固，完全丧失胶结作用，不能再用。水泥在储存过程中也会吸收空气中的水分和二氧化碳，逐渐受潮结块变硬，降低强度，以致变质不能再用。因此在储存、装卸、运输过程中，均应特别注意防水防潮，并防止混入杂物。

水泥不应在仓库中久存，一般其储存期为三个月，三个月后的强度降低约 10%～20%。时间越长，强度降低越多。使用存放三个月以上的水泥，必须重新检验其强度，否则不得使用。水泥很容易吸收空气中的水分，发生水化作用凝结成块状，从而失去胶结能力。因此水泥在储藏过程中应特别注意防水、防潮。水泥受潮后会出现凝结时间延长、强度降低、烧失量变大以及结块等现象。鉴定水泥受潮的程度以及是否能够使用，可由化验部门通过检验其烧失量、凝结时间和强度是否符合规定标准进行判定。因受潮严重不能使用的水泥，不得打碎磨细再使用。

（2）水泥的运输。

运输水泥必须遮盖严密，防止雨水侵入。装卸水泥要轻取轻放，不得随意扔掷。装卸水泥的作业人员必须佩戴口罩、风镜等劳动保护用品。

3）水泥的使用

水泥的申请供应计划必须与施工要求密切配合，申请使用的水泥应根据混凝土标号选用。在工地领取及使用水泥时，需核对有效期内的水泥鉴定实验报告单及混凝土配合比选定报告单。实际使用的水泥必须与配合比试验时所采用的样品质量相同。

3. 细骨料

砂子在混凝土中起着骨接作用，故称之为骨料（亦称集料），其中颗粒尺寸大于 5 mm 者称为粗骨料，如卵石、碎石等。颗粒尺寸小于 5 mm 者称为细骨料，如天然砂、人工砂等。

细骨料一般用天然砂，按产地分为河砂、海砂、湖砂和山砂。河砂、海砂多为圆形，表面光滑，比较洁净，可以直接使用。使用这两种砂搅拌混凝土用水量较少，混凝土拌和物的和易性较好，但砂与水泥浆的胶结能力较弱，宜用于一般混凝土。湖砂含泥土杂质较多，必须冲洗使用。山砂是天然的岩石风化砂，表面粗糙、多棱角，混凝土拌和物的和易性稍差，但砂与水泥浆的胶结能力较强，适用于高标号混凝土。接触网基础混凝土选用河砂为宜，且粒径大小为 0.35 ~ 0.5 mm 的中粗砂。

4. 粗骨料

接触网混凝土工程的粗骨料有天然产的卵石和硬质岩轧制的碎石。卵石是由自然风化、水流搬运和分选、堆积而成的粒径大于 5 mm 的岩石颗粒。卵石表面圆滑，与水泥浆的胶结能力稍差，但拌制混凝土用水量少，拌和物的和易性好，易于捣插。碎石是粒径大于 5 mm 的岩石颗粒，碎石表面粗糙、多棱角，与水泥浆的胶结能力较强，但拌制混凝土用水量较多，和易性稍差。接触网基础混凝土采用粒径为 30 ~ 50 mm 的碎石为粗骨料。

5. 混凝土外加剂

混凝土外加剂简称外加剂，是指在拌制混凝土的过程中加入的用以改善混凝土性能的物质，混凝土外加剂的掺量一般不大于水泥质量的 5%。混凝土外加剂产品的质量必须符合国家标准《混凝土外加剂》（GB 8076—2008）的规定。外加剂加入混凝土中，可显著改善混凝土工作性能，提高混凝土质量（强度和耐久性）及节约水泥 10% ~ 15%，而且适用于不良条件下的施工，如冬季施工、工程救险等。接触网施工中，使用较多的有防冻剂、早强剂等。

6. 混凝土的水灰比、配合比

1）水灰比

水灰比就是混凝土中用水量和水泥用量的质量比值。水泥和水拌成的灰浆在混凝土中起胶结作用。水灰比决定着水泥浆的稀稠及硬化后水泥结石的质量，对混凝土的强度及耐久性等有极大的影响。水灰比小，灰浆稠，混凝土强度高，耐久性好。但水灰比过小，灰浆干稠，施工困难。水灰比大，灰浆稀，施工方便。但水灰比过大，不仅混凝土的黏聚性和保水性变差，而且也降低了混凝土强度，影响耐久性。接触网施工前应使用所选定的水泥到国家认定的试验机构，按照设计规定的混凝土强度要求做混凝土材料检验和配合比实验。由实验室根据所用材料的实验结果，给出施工水灰比配比报告。在施工中应严格遵循给出的水灰比配比报告施工。

2）配合比

制造混凝土所用的各种材料的比例称为配合比。一般以水、水泥、砂、石的质量表示，以水泥为基数 1。配合比是决定混凝土性质的基本因素。配合比不同，混凝土的性质也就不同。接触网施工前应使用所选定的水泥、砂子、粗骨料到国家认定的试验机构，按照设计规定的混凝土强度要求做混凝土材料检验和配合比实验。由实验室根据所用材料的实验结果，给出施工中的配合比配比报告。

7. 影响混凝土强度的主要因素

混凝土强度，即混凝土单位面积上所能承受的最大压力。影响混凝土强度的主要因素如下：

1）所用材料的品质

所用材料的品质包括水泥、水、骨料及附加材料的品质。例如，水泥浆的强度决定于水泥浆的化合物组成及细度，亦即决定于水泥本身的品质和水泥浆的水灰比。因此，高标号水泥在同样施工条件下所得的混凝土强度就要高。又如，骨料的强度一般均比水泥浆强度大。因此，骨料的质量一般对混凝土几乎没有影响。但是如含有大量的软片石或骨料表面附着有淤泥等细微的物质时，则会降低混凝土的强度。在水灰比较小，并使用充分坚硬骨料的高强度混凝土中，强度决定于骨料和水泥浆之间的黏结力。也就是说，所用骨料越有棱角，表面越粗糙，则抗压强度越大。

2）配合比

混凝土的强度基本上决定于水灰比和配合比，因此确定适当的水灰比和配合比，可以得到所需要的混凝土抗压强度。

3）施工方法

混凝土的施工方法也直接影响到抗压强度。搅拌时间越长，各成分混合得越均匀，一般也增加强度。又如进行振动捣固，由于混凝土的空隙和气泡减少而变得密实，因而强度增加。尤其对水灰比小的干硬混凝土，振动捣固的效果更好。如果持续在湿润情况下养护，则混凝土抗压强度随龄期而增长，如使混凝土浇灌后在空气中干燥，则水化作用被妨碍，在初期龄期即停止强度增长。

4）龄期

混凝土强度随龄期而增长，但增长的比值随水泥种类和养护条件而不同。通常，早期龄期强度增长比值大。

（二）钢柱基础类型

按钢柱基础的外形可分为以下几种：

（1）工字形基础：J 型基础通常采用这种外形。

（2）锥形基础：AK 型通常采用这种外形。

（3）单阶梯形：K 型和 R 型基础采用这种外形。

（4）多阶梯形 II 型和 AII 型基础采用这种外形。

（三）基础顶面标高

（1）田野侧基础：基础顶面应高于地面 100 ~ 200 mm，低于轨面 200 ~ 500 mm。
（2）两线间基础：基础顶面应高于地面 100 ~ 200 mm，低于邻轨轨面 200 ~ 500 mm。
（3）站台上基础：基础顶面应高于站台面 100 ~ 200 mm。

（四）允许施工误差

（1）基础横断面：允许施工误差为-20 mm。
（2）混凝土保护层：允许施工误差为-10 mm。
（3）螺栓位置（各层）：允许施工误差为 ± 5 mm。
（4）螺栓外露长度：允许施工误差为 ± 20 mm。
（5）基础高度：允许施工误差为 ± 100 mm。

二、任务实施

（一）实施的工艺流程（见图 2-2-2）

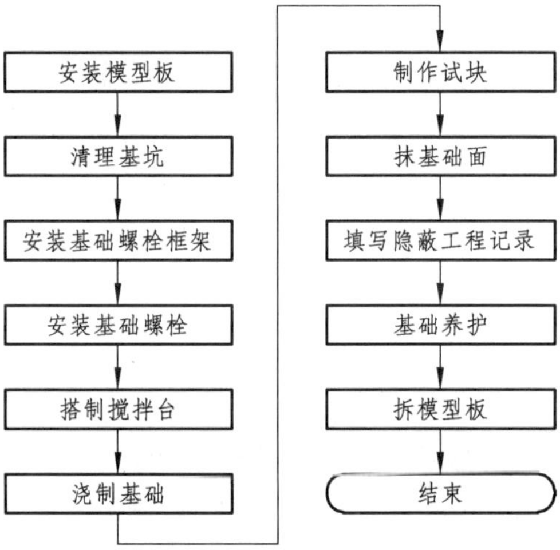

图 2-2-2　基础施工工艺流程

（二）施工组织

1. 人员组织（见表 2−2−4）

表 2-2-4　基础施工的人员组织

序号	项目	单位	数量	备注
1	施工负责人	人	1	
2	搅拌	人	6	人工搅拌

续表

序号	项目	单位	数量	备注
3	捣固	人	1	
4	供料	人	11	供应水泥、砂子、石砟
5	供水	人	1	
6	电工	人	1	负责电源、振捣器
7	木工	人	3	负责安装、拆除模型板
8	养护	人	1	基础浇水养护
9	安全防护员	人	2	

2. 工机具配置（见表 2-2-5）

表 2-2-5　基础浇制的工机具配置

序号	工具名称	单位	数量	用　途
1	混凝土搅拌机	台	1	搅拌混凝土
2	大方锹	把	1	铲混凝土
3	铁叉	把	1	铲石子
4	橡胶桶	个	2	装混凝土
5	抬杠	根	1	
6	插入式振捣器	台	2	振捣混凝土

（三）基础浇制方法

1. 混凝土及浇制法的选用

基础施工现阶段主要采用原始胎膜直接浇制法。接触网基础施工应尽量采用商品混凝土。使用商品混凝土是保证建筑工程质量、提高建筑施工现代化水平、实现资源综合利用、促进文明施工的一项重要技术手段。而且经过综合对比，大规模使用商品混凝土可以降低工程造价、降低劳动强度、减少环境污染。接触网施工应严格遵守国家的有关政策，商品混凝土的使用可以加快施工进度，提高施工质量。它主要是省去了混凝土施工中的混凝土搅拌过程，其余与原方法相同。由于部分接触网施工位于山区，交通不便，施工机械无法进入、人工搅拌混凝土还将在特定的施工条件条件下使用。

2. 浇制步骤

（1）安装模型板。

① 复核基坑和模型板尺寸是否符合技术要求。

② 将安装模型板的地面清理干净、平整。

③ 安装模型板。

④ 复核限界、标高、型号等是否符合设计。

（2）清理基坑。将基坑坑壁清理干净，基坑坑底平整。

（3）安装基础螺栓框架。

① 根据基础型号选择基础框架类型。

② 将基础框架固定到模型板上，如图 2-2-3 所示。

（4）安装基础螺栓。

① 按设计要求选择基础螺栓型号、数量等。

② 将基础螺栓由框架孔中穿入，如图 2-2-4 所示。基础螺栓剩余的螺帽要妥善保管，以备安装钢柱时使用。基础螺栓的弯钩需指向基础内部。

③ 将螺栓套管（ϕ26 ~ 40 mm 金属或皮管）倒扣在基础螺栓外露的顶部。

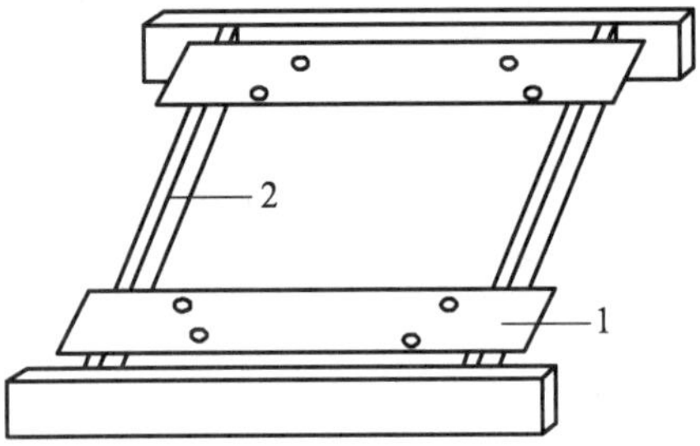

1—基础框架；2—基础模型板。

图 2-2-3　基础框架在模板上固定图

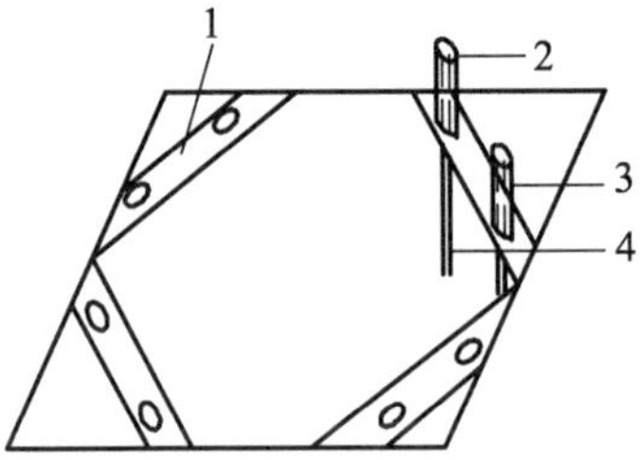

1—基础框架；2—螺母；3—套管；4—基础螺栓。

图 2-2-4　基础螺栓安装示意图

（5）搭置搅拌台。

用钢板、木板、方木搭置混凝土作业台，如图 2-2-5 所示。作业台平面应略高于基础顶面，可以有小部分位于基础之上，但不得碰撞模型板，同时应避免坑口周围集中受力。搅拌台应搭置在田野侧，如地形受限时，应搭置在顺线路基础一侧，严防侵限。搅拌台不得挤压基础模型板。

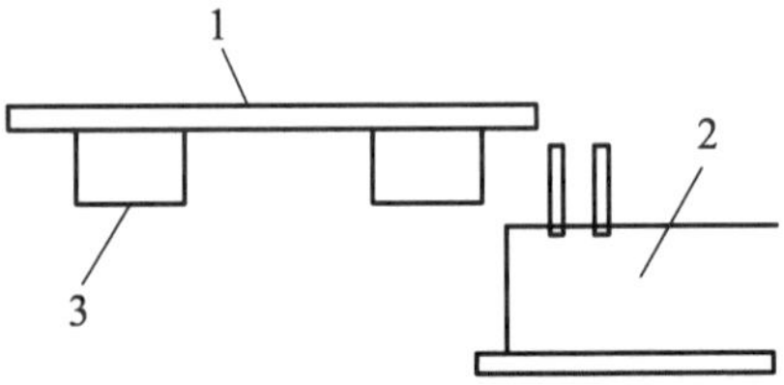

1—钢板；2—基础；3—垫木。

图 2-2-5　搅拌台搭置示意图

（6）浇制基础。

① 先将坑底铺一层石砟。

② 在石砟上浇注一层混凝土砂浆，并使砂浆注入石砟空隙中。

③ 将水泥和砂子按配合比试验提供比例，在作业台的钢板上进行拌和，至砂子、水泥拌和均匀为止。

④ 按水灰比加入水，并按前叙述的方法拌和三遍。

⑤ 按配合比试验的规定加入石砟，搅拌三遍，至水泥、砂、石砟混合均匀为止。

⑥ 将拌和完的混凝土推送到基坑中。

⑦ 每层灌注深度不宜大于插入式振荡器工作部分的 1.25 倍，用人工捣固时，每层灌注深度不宜大于 200 mm。

混凝土的捣固方法有机械捣固和人工捣固两种，它是利用各种振捣器或工具，使混凝土受振，混凝土内部的空气被排除出来，以使砂充满石子间的空隙，水泥浆充满砂之间的空隙，从而使混凝土变得更密实。

混凝土的捣固应尽量采用各种振荡器（工程量很小又无法使用振捣器时也可用人工捣固）。用机械捣固不但效率高，而且可以提高混凝土强度及密实度，节约水泥用量。

目前基础施工中多采用电动插入式振荡器，使用插入式振荡器应注意：使用前，要检查机械是否完好，电线有无破损或潮湿，使用时要戴橡皮手套。

插入式振捣器必须等发动后才能插入混凝土，要“快插慢拔”以免形成空洞。宜插入已捣实层 50 ~ 100 mm。使上下层混凝土能紧密黏结，不要插入太深，以免损坏机械。垂直振捣和斜向振捣如图 2-2-6 和 2-2-7 所示。采用机械插入式振捣器进行振捣时，混凝土每浇制 20 ~ 30 mm 厚度时用振捣器进行振捣，与模型板或坑壁保持 100 mm 的净距，且不得触及钢筋及螺栓。振捣时随时检查基础螺栓的位置、尺寸有无变动，模型板是否变形、调浆。

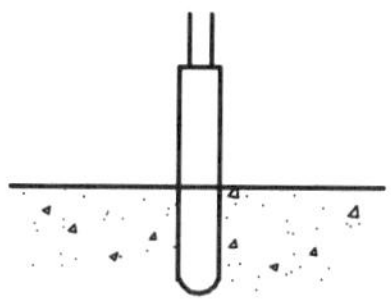

图 2-2-6　垂直振捣示意图

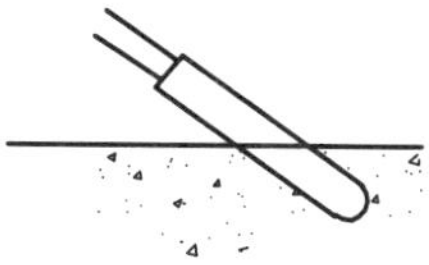

图 2-2-7　斜向振捣示意图

每一插点震荡的时间不能过短，也不能过长，时间过短，振捣不实，时间过长，容易产生分离现象，一般情况下，每一插点的时间，最短不少于 10 s，最长应不大于 60 s，以 20 ~ 30 s 为宜。

捣器振捣混凝土时，是一点一点地挨着振捣的，点位移动的距离不能过大，否则容易产生漏振。在实际操作中，如按直线行列移动时，其移动距离大致为作用半径的 1.5 倍。如按交错行列方式移动，其移动距离大致为作用半径的 1.75 倍。

人工捣固时使用捣固锤，用以捣固混凝土表面。人工捣固混凝土时，每次混凝土灌注量越少越好，一般在 250 mm 左右为宜，而且要铺设均匀，以保证捣固质量。

基础浇制要求一次浇筑完成，中途不得停歇，间隔时间应尽量缩短，并应在前层混凝土凝结前将次层混凝土浇制振捣完成。一般间歇时间不得超过 2 h。并应在振捣时将下层混凝土再振捣适当深度，方会使上下层混凝土成为一个整体。

⑧ 按前述“① ~ ⑦”所述的步骤继续进行，至基础完成为止。

（四）基础养护

混凝土浇制后，逐渐凝结硬化，其过程主要是由水泥的水化作用来实现，而水化作用在适当的温度和湿度下才能完成。为了保证混凝土有适宜的硬化条件，使其强度不断增大，必须在一定时间里对混凝土进行养护。

接触网混凝土的养护采用自然养护方法。自然养护是在自然气温条件下（高于 + 5 °C），用湿砂土将混凝土覆盖，并按规定时间浇水，保持其湿润。混凝土浇制完毕后的 10 ~ 12 h 内，应遮盖并浇水，在炎热和有风的天气中，应在灌注后 2 ~ 3 h 内进行遮盖并浇水。

混凝土的浇制养护时间由水泥品种、工程部位和气候条件决定，普通硅酸盐水泥或矿渣硅酸盐水泥不得少于 7 天。对于掺入缓凝型外加剂或有抗渗性要求的混凝土不得少于 14 天。浇水次数以保持混凝土表面湿润为原则，日平均气温低于 5 °C 时，不得浇水。混凝土的养护用水要求与拌制混凝土用水相同。

（五）拆模型板

拆除（非承重）基础模型时，混凝土强度应能保证其表面及棱角不因拆除模型板而受到损坏，且强度不应低于 2.5 MPa。基础拆模后，表面平整，不应有蜂窝、麻面、楼角损坏或漏筋现象。

三、任务考核

（1）人员：以作业组为单位。

（2）操作时间：规定时间为 60 min。在规定时间内完成，不加分也不扣分；每超时 1 min，从总分中扣 2 分；超时 10 min，停止作业。

（3）考核标准：见表 2-2-6。

表 2-2-6　基础浇制考核记录表

考核项目	分值	序号	考核要求及评分标准	分值	扣分情况	得分
工具准备	10 分	1	混凝土搅拌机、大方锹、铁叉、橡胶桶、抬杠、插入式振捣器	10 分		
操作技能	70 分	2	复核基坑尺寸	5 分		
		3	清理坑内杂物	5 分		
		4	铺垫层	5 分		
		5	分层浇筑、捣固	20 分		
		6	填充片石	10 分		
		7	支模、预埋	10 分		
		8	上层浇筑	10 分		
		9	养护、拆模、修补	5 分		
安全及其他	20 分	10	按规定设置防护	10 分		
		11	安全	5 分		
		12	动作、语言文明	5 分		
规定时间	60 min		操作时间			
合计	100 分			100 分		

★ 思政链接

青春不言败、磨炼是财富
——记电气化公司叶赤铁路接触网团队

今天的中国已经进入高铁时代。可您知道吗，在距离北京 400 多千米的地方，还有一条 80 多岁高龄的铁路，修建于日本侵略中国的“伪满”时期，如今，上面跑的竟然还是内燃机车。

为了让这条“老爷”线路焕发活力，叶赤铁路项目部的一群年轻人来到这里，一干就是三年多。工地的风吹日晒，让他们乍看像青年大叔，其实，他们和鹿晗、杨洋都是同龄人。在113 km的战线上，他们来回穿梭，当叶赤铁路安上电力翅膀焕发青春时，这些“小鲜肉”却变成了“老腊肉”。

接触网团队主要成员有11人，都是90后，平均年龄不到28岁，最小的只有22岁。项目部担负的“四电”改造任务，涉及通信、信号、电力以及三电迁改等，敷设的各种光缆、线路1 120多千米，是施工线路长度的10倍！接触网设施是电气化工程的主体，可以说，接触网就是叶赤铁路改造的生命线。

五年前，在赤峰市元宝山区平庄镇一个叫什二脑村的地方，这群刚毕业的学电力牵引供电的大学高才生走下车来，开始了梦的追逐。原以为这里是绿绿的草原，散落着座座洁白的蒙古包，结果放眼望去一片荒凉，破败不堪的村庄如同年久失修的铁路一样孤独凄凉。

带领他们的师傅是一位“中年大叔”李朋飞，其实，他也是一位90后，从事接触网工作8年之久，先后辗转京广线、成昆线等4个项目，从学徒工一步步成长为企业工匠……听了他的赫赫战绩，一个个年轻人摩拳擦掌，盼望早点爬杆架线，像蜘蛛侠一样天马行空织就铁路网。

理想与现实总是有一些差距，有时这个差距是十万八千里。李朋飞教大家的第一项技术竟是“挖基坑”，类似于刨树洞。没几天，大伙腰酸背疼，手上磨出了大大小小的水泡。一商量，找他说理去！

看着徒弟们怒气冲冲的样子，师傅竟笑眯眯地说：“我就知道你们要找我，是不是不想挖坑了，想学爬杆接线？”神了，他竟然看透了大家的心思。大家正纳闷时，他继续不愠不火地说：“你们的经历，我也有过。你们不想走直接跑，可以，但要回答我几个问题：普通电线杆的基坑一般挖多大？长宽高分别是多少？钢柱基坑多深？……”

小伙子们一下懵了，挖个坑还有这么多学问？见大家一脸不屑的样子，李朋飞循循善诱：“你们爬杆高空作业时，如果杆子歪了或者倒了，是不是有生命危险？你们会不会骂人？首先会骂谁？”一连串发问直击心灵，振聋发聩，几个年轻人面面相觑，冲天怒气顿时没了，天空仿佛不再那么灰暗，大家纷纷拿起铁锨，重新开干……

有时，你向着成功出发了，成功却不会自然而然地降临你。随着叶赤铁路改造工程的推进，他们认识接触网零件，挖基坑、爬杆子，再到看图审图，掌握施工技巧，熟悉操作手册等，大家感觉实现了从理论到实践的飞跃，俨然成竹在胸。

2018年4月，马林站改造放接触线，这个年轻团队首次参战。可残酷的现实给了他们一记响亮的耳光。那次天窗点有2个小时，尽管每个人都使出了吃奶的力气，但由于方案不周密，现场一团糟，材料不到位，车辆无人管，人员严重窝工……最终，2小时的天窗点，他们只进行了半个小时的有效作业。开会时，马林站领导毫不客气地批评了接触网团队组织不力。

回到项目部，小伙子们一个个像霜打了的茄子，蔫头耷脑，第二天早上都不想起床。就在这时，宿舍门被推开了，项目经理徐广衍拄着双拐进来了，前不久，他的痛风和滑膜炎老毛病复发。他进来后，不仅没有责怪大家，相反极力安慰他们。看着他苦口婆心的样子，大伙心里的疙瘩慢慢地解开了，自信又回到了年轻的脸上。

这时，有人突然想起来：“徐总，您不是今天回北京治病了吗？”“唉，还不是你们这帮‘小兔崽子'让我不省心。马上就要大会战，我不放心啊!”看着徐广衍离开时那步履蹒跚的背影，大家心里突然涌上一股莫名的感动，还有几丝触动!

为自己争口气!那一刻，他们仿佛一下成熟了很多，开始告别眼高手低，开始自我反省总结。每次天窗点施工前，大家充分利用班前准备会，将各方约在一起，梳理施工流程，将每项任务落实到人，环环相扣，并准备了2套不同的方案。结果，第二次天窗点施工，他们的利用率一下提高到1 h 40 min!

2018年10月28日上午11时，随着平庄站封锁命令的下达，叶赤铁路进行第四次大规模封锁施工。这个团队负责接触网全线逐步平推验收，牵扯近14 km的路段。大家分成4个小组，每组负责4个锚段，经过18 h，他们完成一杆一档平推、测量、验收等工作。

为了这次大封锁施工，接触网团队2个月前就着手准备。从材料进场、工期安排、施组方案，大家都进行了周密策划，甚至对每个点的作业时间，精确计算到分钟。停轮封锁施工牵扯方方面面，仅设备验收单位就有电务段、工务段、车务段等六七家，他们一一对接，并配合站前单位，对施工中可能的光电缆故障等提前进行了抢修，还制订了应急方案。

到10月30日下午3时50分，经过52 h的连续奋战，第四次停轮封锁施工顺利完成!这是一次大捷，为2019年全线开通奠定了基础，受到建设单位的广泛好评。

生活就是这样，当你抱怨它时，它也会指责你，当你对它报以微笑时，它也会对你笑脸相迎。

在这群人中，不得不提“点子大王”——这个团队的“头儿”李发。他和大家一起来到这个项目，开始桀骜不驯，后来突然变得勤奋好学、踏实肯干，没事就往工地跑，跟在老师傅后面问这问那。结果，入职半年多，他就被任命为二标上部施工负责人。

一次煮酒夜话时，小伙伴们纷纷向发哥讨教成功秘诀。“我哪有什么秘诀，现在的一切都是'吓'出来的。”原来，第一次架设承力索时，为了逞能，李发报名领了这个任务。收工时，他抬头一看，猛然发现刚才的承力索上方1 m处，有一根10 kV架空线!这可不得了，他连忙抓起电话询问这条架空线是否带电，当得到否定回答后，他竟一屁股坐到地上，“兄弟们，如果架空线带电会怎样?我差点就把你们弄'丢'了呀!”说这话时，这个大男孩竟呜咽着哭了起来……

也就是从那一天起，大家的心不再浮躁，安全、质量等这些枯燥的字眼，在他们的心里扎下了根，师傅在班前教育的叽叽喳喳，他们突然感到那样亲切、那么重要!2016年5月进场以来，这个项目先后进行了4次大封锁施工，没有发生一起安全质量事故。目前，整项工程进展顺利，完工在即。

青春不言败，磨难是财富。夏天的蛙叫、恼人的虫鸣，还有，冬天里零下30多度的刻骨寒冷，爬上杆子戴着三层手套架线，冻得牙齿直打架，寒风一吹，就像光着屁股蛋子……曾经的曾经，叶赤铁路的一切犹如他们面前的一座座大山，而今，这一切不过是风轻云淡!

为什么啊?只因为他们知道，即使有一百种理由苦闷抱怨，但没有一种理由可以放弃理想!在挫折中成长，在逆境中飞翔，艰难困苦就是光合作用!它让这群年轻人收获了胜利，也懂得了强大，更重要的是，向这个世界证明了：他们堪当大任!

项目三　立杆与拉线安装

【导　读】

我国电气化铁道干线均采用架空式接触网，支柱是接触网结构中应用最广泛的支撑设备，用来承受接触悬挂与支持设备的负荷。基坑开挖和基础浇筑以后，就可以进行支柱立杆安装和整正，并根据接触网平面布置图和拉线安装图，确定拉线位置并进行拉线安装。

【学习目标】

（1）掌握支柱安装和整正标准，具备支柱安装和整正的能力。
（2）掌握锚板和拉线安装的标准，具备拉线安装的能力。

【思政目标】

培养学生按流程操作、按规范办事的纪律意识。立杆作业过程中，不骄不躁、稳扎稳打、步步为营。立杆的整正如书法，横平竖直，不偏不倚；如做人，直内方外，刚正不阿。

任务一　支柱立杆整正

【任务描述】

立杆一般是由安装列车占用线路封锁日来完成的，本任务以横腹杆式及钢柱安装为例介绍立杆的各项准备工作及立杆整正的施工工艺。

一、理论部分

（一）接触网支柱类型

接触网支柱按使用场合分为腕臂支柱和软横跨支柱。腕臂支柱的规格与外形尺寸如图 2-3-1 所示。软横跨支柱的规格与外形尺寸如图 2-3-2 所示。

支柱类型与参数

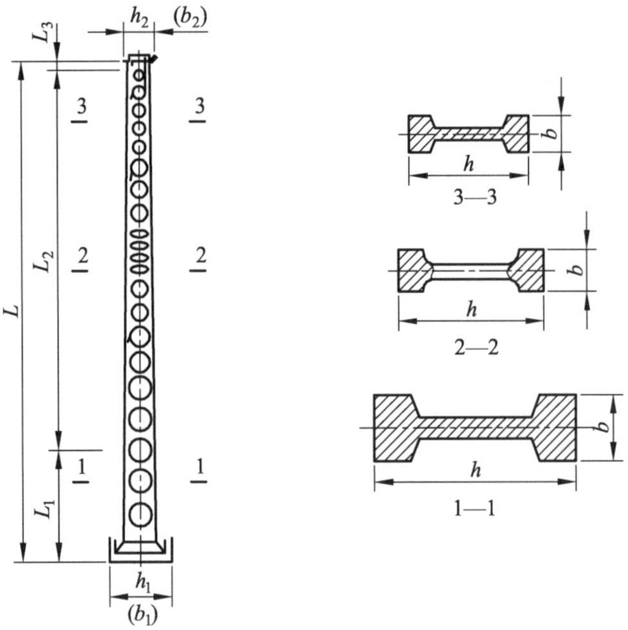

L—柱高；L_1—荷载点高度；h—支柱截面处的高度；b—支柱截面处的宽度；L_2—支持点高度（支柱埋入地下的深度）；
h_1—柱底截面高度；b_1—柱底截面宽度；L_3—柱顶至检验荷载点距离（为 0.1 m）；
h_2—柱顶截面高度；b_2—柱顶截面宽度。

图 2-3-1　混凝土腕臂支柱外形

支柱按结构设计风速分为：结构设计风速为 30 m/s 的支柱、结构设计风速为 35 m/s 的支柱。

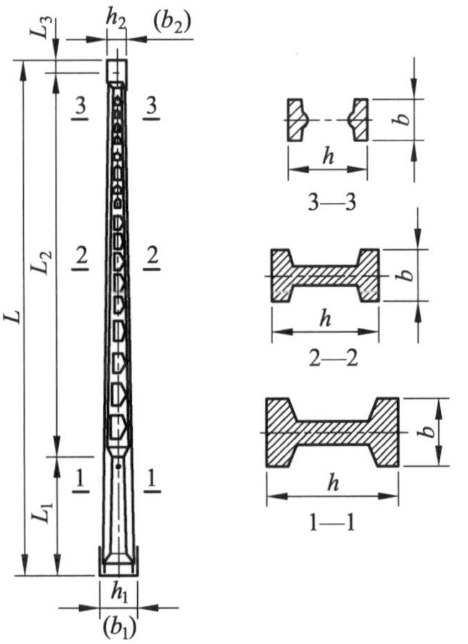

L—柱高；L_1—荷载点高度；h—支柱截面处的高度；b—支柱截面处的宽度；L_2—支持点高度（支柱埋入地下的深度）；
h_1—柱底截面高度；b_1—柱底截面宽度；L_3—柱顶至检验荷载点距离（为 0.1 m）；
h_2—柱顶截面高度；b_2—柱顶截面宽度。

图 2-3-2　直埋式软横跨支柱外形

（二）支柱外观检查

1. 预应力混凝土支柱检查

（1）表面平整，弯曲度不得大于 2‰。

（2）支柱翼缘破损、局部漏筋 1 或 2 根的，长度不大于 400 mm，可修补使用，漏筋 3 或 4 根的，可修补降一级使用。

（3）支柱翼缘与横腹板结合处裂纹宽度小于 0.15 mm 者可使用；裂纹宽度为 0.15 ~ 0.3 mm 者可修补后使用；裂纹宽度大于 0.3 mm 者，不得使用。

（4）腹板纵向裂纹、收缩性裂纹的裂纹宽度小于 0.15 mm 者可以使用，裂纹宽度为 0.15 ~ 0.3 mm 者可修补使用。

（5）支柱冀缘不得有横向或斜向裂纹，但收缩性水纹不在此列。

（6）支柱腹板破损漏筋的可修补使用。

（7）支柱仅混凝土破损的，可用水泥砂浆修补使用。

2. 钢　柱

支柱的主角钢不应有弯曲、扭转现象；焊接处应无裂缝；基础螺栓孔距误差不得超过 ± 2 mm；钢柱弯曲变形量不应超过钢柱全长的 1%。

支柱侧面限界测量

（三）支柱侧面限界整正标准

1. 预应力钢筋混凝土横腹支柱（方杆）和钢柱

预应力钢筋混凝土横腹支柱（方杆）和钢柱侧面限界的整正标准为 − 60 mm、+100 mm。

2. 预应力钢筋混凝土等径支柱（圆杆）

预应力钢筋混凝土等径支柱（圆杆）侧面限界的整正标准为 0 mm、+100 mm。

（四）横卧板和底板

1. 横卧板

横卧板的作用：增大支柱在土内的受力面与土壤的接触面积，防止支柱向受力侧倾斜，保证支柱的稳定性。

横卧板的种类：横卧板的种类有Ⅰ型、Ⅱ型、Ⅲ型、Ⅳ型几种。

2. 底　板

底板的作用：增大支柱底面与基坑底部的接触面积，减小对地的压强，防止支柱下沉或减小支柱的下沉。

底板的选用：普通锚柱的底板可用 H 型横卧板代替；软横跨柱的底板采用 1 200 mm × 800 mm 的钢筋混凝土板。为了方便施工，普通的锚柱底板可用Ⅱ型横卧板代替，如图 2-3-3 所示。

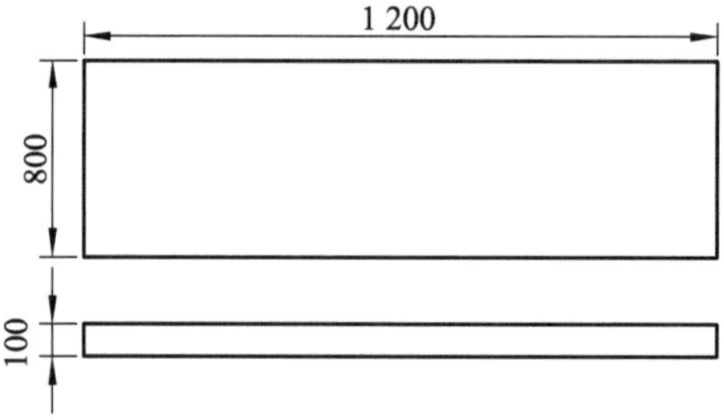

图 2-3-3 钢筋混凝土软横跨支柱的底板规格

（五）土壤性质

土壤承压力：单位面积土壤上所受到的最大压力，单位为兆帕（MPa）。

土壤安息角：散粒土壤自然堆积时，当再增加散粒土壤，而这个土堆的斜坡面不再增大时，其斜坡面与水平面的夹角（即散粒土壤自然堆积时，土堆的斜坡面与水平面所能形成的最大夹角），通常用字母ϕ表示。

二、任务实施

（一）实施的工艺流程（见图 2-3-4）

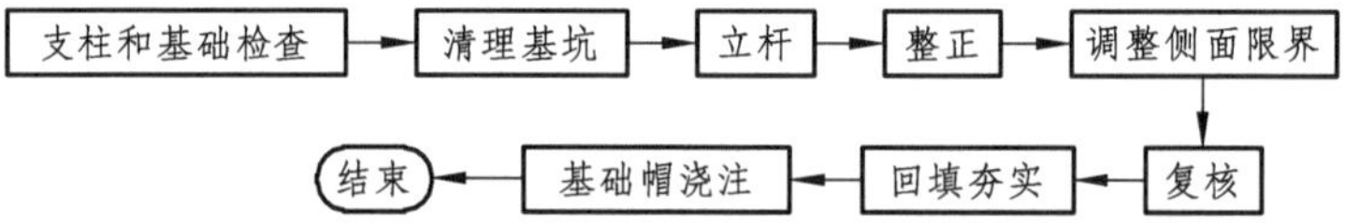

图 2-3-4 支柱立杆整正施工工艺流程

（二）施工组织

常用的钢筋混凝土支柱分为横度杆式、等径四柱、大容量软横跨柱，安装方式分为直埋式基础、杯型基础等。常用的钢柱有桁架结构式钢柱、圆柱、工字钢支柱，一般安装在钢筋混凝土浇筑的基础或桥托架之上。

目前立杆一般均采用安装列车占用线路进行安装，通常由 2 辆轨道车、3 辆平板车和 1 台吊车组成。

1. 人员组织（见表 2-3-1）

表 2-3-1 立杆人员组织

序号	工具名称	单位	数量	用 途
1	轨道车司机	人	4	
2	吊车司机	人	2	吊杆、立杆
3	车长	人	1	指挥列车运行及调车
4	负责人	人	1	
5	立杆	人	4	
6	防护员	人	1	

2. 工机具配置（见表 2-3-2）

表 2-3-2　立杆工机具配置

序号	名称	规格	单位	数量	说明
1	正反扣整杆器		套	1	整正
2	圆木	直径小于 0.2 m，长度 2～2.5 m	根	1	扭正支柱方向
3	垫木	300 mm×200 mm×20 mm	块	12	与整杆器配合调整支柱侧面限界
4	线坠（经纬仪）	带丝线	个（台）	2（2）	测量支柱倾斜度
5	丁字尺		把	1	测量支柱限界
6	水平尺	长度 300 mm	把	1	对丁字尺进行超平
7	棕绳	直径（12～14）mm	条	2～3	安装横卧板时用
8	皮尺	10 m	盒	1	量限界及横卧板位置
9	钢钎	22～25 mm 六棱工具钢 长度 1.5～2 m	根	1 或 2	做撬棍用
10	扳手	300 mm	把	1 或 2	旋固螺母用
11	捣固锤		把	1	夯实填土
12	铁锹	长把	把	若干	回填用具
13	防护旗	红、黄	套	1	线路行车防护
14	防护喇叭		个	1	

（三）立　杆

1. 支柱安装工艺

1）支柱检查

为确保支柱安装后能承受规定的载荷，保证支柱的寿命年限，在立杆前应对支柱进行外观检查，对不符合标准的支柱不得使用。

2）施工线路、基坑和基础检查

支柱安装（立杆）前，施工单位应对所有施工线路进行检查，将有碍立杆作业的交叉跨越线路及其他障碍物调查清楚，并与障碍线路和障碍物所属单位协调，将障碍线路改移和将障碍物清除，符合立杆条件后，方可进行立杆作业。

同时，应对基坑和基础进行检查。检查基坑限界、深度及大小是否符合要求，并将坑内杂物清除干净，平整基坑底部，检查基础螺栓位置是否正确，基础强度是否达到设计要求的 70%以上。

2. 立杆作业

1）钢筋混凝土支柱安装

支柱安装（立杆）负责人指挥立杆工程列车停于杆位附近适当位置，司机操纵吊车，徐徐上升吊臂，吊臂仰角以 70°～75°为宜。同时降落吊钩，车上挂钩人员按要求将欲立支柱挂好钢丝绳套，一般将钢丝绳套挂在支柱从上往下数的第三或第四腹孔处（H60、H78、H48-250 及以上容量的支柱挂在第三腹孔处，H38 支柱挂在第四腹孔处）。确认牢靠后，指挥吊车起吊，慢慢向基坑位置旋转，使支柱对准基坑，然后垂直下落支柱。当支柱落至基坑坑口时，由 2 或 3 名扶杆人员将支柱方向扭正，慢慢放入坑内，并使支柱不碰撞坑壁。当支柱已经落至坑底时，扶杆人员与吊车司机配合，将支柱外缘倾靠于基坑的田野侧，注意支柱倾斜度不可太大，以免压到基坑。支柱立稳后，即可进行摘钩，摘钩工作完成后，吊臂随即降落回原位，工程列车向下一个杆位移动，准备安装下一根支柱。钢筋混凝土支柱立杆如图 2-3-5 所示。

图 2-3-5　钢筋混凝土支柱立杆示意图

注意：有底板的支柱，应先将底板安装好后再进行支柱安装；当支柱位于两线路之间时，为了不影响行车，支柱倾斜方向应朝着顺线路方向；安装软横跨支柱时，要使主筋多的一面靠于田野侧；立杆时应考虑支柱整正的方便，支柱位置应尽可能准确，特别是软横跨支柱，尽可能在整正时一次拉起就能满足支柱限界的要求。

2）钢柱安装

立杆工程列车停于基础附近位置后，便可以进行钢柱起吊工作。钢柱起吊时，可将钢丝绳套挂在钢柱 3/4 高度处的主角钢上。钢柱吊至基础位置时，由 4 名扶杆人员扭正方向，每人负责钢柱的 1 个角，再由 1 人用撬棍微微撬动钢柱底座，使每个柱孔都对准基础螺栓，然后缓慢下落。在下落过程中，要使钢柱尽量不碰坏螺栓螺纹。待每个角的螺栓都戴上一个螺帽确认钢柱稳固后，吊车即可摘钩。

为有效利用线路封闭时间，立钢柱时，可以暂时先将基础对角螺栓各带上一个螺帽，旋紧 30 ~ 50 mm 后，即可摘钩，吊车离去。然后，留下 2 或 3 人，将剩余螺栓、螺帽配齐并拧紧。钢柱立杆示意图如 2-3-6 所示。

图 2-3-6　钢柱立杆示意图

（四）支柱整正

1. 钢筋混凝土腕臂柱整正

钢筋混凝土腕臂柱的整正步骤如下：

（1）安装整杆器。将整杆器的固定框架固定在支柱上，固定点不超过轨平面以上 500 mm，以保证整杆器装好后不侵入车辆限界。将整杆器的两个钢轨卡子分别固定在支柱两侧钢轨上，钢轨卡子的安装位置应在整杆器的活动范围内，一般各距离支柱 3 m 左右。根据钢轨卡子与框架间的距离，将整杆器丝杠倒出，丝杠两端长度应相等。然后将丝杠与钢轨卡子和框架连接，销钉插好后，即可开始调整。

（2）调整支柱侧面限界。摇动整杆器手柄，调整丝杠长度，两整杆器同时动作，将支柱拉直立，然后将丁字尺放在钢轨上，并保持水平，测量支柱侧面限界。检查支柱侧面限界是否符合设计要求，如果侧面限界偏小，将方垫木垫在支柱内侧根部的适当位置，然后摇动手柄，则两个整杆器同时拉动支柱，由于杠杆作用，支柱根部向后移。再使支柱直立，检查支柱侧面限界，直到达到要求为止。如果柱侧面限界偏大了，调整方法与之相反。

（3）校正支柱扭斜。在调整支柱侧面限界的同时，也应对支柱面的扭斜进行校正。校正方法是：将丁字尺卡在钢轨内缘，并保持水平，再将木杆插入支柱腹孔进行拨动，到支柱前后缘均贴于丁字尺为止。

（4）调整支柱倾斜度。在支柱侧面限界允许误差范围内，继续调整丝杠长度，使支柱在垂直线路及顺线路方向的倾斜度均符合要求。如果不能同时满足支柱限界和倾斜度的要求，应重新调整支柱侧面限界。考虑到支柱受力后要向受力反方向倾斜，所以支柱的倾斜度在反向应适当加大。在进行以上操作时，应同时将丁字尺、水平尺、斜率测量仪放在指定位置，边调整、边观察。如图 2-3-7 所示。当支柱调整好后，停止整正，将整正器手柄卸下。

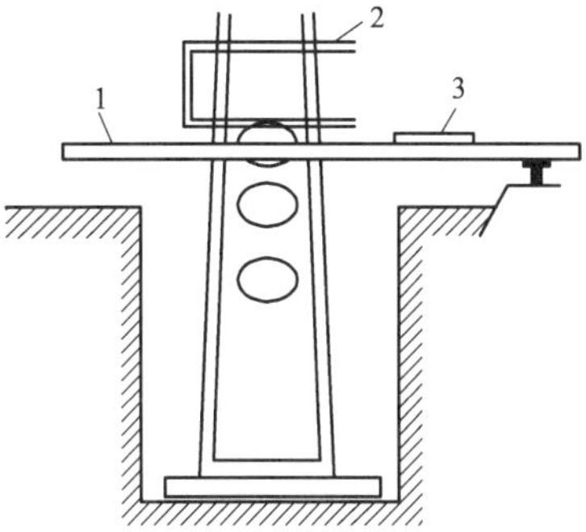

1—丁字尺；2—倾斜率测量仪；3—水平尺。

图 2-3-7　支柱倾斜率测量

（5）按要求安装横卧板，填写隐蔽工程记录，准备基坑回填。

2. 钢筋混凝土软横跨柱整正

图 2-3-8　钢筋混凝土软横跨柱整正示意图软横跨柱的整正工具使用手扳葫芦，通过 3 个手扳葫芦的协调动作进行支柱整正。首先，将 3 个手扳葫芦大致安装成互成 120°，其中两个通过临时地锚固定在田野侧，另一个固定在线路侧。地锚一般采用钢钎组成的三联桩或多联桩，如图 2-3-8 所示。

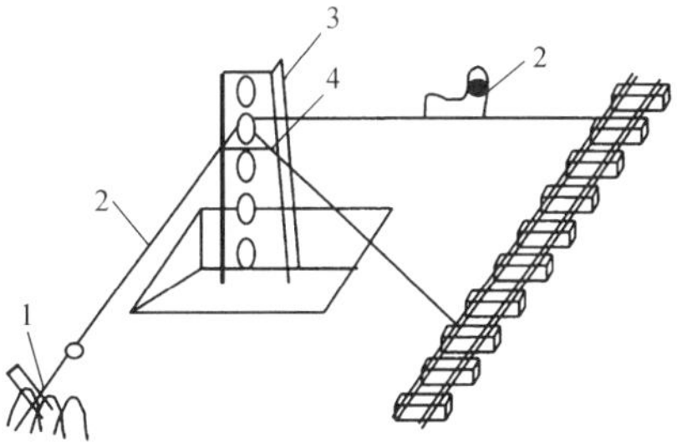

1—地锚；2—手扳葫芦；3—支柱；4—钢丝绳套。

图 2-3-8　钢筋混凝土软横跨柱整正示意图

当线路侧手扳葫芦拉紧时，田野侧手扳葫芦就放松，反之亦然。3 个手扳葫芦的操作人员要密切配合，松拉时应同时进行。支柱侧面限界的调整方法与腕臂柱类似，支柱的扭斜也采用木杠拨正。在将支柱调整到规定位置后，应按规定进行基坑回填和安装横卧板，当回填至 1/2 坑深时，即可将手扳葫芦拆除。

注意：三个手扳葫芦必须同时拆除，以防支柱变位，并及时填写隐蔽工程记录。

3. 钢柱整正

钢柱整正，是先将撬棍插入钢柱底座与基础顶面之间，将底座撬起，根据钢柱的倾斜标准，在缝隙中塞入不同厚度的钢垫片。注意：应放在钢柱的主角钢下面，直到钢柱的侧面限界的倾斜度达到标准。

为了钢柱整正的安全，每块垫片面积不小于 50 mm × 100 mm，每个主角钢下面的钢垫片数量不宜超过 3 片，总厚度不超过 30 mm，基础螺栓应对角循环紧固，使之受力均匀。整正过程中不得将螺帽取下，只可以拧松。钢柱整正并承载一定时间后，为了保护基础外露的地脚螺栓，防止钢柱底部螺栓、螺帽锈蚀，应在基础顶面（即钢柱底部）浇筑基础帽，将钢柱底部、螺栓和螺帽保护起来。基础帽要求用 C50 级的混凝土浇制而成，表面光滑呈斜坡形。

三、任务考核

（1）人员：以作业组为单位。

（2）操作时间：规定时间为 60 min。在规定时间内完成，不加分也不扣分；每超时 1 min，从总分中扣 2 分；超时 10 min，停止作业。

（3）考核标准：见表 2-3-3。

表 2-3-3　支柱立杆整正考核记录表

考核项目	分值	序号	考核要求及评分标准	分值	扣分情况	得分
工具、机具准备	15 分	1	吊车、整杆器、钢丝绳套、棕绳、撬棍、铁锹、土篮、防护旗、口笛	15 分		
操作技能	65 分	2	支柱外观检查	10 分		
		3	基坑、基础检查和清理	10 分		
		4	立杆	25 分		
		5	整正	20 分		
安全及其他	20 分	6	按规定设置防护	10 分		
		7	安全	5 分		
		8	动作、文明用语	5 分		
规定时间	60 min		操作时间			
合计	100 分			100 分		

任务二　支柱加固、回填、侧沟改移

【任务描述】

为了使路基坚固、稳定，需要根据不同的地质情况制定特殊的加固、回填措施，对于受力的混凝土软横跨支柱、腕臂柱及风沙地区的支柱需要进行加固。同时，在基坑开挖过程中会造成路基破坏，也需要对基坑进行回填以加强路基。

一、理论部分

（一）支柱加固

目前，对于不同地质情况（如膨胀路基、软土路基、湿陷性黄土、多年冻土路基等特殊地质条件），均需要制定特殊的加固处理措施，各类支柱加固示意图如图 2-3-9 所示。

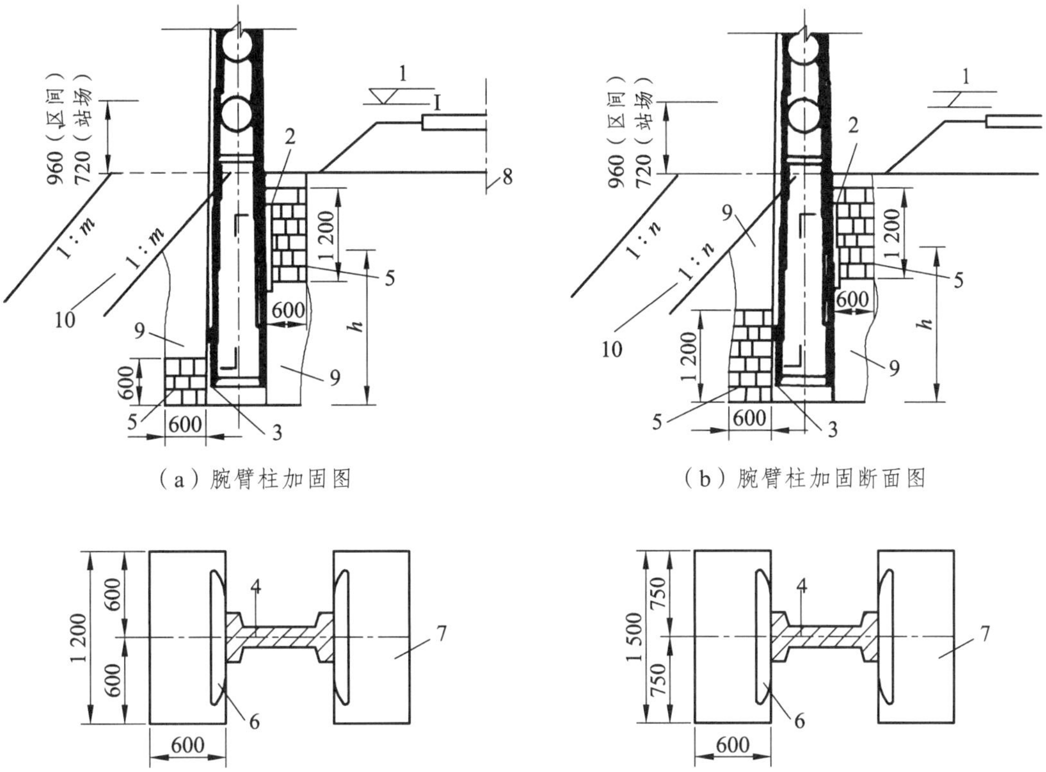

（a）腕臂柱加固图　（b）腕臂柱加固断面图

（c）软横跨支柱加固图　（d）软横跨支柱加固断面图

1—轨面标高；2—上部横卧板；3—下部横卧板；4—混凝土支柱；5—M5 水泥砂浆砌 MU20 片石；6—上下部横卧板；7—上下部浆砌片石；8—线路中心线；9—原土分层夯实；10—路基培土。

图 2-3-9　支柱加固示意图

砂质地带加固图如图 2-3-10 所示。

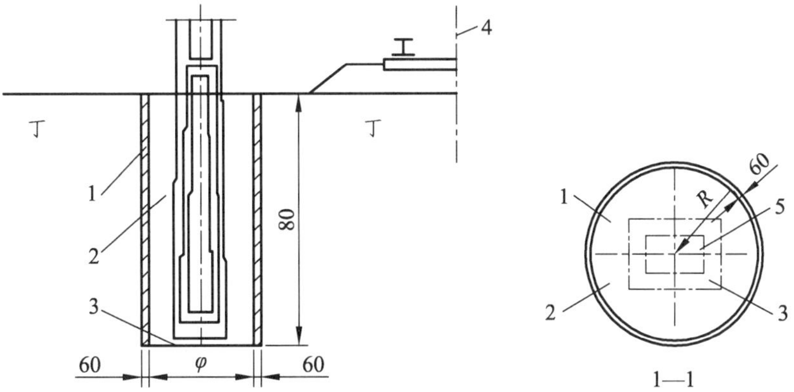

（a）砂质地区支柱加固　（b）砂质地区专用井圈

1—井圈；2—基础；3—地板；4—线路中心线；5—支柱。

图 2-3-10　砂质地带加固图

（二）支柱回填

工程实践中大量采用了在路基和道床之间铺设基床表层作为路基的保护层，如膨胀土路基、湿陷性黄土等，在基坑开挖过程中不可避免地要破坏路基原有的保护层。这就需要在回填过程中加以补救，以减少水对路基的伤害，现以膨胀土、湿陷性黄土为例介绍一些特殊处理方法。

2017 年 6 月 1 日，中国铁路总公司发布的《客货共线铁路电力牵引供电工程施工技术规程》对支柱回填提出如下要求：

（1）支柱回填土宜使用原土。

（2）水坑回填时，应先将水抽净，再填土捣固。

（3）基坑应分层回填、夯实。夯实宜采用小型打夯机或每回填 300 mm 应先用大号捣固锤捣，再用中号捣固锤捣，最后用小号捣固锤捣固缝隙。

（4）支柱回填夯实后培土应高于地面 300 mm 以上，坑口防护尺寸应较原基坑每侧超出 200 mm 以上。

（5）雨季支柱回填，为防止雨水沿基坑回填土渗入路基内，从坑口面向下 300 mm 的基坑上部可灌注混凝土或采用适量的“三七石灰混合土”回填，并用木夯和捣固锤夯实。

（三）侧沟改移

侧沟通常设置于路堑路基的两侧，用以汇集和排除路堑边坡面及路基范围内的地面水，接触网支柱和路基在回填过程中经常和侧沟发生干扰，侧沟改移方案存在很多不确定因素，需要结合现场实际情况，制订针对性的改移方案，以满足排水顺畅和路基稳定的目的。图 2-3-11 是通用做法，可以参考。

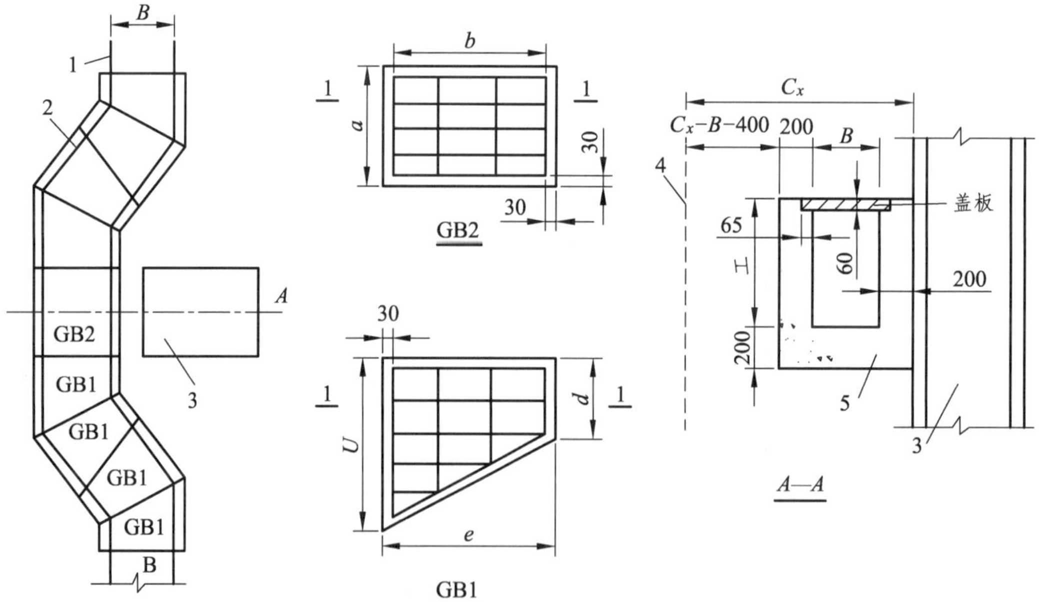

1—原沟边；2—改沟边；3—接触网支柱；4—线路中心线；5—混凝土 C20。

图 2-3-11 水沟改移示意图

图 2-3-11 是水沟线路侧暗沟改移方案示意图，在改移的侧沟上加盖板 GB1、GB2（图中 *a*、*b*、*c*、*d*、*e* 的尺寸根据现场确定；*H* 为水沟深度，一般不小于 600 mm），并恢复原道床。如果地形允许，水沟尽量改移到支柱的田野侧。

现场浇筑混凝土基础与水沟位置干扰时，需要在基础中预埋直径为 400 mm 的钢筋混凝土水管或者支模预留排水洞。

基坑开挖前首先调查需要改移水沟的支柱，并根据调查结果制订水沟改移方案，水沟改移后的截面不小于原截面，方案必须经过站前施工部门同意。

水沟改移一般在基坑开挖前进行，确实不能在基坑开挖前进行的，要求水沟进行临时改道疏通或采用其他措施，保证水沟畅通。支柱安装到位后及时改移水沟。

水沟一般改移在支柱受力的反方向，确因地形限制无法避免时，无论原水沟上有无盖板，都必须在支柱处的水沟上加装盖板，保证支柱受力良好。

二、任务实施

（一）实施的工艺流程（见图 2-3-12）

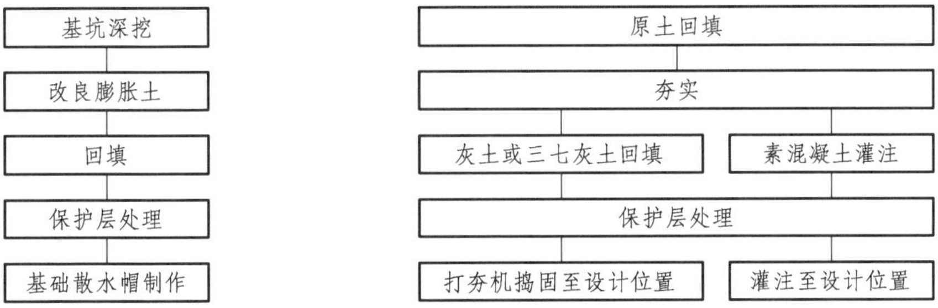

（a）膨胀土地区支柱回填流程　　（b）湿陷性黄土地区支柱回填流程

图 2-3-12　支柱回填工艺流程

（二）支柱回填方法

1. 膨胀土地区支柱处理方法

（1）基坑应先深挖 300 mm，深挖部分可以换填非膨胀土（如碎石土、砂石土、灰土、黏土等）或改性土（即生石灰和原土按照一定比例的混合土，原土应捣碎，最大粒径不大于 50 mm，灰土比控制在 5% ~ 10%）。

（2）基坑开挖完成后应及时进行支柱坑、基础坑换填施工。基坑开挖宜采用分段快速作业法，防止基坑暴晒、渗水，影响基础施工和线路路基安全。

（3）改良膨胀土采用如掺石灰、水泥、粉煤灰、固化剂等，使膨胀土与之起一定的化学反应，改变膨胀土的胀缩性。

（4）整正支柱回填基坑时，需要将非膨胀土分层夯实，每次回填深度不超过 300 mm。

（5）回填至破坏的土工膜时，要用土工膜与原来土工膜破坏断面搭接后，再在其上继续回填。

（6）换填土应分层夯实后及时浇筑混凝土及散水坡，散水坡应略大于基坑坑口，要将坑口部分完全覆盖，保证基础面周围排水通畅、不积水。如图 2-3-13（a）所示。

2. 湿陷性黄土地区支柱处理方法

提高回填质量和改变传统回填方式是处理的关键。回填料应根据地基处理目的和工程要求，采用灰土、三七灰土或者素混凝土，填料平均压实系数不低于 0.97，采用三七灰土作为填料较为经济和实用。如图 2-3-13（b）所示。

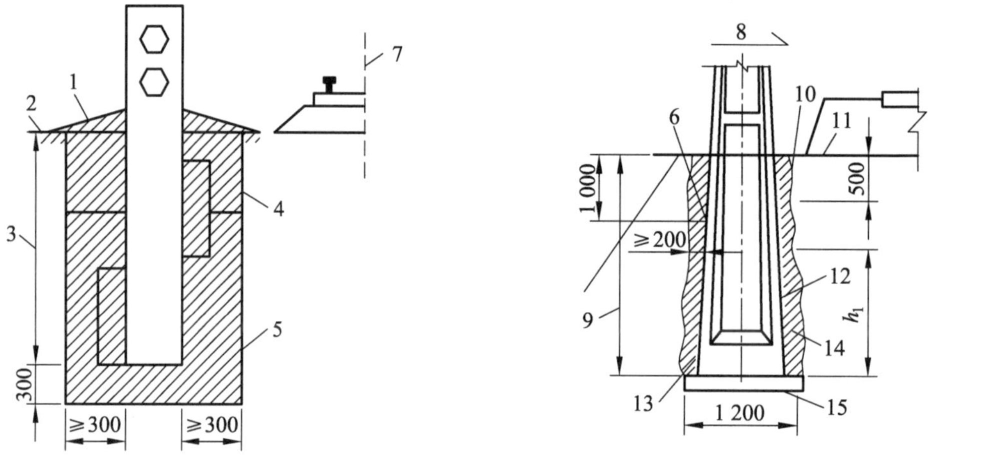

（a）接触网基础换填及散水示意图　　（b）湿陷性黄土基础处理示意图

1—C7.5 混凝土坡；2—路肩面；3—基础埋深；4—C10 级混凝土；5—非膨胀土垫层；6—路基土工膜；7—线路中心；8—负载方向；9—支柱埋深 3.0 m 或 3.6 m；10—路肩面以下 1.0 m 范围内回填三七灰土；11—道床；12—三块Ⅲ型或Ⅳ型上部横卧板；13—一块或不设下部横卧板；14—回填原土并夯实；15—Ⅰ型底板。

图 2-3-13　基础处理方法

（1）基坑口向下 1 000 mm 采用三七灰土换填，并采用打夯机夯实，其余部位仍采用原土回填并分层夯实，如图 2-3-14 所示。

（2）原土回填夯实：对于含有土工膜的路基段，基坑回填（原土）夯实至土工膜下 450 mm 处，停止原土回填，改由三七灰土回填。

（3）土工膜包夹处理。土工膜下 450 mm 至基坑顶部四周多开挖 200 mm，使土工膜外露≥200 mm。当回填夯实至土工膜位置时，将土工膜平铺开，上面继续用三七灰土回填至基坑顶部，这样，土工膜被包夹在三七灰土之中，起到密封防水作用。

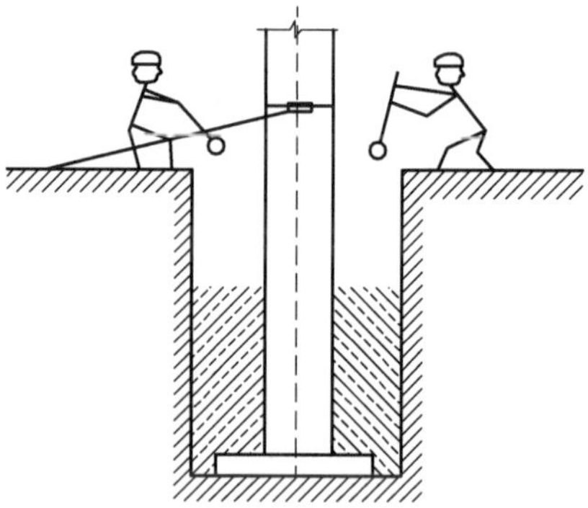

图 2-3-14　捣固示意图

（4）基坑顶部也可以用三七灰土填料填成 300 mm 高的棱台，待开通验收前再进行一次补充夯实，效果更佳。

（5）对原土回填表层和三七灰土回填夯实采用机械夯实的方法，基坑开挖尺寸必须满足机械作业的要求。要求采用专用打夯机夯实，机械夯实遍数以现场试验的参数为准。

（6）原土每回填 200 ~ 300 mm 夯实一次，以保证基坑四周回填密实度达到 0.9 以上，三七灰土每 200 mm 夯实一次，以使密实度达到 0.95 以上。原土回填段必须优先采用开挖的基床级配碎石料或 A 组料回填，或与 C 组土混合使用。

（7）对回填压实及时进行抽检，抽检率不少于 30%。

（8）冬季施工时，应将冻土块打碎，不得掺杂冰雪块等。

（9）保证土层厚度不小于支柱埋深，填方地段考虑到回填雨后可能下沉，支柱地面以上部分应适当高一些。

（10）认真填写隐蔽工程记录。

3. 多年冻土路基回填方式

结合路基条件制订针对性的设计方案和施工方案，软土地基通常是加大基础以增大支柱承载力及抗倾覆力矩，冻土地基通常采用高温融化等方式增大回填密实度等。

4. 路基施工检测

路基施工检测技术是指地基处理和路基填筑工程中各种进行质量控制的检查方法，接触网常用的检测方法有复合地基承载力试验法和钻芯取样试验法等。

三、任务考核

（1）人员：以作业组为单位。

（2）操作时间：规定时间为 60 min。在规定时间内完成，不加分也不扣分；每超时 1 min，总分中扣 2 分；超时 10 min，停止作业。

（3）考核标准：见表 2-3-4。

表 2-3-4　支柱回填考核记录表

考核项目	分值	序号	考核要求及评分标准	分值	扣分情况	得分
工具、机具准备	15 分	1	铁锹、土篮、防护旗、口笛、工具袋、固木、垫木、支柱倾斜仪、丁字尺、水平尺、皮尺、钢钎	15 分		
操作技能	85 分	2	回填后支柱倾斜度测量	25 分		
		3	回填方法正确	15 分		
		4	支柱加固	20 分		
		5	基础夯实	25 分		
规定时间	60 min		操作时间			
合计	100 分			100 分		

任务三　锚柱拉线安装

【任务描述】

下锚拉线的作用是将承力索、接触网及各种附加的下锚张力通过锚板或拉线基础传给大地，以保证锚段内线索的整体稳定性。本任务的重点是拉线安装的操作方法及注意事项。

一、理论部分

（一）锚　板

1. 锚板的结构

锚板一般安装在锚柱处，与拉线连接，通常用混凝土浇制而成，其结构如图 2-3-15 所示。

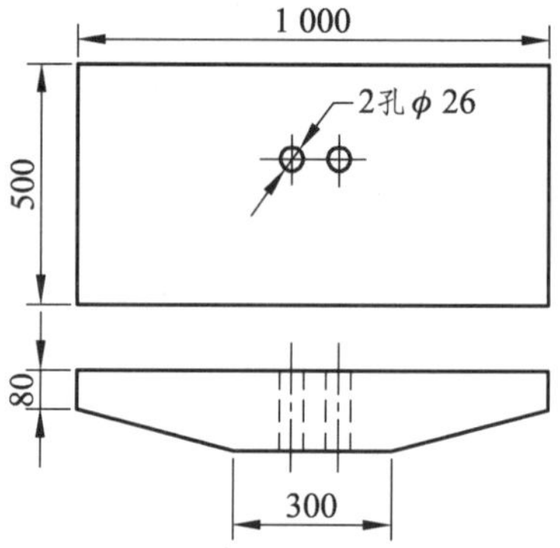

图 2-3-15　锚板结构示意图

2. 锚板的作用

为了稳定拉线，使得拉线能平衡线索的张力，拉线的一端连接支柱，另一端连接锚板，并将锚板埋入地下。这样，锚板就起到了增大拉线与土壤的接触面积，防止拉线被拉松或被拉出地面的作用。

3. 锚板的安装要求

为了使得锚板发挥稳定拉线的最大作用，安装时，锚板平面应垂直于拉线，即锚板平面与地面成 45°夹角。特殊困难地方不得小于 30°。锚板埋入地下的深度，即锚板的埋深（以地面最低处计算）一般为 2.5 m，或锚板中心距地面 2 m，允许施工误差为 ± 100 mm。

（二）拉　线

接触网拉线的结构

1. 拉线的结构

拉线采用 GJ-70 钢绞线，通过 UT 形线夹与锚板拉杆（现场俗称“锚杆”）连接，锚杆的下部用 U 形螺栓与锚板连接，拉线的另一端固定在支柱上的承锚角钢和线锚角钢处，如图 2-3-16 所示。

2. 拉线的作用

拉线的作用是平衡接触悬挂（接触线和承力索）的水平张力，并将线索的下锚水平张力传给大地。

3. 拉线的安装角度

拉线的安装角度，也称为拉线角度，是指拉线与地面形成的夹角。为了使拉线能充分发挥作用，安装

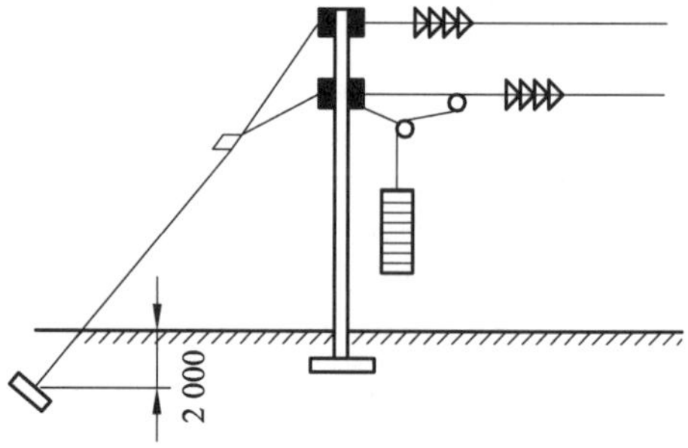

图 2-3-16　拉线结构示意图

时对拉线的安装角度有一定要求。一般情况下，拉线角度为 45°；困难情况下，可以适当增大拉线角度，但最大不得大于 60°。

4. 拉线的长度预制

拉线长度计算可通过下式确定：

$$L = H/\sin 45°$$

式中 L——拉线总长度，m；

H——从地面起算，承线锚角钢的固定高度，m；

45°——拉线与地面的夹角。

L 是拉线（含零件）的理论长度，因此必须从 L 中扣除 LX 线夹、UT 线夹、锚杆及固定角钢拉环的长度，再加上拉线两端回头的长度。

拉线长度实测：拉线长度可在承线锚底座安装完成后连接好各种零件，用钢卷尺自承线锚拉环直接与锚杆 UT 线夹相连接处进行实测，其实测值为拉线本体净长度，因此拉线下料长度应加两端回头长度。

由于每处拉线的实际长度与支柱型号、承线锚底座安装高度、锚板或拉线基础与支柱的距离均有关系，除大批量需要，一般情况下采用实测长度进行预制，以提高精度，节约材料。

拉线预制：将钢绞线展开、拉直，依据确定的拉线长度下料。断线前用 ϕ1.6 ~ 2.0 mm 铁线在剪断点两侧扎紧两圈，以防止断线散股。按回头制作工艺用 NUT 楔形线夹，LX 双耳楔形线夹作回头，如图 2-3-17 所示。

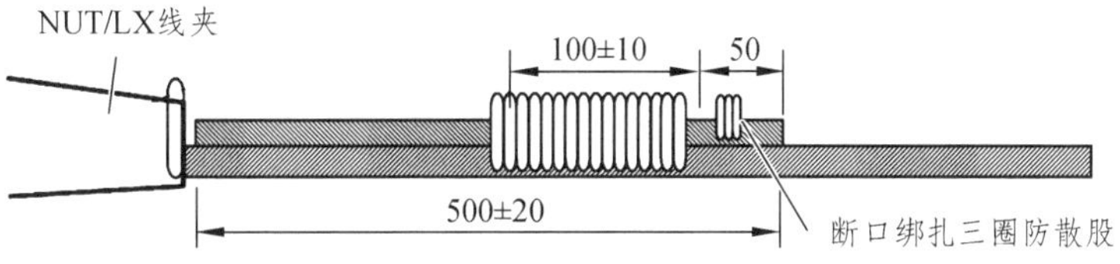

图 2-3-17 拉线绑扎示意图

5. 拉线制作技术要求

（1）拉线型号应符合设计要求，不得有断股、松股和接头。

（2）拉线安装应符合设计要求，在任何情况下严禁侵入基本建筑限界。

（3）连接螺栓均由田野侧穿向线路侧。

（4）连接螺栓装好后，应穿开口销，并用钳子扳开口销使其两支夹角大于 120°。

（5）LX 线夹平面（受力面）在上，回头面在下。

（6）NUT 线夹平面（受力面）线路侧，回头面在田野侧。

拉线制作与安装

（7）NUT 线夹受力后，螺扣应外露，其长度不应小于 20 mm，且最大不得大于螺纹全长的 1/2。

（8）拉线应绷紧，双拉线松紧一致。

（9）拉线在楔形线夹外回头长度为 500 mm，端部用 1.6 mm 的软钛不锈钢线绑扎三圈。

（10）拉线回头与本线用 1.6 mm 的软钛不锈钢线绑扎 100 mm，施工偏差为 ± 10 mm，绑扎密实整齐。

二、任务实施

（一）施工工艺流程（见图 2-3-18）

图 2-3-18　锚柱拉线安装实施流程

（二）施工组织

1. 人员组织（见表 2-3-5）

表 2-3-5　人员组织

序号	项　目	单位	数量	备　　注
1	施工负责人	人	1	全面负责
2	安装人员	人	3	兼测量
3	安全防护员	人	1	负责安全防护

2. 施工所需材料（见表 2-3-6）

表 2-3-6　锚柱拉线安装所需材料

序号	名称	规格	单位	数量	备注
1	下锚拉线底座	设计型号	套	若干	工程所需
2	下锚拉线用挂板	设计型号	套	若干	工程所需
3	耐张线夹	NUT-4 型	套	若干	工程所需
4	耐张线夹	LX-4 型	套	若干	工程所需
5	镀铝锌钢绞线	125.5 型	米	若干	工程所需

3. 工机具配置（见表 2-3-7）

表 2-3-7 锚柱拉线安装工机具配置

序号	名称	规 格	单位	数量	备 注
1	送工车		台	1	
2	安全帽		顶	若干	每人一顶
3	安全带		条	2	
4	手锤	1.5 kg	把	1	
5	梅花扳手		套	2	
6	力矩扳手		套	1	
7	电工工具		套	3	人均 1 套
8	断线钳	弧口	把	1	
9	小绳	$\phi 10$	条	1	18 m
10	工具袋		个	1	
11	钢卷尺	20 m/2 m	把	1/1	
12	脚扣		副	2	
13	鬼爪紧线器		套	1	
14	支柱斜率测量仪		把	1	
15	记号笔		支	1	
16	胶带		盘	1	

（三）施工步骤

1. 安装锚板

首先，复核检查拉线坑的深度、坑口尺寸、拉线方向等是否符合设计标准。然后，把 U 形螺栓穿入锚杆中，再装到锚板上。注意：对链形悬挂拉线，应使长拉杆在下，短拉杆在上。接着，用绳拉住锚板，慢慢放入坑内。检查锚板和锚杆的对地角度，不符合要求时，用钢钎、铁锹端修整马道，使锚板和锚杆的安装符合要求。最后，将锚杆的埋入部分涂上沥青，然后进行回填并夯实。

2. 安装拉线固定角钢

拉线固定角钢的安装主要是指承锚角钢、线锚角钢和钢柱下锚固定角钢的安装。

1）钢筋混凝土支柱下锚固定角钢安装

安装时，由两人上支柱，并携带一条白棕绳，上支柱后分别站在支柱的下锚侧和拉线侧，用棕绳将拉线固定角钢吊上去，一人将夹环角钢（线锚角钢本体）扶稳，并通过预留孔穿上螺栓，螺栓应由夹环角钢或线锚角钢本体穿向单环角钢侧。另一人将单环角钢安装在螺栓上，拧紧螺栓帽即可。

2）钢柱下锚固定角钢安装

安装时，由一人上支柱，并携带一条白棕绳和一盒皮尺，上杆后先确定安装高度，然后用棕绳将下锚固定角钢吊上去，安装在确定好的位置上，钢柱下锚固定角钢就安装完毕。

3. 安装拉线

（1）先安装拉线底座，用力矩扳手检测是否达标。

（2）事先测量拉线基础距支柱的距离及支柱埋深，计算拉线长度，依据计算总长度计算出拉线的铰线长度。

（3）安装好上部双耳楔形线夹。

（4）回头线绑扎。

（5）连接连接板。作业人员上杆并系好安全带，用小绳把连接好的连接板拉起并与支柱连接。地面人员配合连接好下端连接板。

（6）地面人员连接轨爪紧线器并紧线，扶住下端连接板；测出下端双耳楔形线夹回头位置并做好回头，如图 2-3-19 所示。

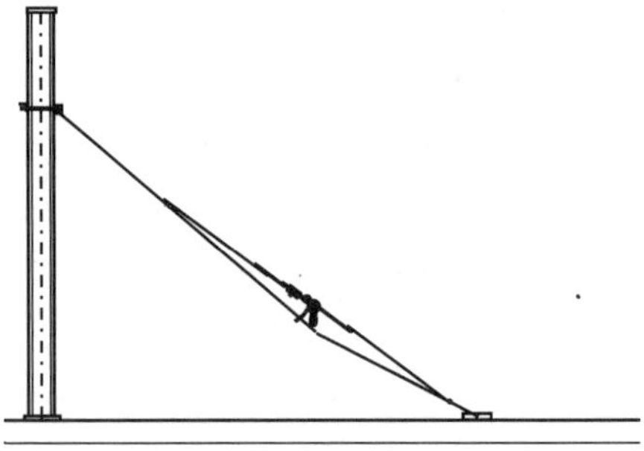

图 2-3-19　拉线安装示意

（7）将安装好的下端双耳楔形线夹与下端连接板连接上。调整调整螺丝，拆除鬼爪紧线器。

4. 测量支柱顺线路倾斜率

（1）用支柱斜率测量仪检测支柱顺线路方向的倾斜率，并通过调整 UT 线夹螺栓将斜率调整到达标。

（2）完成上述操作后，按前面的程序进行下一支柱的拉线安装。

三、任务考核

（1）人员：以作业组为单位。

（2）操作时间：规定时间为 60 min。在规定时间内完成，不加分也不扣分；每超时 1 min，从总分中扣 2 分；超时 10 min，停止作业。

（3）考核标准：见表 2-3-8。

表 2-3-8　锚柱拉线安装考核记录表

考核项目	分值	序号	考核要求及评分标准	分值	扣分情况	得分
料具准备	15 分	1	铁锹、钢钎、鬼爪紧线器、手锤、皮尺、棕绳、断线钳、镀锌铁线	15 分		
操作技能	65 分	2	拉线坑检查	5 分		
		3	锚板安装	10 分		
		4	拉线固定角钢安装	10 分		
		5	拉线安装	35 分		
		6	调整、复核	5 分		
安全及其他	20 分	7	按规定设置防护	10 分		
		8	安全	5 分		
		9	动作、语言文明	5 分		
规定时间	30 min		操作时间			
合计	100 分			100 分		

★ 思政链接

匠心筑梦、大道至简——陈伟劳模创新工作室

中铁武汉电气化局广州分公司“陈伟劳模创新工作室”于 2016 年 8 月 15 日在湛江东海岛项目部正式挂牌成立。“陈伟劳模创新工作室”前身为职工创新工作室，成立于 2010 年 9 月，是一个具有优良传统和强劲创新能力的团队，也是一个高产创新队伍。工作室自成立以来，在参建乌兹别克海外工程、厦深客专、沪昆高铁、海南西环等国家重点工程建设中，针对现场的需求和不同的技术标准，研发出 200 km/h 客专铁路定位预配流水线平台、350 km/h 高铁腕臂预配流水线平台、限位吊弦预配平台、移动式隧道作业平台、拉线制作一体机（见图 2-3-20）等 20 余项新型实用的接触网施工机具及设备。其中 4 项成果取得国家实用性发明专利，8 项成果获企业科技创新奖。在集团公司历年来举办的科技创新成果发布会上囊括了一、二、三等奖共计 9 项成果，先后为企业节约了 3 776 037 元的成本。研发的各项技术在多条高铁得到成功应用。

图 2-3-20　拉线制作一体机

（1）创新背景：拉线制作中尺寸不容易控制，制作的质量、工艺取决于操作人员熟练的程度，且标准会随着劳动强度的增大而降低，拉线弯弧不密贴就不符合施工标准。线夹收紧时，采用锤敲的办法收紧，敲击上下线夹，会损伤镀锌层，并且工作强度较大，人员很容易被弹伤。

（2）技术原理：拉线通过弯曲模具成型。收紧本线与楔形线夹密贴，机械手缠绕钢丝使之成型，行程及速度和安全均由电路控制。至此，一套拉线从弯曲、收紧到缠绕流程完成。

（3）成果效益：拉线制作机实现了四项控制——相同的线夹 R 值控制密贴度、绑线力矩值可控、行程开关精确控制绑线长度、红外侵限装置保障人员安全，从而达到全线拉线回头尺寸统一、绑线长度一致、NX 线夹螺纹外露一致。此技术可在电力行业推广使用。

项目四　桥隧埋入件灌注

【导　读】

桥梁和隧道内没有预留孔埋设固定杆件，需要根据桥梁、隧道接触网平面布置图和安装图，进行测量和埋入杆件灌注工作，为桥支柱的安装和隧道内定位装置的安装作业打下基础。本项目的主要任务是孔位测量、钻孔打眼和灌注作业。

【学习目标】

（1）掌握桥支柱孔位测量、钻孔和锚栓灌注的质量要求，具备锚栓灌注的能力。

（2）了解隧道孔位测量的目的，掌握隧道孔位测量、钻孔打眼和埋入杆件灌注的方法，具备杆件灌注的能力。

【思政目标】

（1）掌握桥梁的现实交通作用，体会“一桥飞架南北，天堑变通途”的雄浑气势，感受现代科技为人们的日常生活带来的改变。深植“科技报国”的理想信念，并为之不懈努力。

（2）深耕桥梁的精神内涵，学习世界桥梁的建筑历程，回顾我国在桥梁建筑方面的成就与优势，增强民族自信心，提升民族自豪感。

任务一　桥梁柱锚栓灌注

【任务描述】

随着科技的发展，铁路桥梁形式也变得多种多样，新建电气化铁路桥梁都采取了预留接触网桥钢柱的基础形式，既有线改造桥梁上要结合桥梁的不同条件采取相应的锚栓安装形式，这里主要介绍桥钢柱孔位施工测量及化学锚栓灌注作业。

一、理论部分

（一）铁路桥梁的类型

接触网桥梁的种类很多，根据桥梁的承载方式可分为上承桥和下承桥。

（二）上承桥支柱安装结构

1. 上承桥支柱的材料及类型

上承桥支柱一般采用钢柱，有普通钢柱和斜腿钢柱两类。

2. 上承桥支柱安装形式

上承桥支柱安装时，一般可将支柱安装在桥梁墩台顶帽上或墩台侧面。根据桥梁墩台面的宽度，桥支柱的安装可分为以下三种形式：

（1）直立式桥支柱。当桥墩台顶面足够宽，可以直接安装桥钢柱，并且满足支柱侧面限界的要求时，可采用直接在桥墩台上安装直立式支柱的形式。

（2）斜腿式桥支柱。当桥墩台顶面足够宽，可以直接安装桥钢柱，但是不能满足支柱侧面限界的要求时，可采用斜腿钢柱安装在桥墩台上的形式，以增加支柱的侧面限界，满足设计要求。

（3）接腿式桥钢柱。当桥墩台面不够宽，不能直接安装桥钢柱时，可采用在桥墩台侧面安装支架，将钢柱接腿安装在支架上，再在接腿上安装普通钢柱的形式。

3. 下承桥安装结构

由于下承桥一般为钢桁梁桥，可以利用桥上的钢梁结构安装悬挂点，悬吊接触悬挂。因此，下承桥接触悬挂的固定就不需要安装支柱了。

二、任务实施

（一）施工工艺流程（见图 2-4-1）

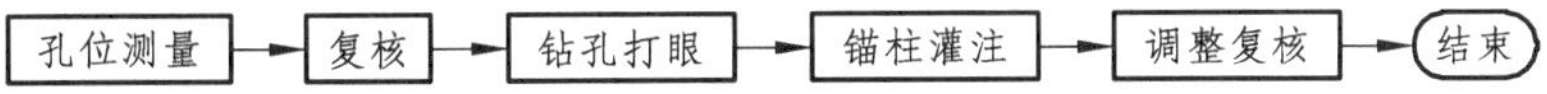

图 2-4-1　桥梁柱锚栓灌注施工工艺流程

（二）施工组织

1. 人员组织（见表 2-4-1）

表 2-4-1　施工人员配置

序号	项　目	单位	数量	备　注
1	负责人	人	1	组织、指挥
2	测量人员	人	3	含技术人员 1 名
3	防护员	人	1	佩戴各种防护工具
4	辅助人员	人	3	

2. 工机具配置（见表 2-4-2）

表 2-4-2　施工工机具配置

序号	名称	单位	数量	备　注
1	送工车	个	1	
2	安全帽	把	1	
3	安全带	把	1	

续表

序号	工、机具名称	单位	数量	备　注
4	手锤	盒	1	
5	梅花扳手	把	1	钢轨除锈
6	力矩扳手	个	1	
7	电工工具	kg	若干	书写标记
8	断线钳	把	1	书写标记
9	小　绳	副	若干	
10	工具袋	台	1	
11	钢卷尺	台	1	
12	脚　扣	台	1	
13	鬼爪紧线器	个	1	
14	支柱斜率测量仪	副	若干	

（三）孔位测量

桥支柱孔位测量是测定桥钢柱地脚螺栓或桥支架锚拴在桥墩台上的位置。

1. 直立式桥支柱

直立式钢柱锚栓孔位测量如图 2-4-2 所示。

（1）测量顶平面至顶面的垂直距离 h。

（2）计算出钢柱底部内缘至轨平面高处钢柱内缘的水平差值 c。

$$c = h\frac{a_1 - a}{2H}$$

式中　a——桥钢柱顶部边长尺寸；

a_1——桥钢柱底部边长尺寸；

H——钢柱高度。

（3）置丁字尺于轨顶水平面，在丁字尺上量出钢柱底部内缘全线路中心的距离（$C_x - C$），再自该点下吊坠于桥墩台面上，做标记 A。

（4）在桥墩台面放置钢柱底面模板框架，使框架中线垂直于线路中线；钢柱底面内缘通过 A 点。

（5）通过模板孔用白色油漆在桥墩台面做钻孔标记。

2. 斜腿式桥支柱孔位测量

测量方法如图 2-4-3 所示，斜腿柱测量步骤与直立钢柱相同，但求斜腿钢柱底座内缘与轨平面处钢柱内缘的水平差值 C 时，应按斜腿钢柱几何尺寸计算。计算公式如下：

$$C = h\frac{a_1 - a}{2(H - 2\ 000)} + 1\ 450$$

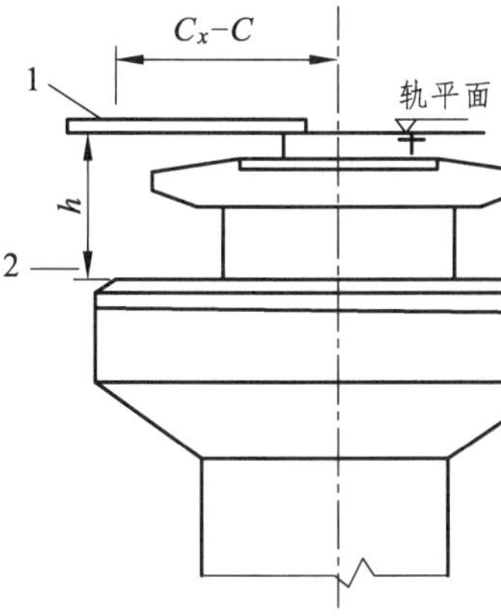

1—水平丁字尺；2—线坠（标记 A 点）。

图 2-4-2　直立钢柱锚栓孔位测量示意图

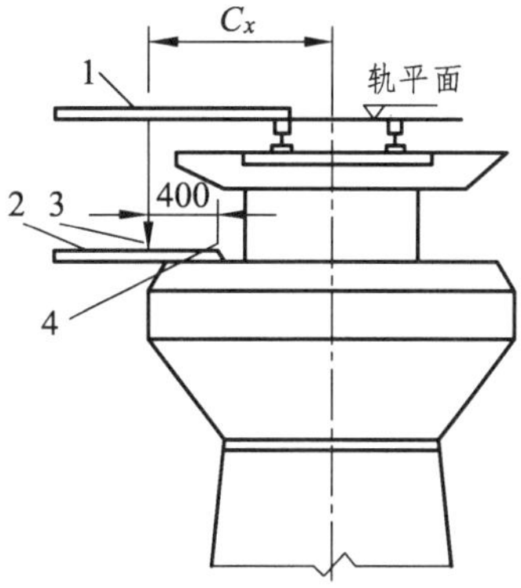

1，2—水平丁字尺； 3—线坠；4—斜腿柱底座内线。

图 2-4-3　斜腿钢柱锚栓孔位测量示意图

3. 接腿式桥支柱孔位测量

由于桥墩台上没有安装桥支柱的位置。接腿式桥支柱只能使用桥支架安装。桥支架孔位测量前，应搭好作业架，作业人员应系好安全带。测量时，先将丁字尺卡在钢轨上，水平尺找平，按设计图中规定的尺寸，测出钢轨面至桥支架螺栓的距离，并使桥支架的底部框架模板垂直对正桥墩中心，确认无误后，用白油漆画出螺栓位置。

（四）钻孔打眼

桥支柱孔位测量结束后，对测量结果进行复核确认无误后，就可以进行桥支柱的钻孔打眼工作了。桥支柱的钻孔打眼作业一般采用专用钻孔作业车来完成。钻孔时，只需将作业车钻孔台架对准桥墩台上的测量标计，通过台架风枪位置直接定位钻孔即可。

（五）锚栓灌注

当桥支柱的孔位钻孔打眼完成后，就应立即进行桥支柱的锚栓灌注作业。

锚栓灌注作业的步骤是：首先，按设计要求复核孔位、孔径和孔深尺寸；接着，用水清洗孔洞；用棉纱将洞壁擦拭干净；然后，向孔洞内灌入高强度的水泥素灰，灌入至孔深的 2/3 即可；最后，将带棋子的锚栓打入孔内，使锚栓外露尺寸符合设计要求，并复核整组锚栓的相对尺寸无误后，用钢杆将水泥素灰向孔洞内填满、塞紧即可。锚栓灌注一定时间后，待水泥素灰凝固达到规定的强度后，即可进行桥钢柱的安装。

三、任务考核

（1）人员：8 ~ 10 人。

（2）操作时间：规定时间为 20 min。在规定时间内完成，不加分也不扣分；每超时 1 min，从总分中扣 2 分；超时 10 min，停止作业。

（3）考核标准：见表 2-4-3。

表 2-4-3　考核记录表

考核项目	分值	序号	考核要求及评分标准	分值	扣分情况	得分
工具准备	10 分	1	线坠、水平尺、钢卷尺、皮尺、钢丝刷、油漆桶、白油漆、小排笔、安全带	10 分		
操作技能	70 分	2	确定起测点	10 分		
		3	桥支柱孔位测量	40 分		
		4	复核、记录	10 分		
		5	书写标记	10 分		
安全及其他	20 分	6	按规定设置防护	10 分		
		7	安全	5 分		
		8	动作、语言文明	5 分		
规定时间	20 min		操作时间			
合计	100 分			100 分		

任务二　隧道埋入杆件灌注

【任务描述】

在新建电气化铁路隧道时，为了架设接触网悬接设备，一般采用在隧道壁埋入杆件或化学锚栓的方式，本任务是对埋入件进行灌注作业。

一、理论部分

（一）隧道内接触悬挂类型的选择

隧道内接触悬挂类型的选择应优先采用全补偿链形悬挂，并应与区间悬挂类型相一致，线索的布置宜采用承力索位于接触线正上方的直链形悬挂。

当隧道净空高度不能满足要求时，可采用简单悬挂，此时，列车速度不宜超过 80 km/h。

（二）隧道内接触线高度

隧道内接触线高度不得低于 5 700 mm，困难情况下不得小于 5 650 mm，以保证 5 300 m 的超限货物列车带电通过。对于不符合《标准轨距铁路建筑接近限界》（GB 146.2—1983）中“隧限-2A”及“隧限-2B”的标准时的低净空隧道，接触线距轨面的最低高度不应小于 25 kV 带电体与所通过的机车车辆和货物列车间 350 mm 的安全距离，但最低高度不得小于 5330 mm。

二、任务实施

（一）施工工艺流程（见图 2-4-4）

孔位测量 → 复核 → 钻孔打眼 → 杆件灌注 → 调整复核 → 结束

图 2-4-4　施工工艺流程

（二）施工组织

1. 人员组织（见表 2-4-4）

表 2-4-4　施工人员组织

序号	项　目	单位	数量	备　注
1	技术人员	人	1	技术负责、质量负责
2	工长	人	1	现场施工组织及协调
3	技术工人	人	2	
4	辅助人员	人	2	
5	安全员	人	1 或 2	安全瞭望，安全检查，安全提醒

2. 施工工机具配置（见表 2-4-5）

表 2-4-5　施工工机具配置

序号	工、机具名称	单　位	数　量	用　途
1	道尺	把	1	测量挂点、定位点
2	隧道测量仪	台	1	测量挂点、定位点
3	水平尺	把	1	
4	梯形尺	把	1	
5	钢卷尺	把	1	
6	皮尺	盒	1	
7	钢丝刷	把	1	钢轨除锈
8	油漆桶	个	1	
9	油漆	kg	若干	书写标记
10	矿灯	个	若干	隧道照明
11	大竹杆	根	2	测量
12	隧道打孔作业车	台	1	
13	风动凿岩机	台	1	
14	空气压缩机	台	1	
15	作业平台	个	1	
16	安全带	副	若干	
17	梯子	架	1	

（三）施工方法步骤

1. 人工测量

人工进行隧道测量，一般只在没有隧道打孔作业车的情况下采用，其测量步骤如下：

首先，根据隧道接触网平面布置图，自隧道口开始，按跨距依放在轨面拉链（拉尺），测出每个悬挂点的纵向位置。在轨腰上书写标记，同时，在隧道壁一侧相对位置，距轨面 1.2 m 高度处重复书写标记。标记内容主要有：设计位置竖线、悬挂点编号和定位点编号等，白底黑字。

其次，在悬挂点标记的钢轨位置上，将水平尺垂直放于钢轨上，并找平，然后将隧道测量仪放在水平尺上，在隧道拱顶测出悬挂点位置，即悬挂点孔位，并书写标记。最后，按平面布置图上设计的距离，量出定位点在钢轨上的位置，将水平尺放到该点，测出定位点距轨面的高度，即定位点孔位，并书写标记。

2. 机械测量

隧道悬挂点、定位点的机械测量一般采用隧道打孔作业车，利用车顶平台上的激光测量装置，直接进行孔位测量。这种方法简单、准确、精度高、速度快，目前，在我国的接触网隧道测量中广泛采用。

3. 钻孔打眼

悬挂点和定位点测量结束后，对测量结果进行复核，确认无误后，就可以进行悬挂点和定位点的钻孔打眼工作了。隧道内的钻孔打眼作业，一般采用专用隧道作业车来完成。钻孔时，只需将作业车钻孔台架对准隧道壁测量标，通过台架风枪位置直接定位钻孔即可。

4. 埋入杆件灌注

隧道悬挂点、定位点的孔位打眼完成后，就应进行隧道埋入杆件的灌注。灌注时，首先向孔洞内灌入高强度的水泥素灰（水泥素灰是指在水泥中只添加水，并搅拌均匀的材料，一般采用 500 号的水泥素灰），灌入至孔深的 2/3 即可。然后，将埋入杆件打入孔内，使埋入杆件的外露尺寸符合设计要求，并复核尺寸无误后，用钢杆将水泥素灰向孔洞内填满、塞紧即可。注意一定要将孔内、洞口的水泥素灰填满、塞紧或设法临时托住。埋入杆件灌注一定时间，待水泥素灰凝固达到规定的强度后，即可进行支持定位装置的安装。

三、任务考核

（1）人员：以作业组为单位。

（2）操作时间：规定时间为 20 min。在规定时间内完成，不加分也不扣分；每超时 1 min，从总分中扣 2 分；超时 10 min，停止作业。

（3）考核标准：见表 2-4-6。

表 2-4-6　考核记录表

考核项目	分值	序号	考核要求及评分标准	分值	扣分情况	得分
工具、仪器准备	18 分	1	隧道测量仪、水平尺、梯形尺、钢卷尺、计算器、记录表格、油漆桶、白油漆、黑油漆、矿灯、大竹竿、皮尺、钢丝绳、记录笔、粉笔、工具袋、铅笔、安全防护工具	18 分		
操作技能	62 分	2	确定起测点	12 分		
		3	悬挂点、定位点测量	20 分		
		4	复核、记录	10 分		
		5	书写标记	10 分		
		6	复核测量精度	10 分		
安全及其他	20 分	7	按规定设置防护	5 分		
		8	安全	10 分		
		9	动作、语言文明	5 分		
规定时间	20 min		操作时间			
合计	100 分			100 分		

模块三　接触网上部工程施工

模块三课件

本模块中我们分四个项目通过不同的学习任务学习软横跨安装、硬横梁安装、腕臂柱装配、隧道悬挂装配等接触网施工的上部工程内容。包括：软横跨的测量计算和预制安装；硬横梁支柱安装和横梁安装；腕臂柱的预配和安装；隧道内吊柱和补偿装置安装。旨在培养学生的软横跨的计算能力和预制安装能力、硬横梁支柱和横梁安装的施工组织能力、腕臂地面组装和支柱上安装能力、隧道内吊柱和腕臂安装能力。

项目一　软横跨安装

【导　读】

在多股道站场接触悬挂的支持装置要用到软横跨。软横跨的安装是根据平面布置图与安装图要求，在保证横跨内各股道接触线高度、结构高度及拉出值的情况下，装好各种零部件。主要任务是测量计算和预制安装。

【学习目标】

（1）掌握软横跨的作用及组成结构，能完成软横跨的测量、绘制测量示意图，具备软横跨的计算能力。

（2）掌握软横跨的分类及基本要求，以及软横跨的预制方法，具备软横跨的预制安装能力。

【思政目标】

（1）学习一代代铁路人不怕困难、迎难而上的攻坚精神，逢山开隧、遇水架桥，把铁路铺设到人们需要的每一个地方，为人民服务，为祖国奉献自己全部的家国情怀。

（2）学习铁路人的创新精神，依据现场实际需要，建立最具备可行性的建设方案，不墨守陈规、循规蹈矩，而是激流勇进、创新争先。

任务一　软横跨测量计算

【任务描述】

多股道的接触悬挂借助数根横向线索悬挂到布置在这些线路两侧的两根支柱上，这种装置称为软横跨。软横跨由站场线路两侧支柱和悬挂在支柱上的横向承力索，上、下部固定绳以及支持和连接它们的零件组成。本任务的重点是掌握施工中接触网软横跨的现场测量、计算的方法。

一、理论部分

（一）软横跨的作用

软横跨用以支持三股道以上的站场股道区间段或道岔区段，由于股道间距小，无法采用腕臂支柱装置而将接触悬挂设备的重力用软横跨来承担，起承受、传递荷载的作用。

（二）软横跨的组成结构

软横跨由横向承力索、上部固定绳、下部固定绳、直吊弦、斜拉线及连接零件组成。横向承力索用来承受接触悬挂及其支持结构的重力组成的垂直荷载，上部固定绳用来承受承力索的水平荷载，下部固定绳用来承受接触线的水平荷载，直吊弦用来传递接触悬挂的垂直荷载，斜拉线用来传递接触悬挂的水平荷载，其结构如图 3-1-1 所示。

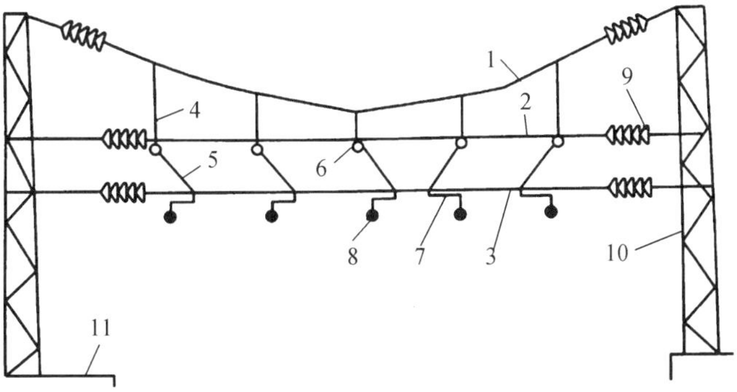

1—横向承力索；2—上部固定绳；3—下部固定绳；4—直吊线；5—斜吊线；6—纵向承力索；
7—定位器；8—接触线；9—悬式绝缘子；10—钢柱；11—站台。

图 3-1-1　软横跨示意图

横向承力索是软横跨的主要构件，承受各股道纵向接触悬挂的全部垂直负荷，根据负载质（重）量不同，有单根承力索组成的单横向承力索和双根承力索组成的双横向承力索。横向承力索具有一定的弛度，一般为横向跨距的 1/10 ~ 1/8。

横向承力索下方布置有上、下部定位索，用在水平方向固定线索。上部定位索的作用是固定各股道的纵向承力索，并将纵向承力索的水平负载传递给支柱；下部定位索的作用是固定定位器，以便对接触线按技术要求定位，并将接触线的水平负载传递给支柱。

横向承力索与上部定位索之间用双股镀锌铁线或软态不锈钢丝绞制的垂直吊线连接，上、下部定位索之间用双股镀锌铁线或软态不锈钢丝绞制的斜吊线连接。

（三）软横跨结构设计原则

我国目前采用的软横跨安装形式为绝缘式软横跨，即横向承力索、上部固定绳、下部固定绳均对地绝缘。

软横跨结构设计通常原则如下：

（1）软横跨支柱采用钢柱或混凝土支柱。混凝土软横跨柱比钢柱重，但也具有钢柱无法比拟的抗腐蚀能力，而且其结构尺寸小，利于在股道及岔区等线间距较小的地方使用。同时，混凝土软横跨支柱比钢柱制造成本低。

（2）横向承力索承重较大，一般选用截面面积为 70 mm^2 或 80 mm^2 的镀锌钢绞线，软横跨悬挂 6 支以下时采用单横承力索，悬挂 6 支及以上接触悬挂时采用双横承力索。上、下部定位索只承受水平力，负载不大，所以一般采用截面面积为 50 mm^2 的镀锌钢绞线。

（3）软横跨上安装的各种节点应满足接触悬挂工作位置的要求。

（4）横承力索最低点至上部定位索间距离为 400 ~ 600 mm，接触线至下部定位索间的距离不小于 300 mm。上、下部定位索间的距离应根据接触悬挂的结构高度而定。

（5）绝缘子选用应根据具体工程设计，综合考虑现场环境污秽等级、绝缘泄漏距离等因素确定，上下定位索两端绝缘子瓷裙至支柱内缘的最小距离为 700 ~ 800 mm，以保证带电检修时的作业安全。柱顶内缘至横承力索两端绝缘子瓷裙的最小距离应满足空气绝缘间隙的要求。

（6）软横跨横承力索及上、下部定位索弛度的调整，是利用安装在钢柱上的杵头杆端部螺纹进行调节的，在钢筋混凝土柱上则采用调整螺钉调节的。为防止因温度变化引起定位索松弛，一般在上、下部定位索受力小的一侧安装弹簧补偿器，弹簧补偿器型号根据软横跨跨度选取。

（四）软横跨的优缺点

由于软横跨不需要在股道间各自单独立杆，最明显的优点是减少了股道间的支柱、腕臂支持装置的数量，其工程造价相对独立支柱式结构要低，而且由于股道间距小，立杆后支柱限界相对较小，会对行车造成限制，采用软横跨结构后减少了线间立杆，可以降低对行车组织的影响。同时绝缘式软横跨便于带电检修。

但软横跨结构较为复杂，安装调整比较困难。而且软横跨结构在受电弓通过的过程中，各个接触悬挂系统之间相互有影响，会导致弓网之间接触效果不良，因此软横跨主要用于运行速度在 160 km/h 以下的系统中。

二、任务实施

（一）施工工艺流程（见图 3-1-2）

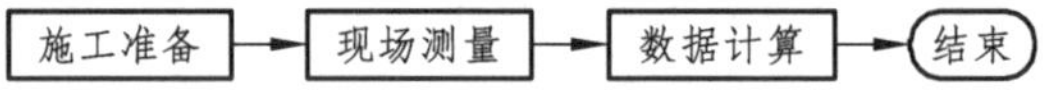

图 3-1-2　施工工艺流程

（二）施工组织

1. 人员组织（见表 3-1-1）

表 3-1-1　人员组织

序号	项　目	单位	数量	备　注
1	负责人	人	1	技术人员担任
2	司镜（测量操作人）	人	2	经纬仪、水平仪各 1 人
3	测量人员	人	5	扶塔尺 1 人，拉尺子 4 人
4	记录人员	人	1	
5	防护人员	人	2	

2. 工机具配置（见表 3-1-2）

表 3-1-2　施工应用工机具配置

序号	名 称	规 格	单位	数量	备 注
1	调卷尺	5 m，50 m	把	各 1	
2	经纬仪		台	1	带三脚架
3	水准仪		台	1	带三脚架
4	塔尺		根	1	
5	丁字尺	2.5 ~ 3.5 m	把	1	含水平尺
6	铅笔		支	若干	
7	喇叭		把	1	
8	防护旗	红、黄	面	4	各 2 面
9	油画笔		把	2	
10	粉笔		支	若干	
11	油漆	红	桶	若干	

（三）现场测量

1. 测量准备

根据设计平面图绘制测量示意图，如图 3-1-3 所示。

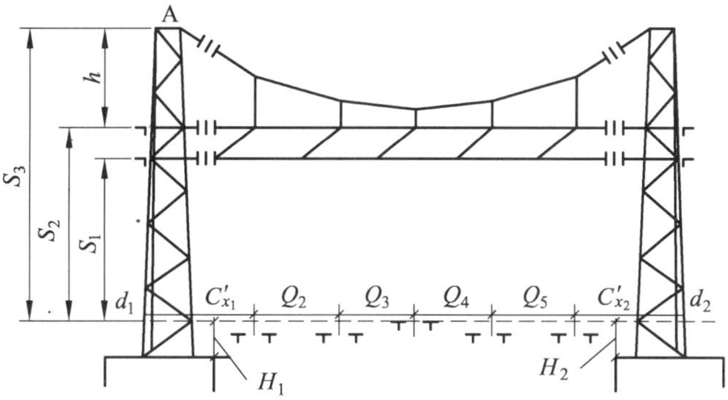

（a）钢柱

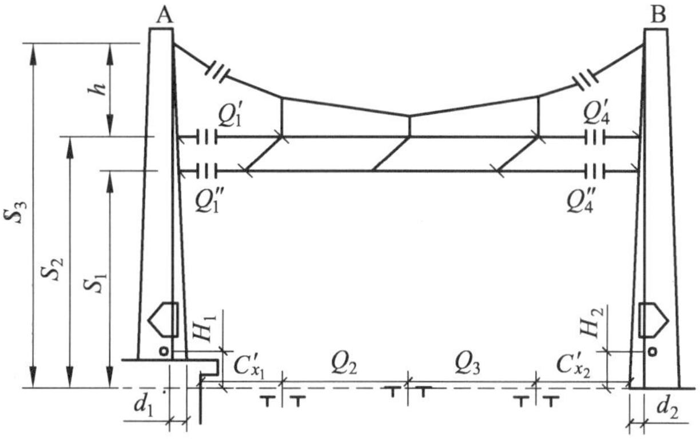

（b）混凝土支柱

图 3-1-3　测量示意图

2. 测　量

1）测量电化股道曲线超高

将水平仪设置在适于观测软横跨跨越股道的位置上，调平仪器。把塔尺分别置于软横跨跨越股道的每根钢轨轨面上，并记录水平仪观测读数。确定同组软横跨最高轨面的股道和各股道外轨超高。然后将塔尺置于基础面（混凝土支柱为地线孔）上，用水平仪测出基础面（或地线孔）的相对标高，如图 3-1-4 所示，现场计算出 H 值（钢柱为基础面至最高轨面的距离；混凝土支柱为最高轨面至地线孔的距离），并用红油漆将其标注在支柱上。

图 3-1-4　测量基础面相对标高示意图

2）测量软横跨横向跨距

用 50 m 钢卷尺在支柱最高轨面标高线平面上，依次测量 C_{X_1}，C_{X_2}（或 $C_{X_1'}$，$C_{X_2'}$）和各线间距 a_2、a_3、a_4、a_5 的数值。钢筋混凝土柱以支柱内缘测起，终止于支柱内缘；钢柱以支柱外缘测起，终止于支柱外缘。如图 3-1-5 所示。

3）测定 d 值

置经纬仪于 A 支柱顺线路方向适当距离、横线路方向与被测支柱基本相同的位置上。调平仪器，将望远镜十字丝瞄准支柱顶端（钢柱为外缘，钢筋混凝土柱为内缘）。然后，望远镜竖直向下到支柱下部测量基点水平位置（钢柱为基础面，钢筋混凝土柱为预留地线孔）。用钢卷尺配合量取 d_1 值。以相同的方法测量 B 支柱的 d_2 值，如图 3-1-6 所示。

图 3-1-5　测量软横跨横向跨距示意图

图 3-1-6　测定 d 值示意图

（四）数据计算

1. 整理测量数据，建立测量计算数据表（见表 3-1-3）

表 3-1-3　测量数据表

支柱号		支柱类型		股道数	支柱偏斜		支柱高差		节点 8 位置	节点 9 位置	承力索减零件长度		固定绳减零件长度	
左	右	左	右		左	右	左	右			左	右	左	右
线路数据								节点数据						
C_{X_1}	a_1	a_2	a_3	⋯	a_n	C_{X_2}		节点	节点	节点	节点	⋯	节点	节点
									拉出值	拉出值	拉出值		拉出值	

注：1. 减零件长度为节点 1 至节点 4 的零件连接长度。
2. 节点 8 或节点 9 位置为所在股道间位置。
3. 股道数为该组软横跨股道总数。
4. 节点有拉出值项，以左支柱相邻股道开始依次向右排列。若节点方向是朝左支柱侧，则节点前加英文大写字母 Z，若是朝右支柱侧拉，则节点前加大写英文字母 Y，拉出值按平面图标示填写悬挂点在曲线处时，拉出值应考虑超高。

2. 计　算

1）支柱斜率

钢筋混凝土柱：

$$\delta_1 = \frac{d_1}{10.8 + H_1} \qquad \delta_2 = \frac{d_2}{10.8 + H_2}$$

式中　10.8——钢筋混凝土软横跨支柱耳环孔至地线孔的距离，m。

钢柱：

$$\delta_1 = \frac{d_1}{15(13) \pm H_1} \qquad \delta_2 = \frac{d_2}{15(13) \pm H_2}$$

式中　15（13）——钢柱高度，m。

2）上部固定绳的总长

$$L_{下} = a_1' + a_2 + \cdots + a_{n+1'}$$

钢筋混凝土柱：$a_1' = C_{X_1'} + d_1' = C_{X_1'} + S_2 \cdot \delta_1$

$$a_{n+1'} = C_{X_2'} + d_2' = C_{X_2'} + S_2 \cdot \delta_2$$

钢柱：$a_1' = C_{X_1'} + d_1' = C_{X_1'} + S_2 \cdot \delta_1$

$$a_{n+1}' = C_{X_2'} + d_2' = C_{X_2'} + S_2 \cdot \delta_2$$

钢柱小于外缘直立时取“－”，大于外缘直立时取“＋”。

3）下部固定绳的总长

$$L_{下}=a_1''+a_2+\cdots+a_n+a_{n+1}''$$

钢筋混凝土柱：$a_1''=C_{X_1''}+d_1''=C_{X_1''}+S_1\cdot\delta_1$

$$a_{n+1}''=C_{X_2''}+d_2''=C_{X_2''}+S_1\cdot\delta_2$$

钢柱：$a_1''=C_{X_1''}+d_1''=C_{X_1''}+S_1\cdot\delta_1$

$$a_{n+1}''=C_{X_2''}+d_2''=C_{X_2''}+S_1\cdot\delta_2$$

钢柱小于外缘直立时取“－”，大于外缘直立取“＋”。股道间距 a 依前述实测和计算得出数据。

4）横向承力索悬挂点至上部固定绳间距离

$$h=S_3-S_2$$

钢筋混凝土柱：$h=10.8\pm H-S_2$

钢柱：$h=15(13)\pm H-S_2$

5）横向承力索悬挂点至最低吊弦点的距离

$$f=h-\text{最低点吊弦长度}$$

估计最低点，计算 l_1，l_2 值。

6）计算各节点重量 F

单横承力索 F_n = 单横承力索单量×（a_n+a_{n+1}）+ 悬挂重量 + 节点重量 + 所承担绝缘子和分段绝缘器等的重量

双横承力索 F_n = 双横承力索单量×（a_n+a_{n+1}）+ 悬挂重量 + 节点重量 + 所承担绝缘子和分段绝缘器等的重量

注：节点重量需根据组成节点的零件总重计算。

7）计算悬挂重量对横向承力索悬挂点的力矩和 M_0

$$M_1=a_1(F_1+F_2+\cdots+F_{i-1})+a_2(F_2+F_3+\cdots+F_{i-1})+a_i-1\cdot F_{i-1}$$

$$M_2=a_m(F_{m-1}+F_{m-2}+\cdots+F_i)+a_{m-1}(F_{m-2}+F_{m-3}+\cdots+F_i)+a_{i+1}\cdot F_{i-1}$$

8）求软横跨最低点左侧与最低点相邻的横向承力索分段长度的竖直分力

$$Y=\frac{f_1M_2-f_2M_1}{f_1l_2-f_2l_1}$$

利用公式进行软横跨计算，选择横向承力索最低点时：当求出的 Y 值符合判别式 $0\leqslant Y\leqslant F_i$，说明最低点选对了，否则说明选错了。当 $Y<0$ 时，则最低点应向左移：当 $Y>F_i$ 时，则最低点应右移：如 $Y=0$ 或 $Y=F_1$，则说明横向承力索有两个最低点。当 $Y=0$ 时，另一个最低点在所选的最低点左侧；当 $Y=F_1$ 时，另一个最低点在所选的最低点的右侧。

9）求横向承力索的水平分力

$$T=\frac{l_1M_2-l_2M_1}{f_1l_2-f_2l_1}$$

10）求相邻两重垂吊弦的高度差 K

最低点左边：$K_n=a_n\dfrac{F_n+\cdots+F_{i-1}+Y}{T}$

最低点右边：$K_n=a_n\dfrac{F_n+\cdots+F_i-Y}{T}$

横向承力索各分段长：$b_n=\sqrt{K_n^2+a_n^2}$

将计算所得结果进行检验，确认无误后填入软横跨示意图。

三、任务考核

（1）人员：以作业组为单位。

（2）操作时间：规定时间为 40 min。在规定时间内完成，不加分也不扣分；每超时 1 min，从总分中扣 2 分；超时 10 min，停止作业。

（3）考核标准：见表 3-1-4。

表 3-1-4　考核记录表

考核项目	分值	序号	考核要求及评分标准	分值	扣分情况	得分
工具准备	15 分	1	钢卷尺、经纬仪、水平尺、塔尺、丁字尺、铅笔、记号笔、粉笔、记录本、计算机	15 分		
操作技能	65 分	2	根据设计平面绘制测量示意图	20 分		
		3	根据示意图测量软横跨所需数据	20 分		
		4	整理数据、计算软横跨，并将数据填入横跨示意图中	25 分		
安全及其他	20 分	5	按规定设置防护	5 分		
		6	安全	10 分		
		7	动作、语言文明	5 分		
规定时间	40 min		操作时间			
合计	100 分			100 分		

任务二　软横跨预制及安装

【任务描述】

完成软横跨的测量和计算后，就可以进行软横跨的预制作业了。本任务以计算的尺寸为依据制作横向承力索以及上、下部定位索的各段钢绞线，重点是软横跨的安装方法。

一、理论部分

（一）软横跨的分类

（1）根据横承力索的数量可分为单横承力索软横跨和双横承力索然横跨。

单横承力索软横跨用于软横跨跨度较小的情况（一般为横跨 4 股道以下），即横承力索为单根线索。

双横承力索软横跨用于软横跨的跨度较大的情况（一般为横跨 4 股道以上），即横承力索为双根线索。

（2）根据软横跨的对地是否绝缘可分为绝缘式软横跨和非绝缘式软横跨。

绝缘式软横跨是指横承力索、上部固定绳对地均绝缘，绝缘软横跨便于对地检修，我国目前采用的软横跨大部都是绝缘式软横跨。

非绝缘式软横跨的横承力索和上部固定绳对地不绝缘，而是把绝缘子安装在直吊弦和斜拉线上，如图 3-1-7 所示。

图 3-1-7　非绝缘软横跨

（二）软横跨的基本要求

安装好的软横跨应保证架设悬挂负荷，各部尺寸符合设计规定；各绝缘子串及零件安装位置正确、整齐、美观；直吊线要垂直；上、下部固定绳基本呈水平状态。

二、任务实施

（一）施工工艺流程（见图 3-1-8）

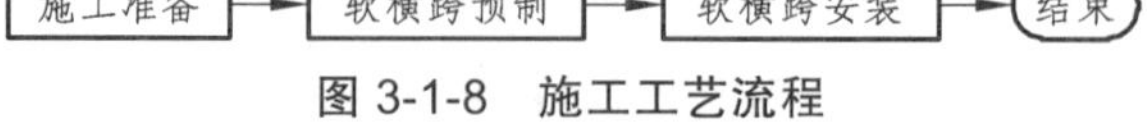

图 3-1-8　施工工艺流程

（二）施工组织

1. 人员组织（见表 3-1-5）

表 3-1-5　软横跨安装人员组织表

序号	项　目	单位	数量	备　注
1	负责人	人	1	
2	防护人员	人	2	1 人驻站联络
3	安装人员	人	15	

2. 软横跨预制、安装工具准备（见表 3-1-6、3-1-7）

表 3-1-6　软横跨预制工具配置

序号	名 称	规 格	单位	数量	备　注
1	钢卷尺	5 m、50 m	把	2	各 1 把
2	手锤	1 kg	把	2～4	
3	紧线器		套	2	
4	手扳葫芦	1.5 t	套	1	
5	单滑轮	0.5 t	个	1	
6	断线钳	900 mm	把	1	
7	油漆	红	桶	1	
8	油画笔		支	1	
9	铁线	ϕ4.0 mm、ϕ1.6 mm	kg	若干	

表 3-1-7　软横跨安装工具配置

序号	名 称	规 格	单位	数量	备　注
1	钢卷尺	10 m	把	1	
2	手扳葫芦	1.5 t	台	1	
3	白棕绳	ϕ20 mm×35 m	根	1	
4	小棕绳	ϕ10 mm	根	2	
5	安全带		条	4	
6	防护旗	红、黄	面	2	各 1 面
7	报话机		台	2	
8	单滑轮	1.5 t	个	1	
9	单滑轮	0.5 t	个	2	
10	钢丝套子		个	3	

（三）软横跨布置示意图的绘制

软横跨布置示意图应根据接触网施工平面图表示的节点类型、线间距、拉出值等绘制，绘制时采用单线图，示意图如 3-1-9 所示。

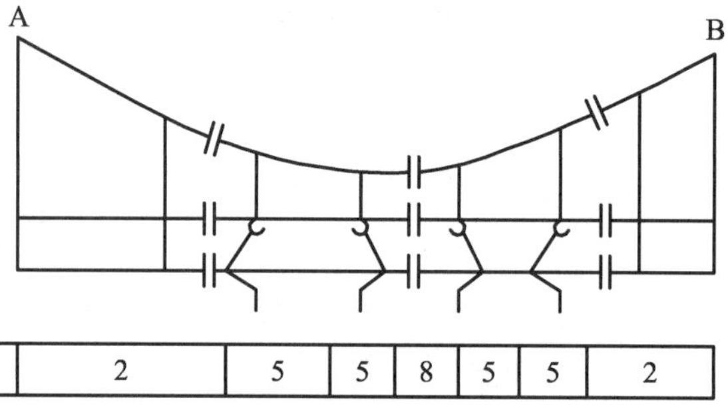

图 3-1-9　软横跨布置示意图

绘制软横跨布置示意图时须充分研究接触网平面布置图。在站场咽喉区，接触悬挂比较集中，软横跨对各道岔接触悬挂的定位应合理。线间距狭小地段，下部定位索的电分段不得影响定位正常定位。

（四）软横跨预制

（1）预制前应先清理现场。用盘线支架支好钢校线盘，若两端没有可利用的固定物，需打两处临时地锚。展放钢绞线前，一端先做好回头，然后展放钢绞线，用ϕ4 mm 铁线将回头固定在端地锚上，另一端打上楔形紧线器，通过手扳葫芦与另一端地锚连接。

（2）用手扳葫芦紧线，使钢绞线绷紧。钢绞线紧线如图 3-1-10 所示。

（3）从做好回头的一端起测，两人拉钢卷尺，另一人按预制图中的各分段尺寸及零件位置做好记号。

（4）按记号笔标记及下料图安装横承力索线夹或定位环线夹，预制横向承力索或上部用记号笔做好 L 形固定标记。

（5）在横承力索线夹的 U 形环内安装直吊弦，预制上部掉线；在定位环线夹的环内安装斜拉线，斜拉线安装要求同直吊弦，如图 3-1-11 所示。

图 3-1-10　钢绞线紧线示意图

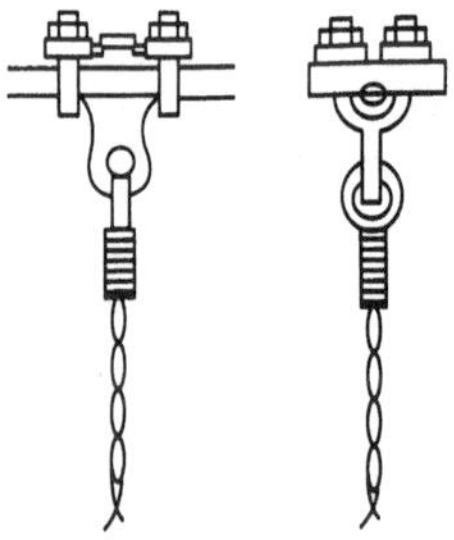

图 3-1-11　直吊弦安装示意图

（6）在钢绞线断线标记点处剪断钢绞线，为防止断线时钢绞线出现散股现象，应在断线标记点两端各用ϕ1.6 mm 铁线绑扎两圈，然后用断线钳断线，如图 3-1-12 所示。

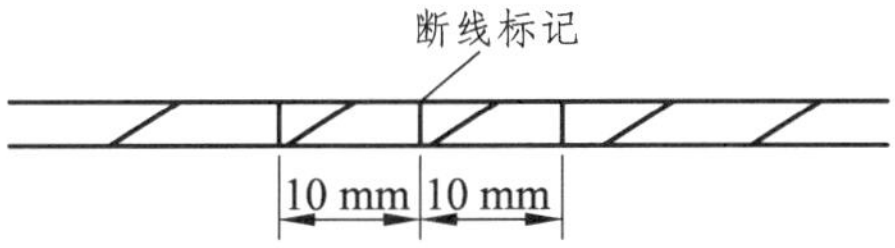

图 3-1-12　断线标记示意图

（7）按计算长度和回头制作工艺，炮制回头。

（8）在横向承力索（或固定绳）两端楔形线夹上分别写明安装的支柱号，然后将预制好的横向承力索（或固定绳）盘成圈，用铁线绑扎紧便于运输。

（五）软横跨预制安全注意事项

（1）线盘应支放平稳，不得倾斜。

（2）钢绞线顺直展放，不得出现扭劲、破股、硬弯等现象。预制时钢绞线的紧线张力以 0.5～1 kN 为宜。

（3）各分段预制长度以钢绞线在楔形线夹中的回头点作为测量起点。

（4）安装横承线夹或定位环线夹的标记为一道红漆，断线点的标记为三道红漆。

（5）上部吊线为两股ϕ4.0 mm 铁线或软态不锈制成，上端制成 20～25 mm 的圆环并用本线缠绕 3 圈，缠绕要求紧密整齐。

（6）安装横承力索线夹、定位环线夹时，安装方向应一致；安装下部固定绳定位环线夹时，线夹上带凹槽的一面与定位器的拉出值方向一致，楔形线夹安装时应注意主副线的穿向不能穿反。

（7）由于软横跨安装分两步，因此下部固定绳应单独盘圈捆扎。

（六）软横跨安装

（1）将预制好的横向承力索、上部固定绳及绝缘子等运送至现场。

（2）将盘成圈的横向承力索、上部固定绳展开。根据软横跨预制图中直吊线长度，将横向承力索与上部固定绳逐根连接。

（3）将绝缘子和其他连接零件按图装配好，与软横跨柱连接的开式索为螺旋扣，横向承力索的丝扣置于中间位置，上部固定绳的丝扣放到最长的位置。

（4）一人登上软横跨柱顶端。扎好安全带后用小绳将钢丝套、大滑轮吊上连接好，然后将大绳吊上，穿入滑轮，如图 3-1-13 所示。

（5）下面的作业人员用大绳的一端扎好绝缘子串，拉大绳另一端，徐徐吊起横向承力索，到达支柱顶端时，将横向承力索与软横跨柱连接好。

（6）将软横跨运过各股道，在软横跨另一边的支柱顶端按上述方法安装软横跨横向承力索终锚段，如图 3-1-14 所示。

（7）横向承力索安装完后，在支柱上部固定绳位置的人员用小绳拉住弹簧补偿器。支柱下面的人员，开始逐渐收紧上部固定绳。上面的人员与下面的人员互相配合，完成弹簧补偿器与固定底座的连接。上部固定绳的安装如图 3-1-15 所示。

（8）地面人员松开大绳，杆上人员卸下滑轮和钢丝套，用小绳吊下。清理现场地面，填写工程安装记录。

图 3-1-13　起锚端横承力索安装示意图

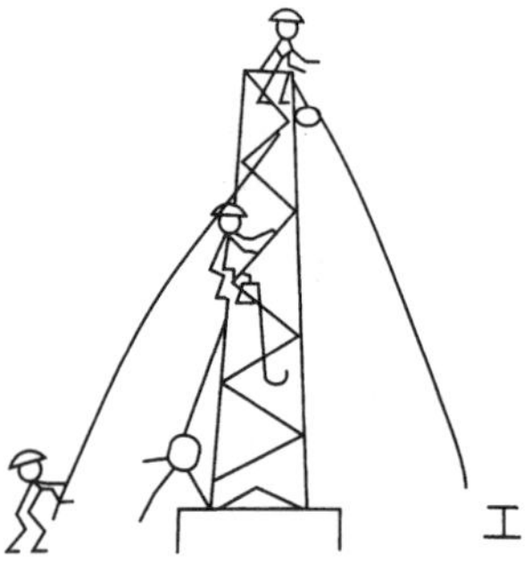

图 3-1-14　终锚端横向承力索安装示意图

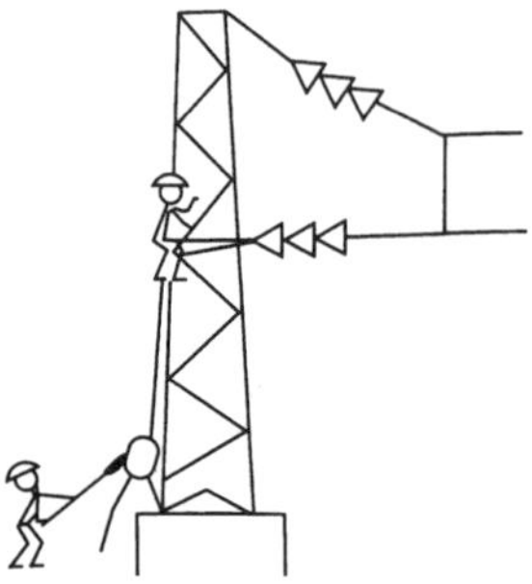

图 3-1-15　终锚端上部定位索安装示意图

三、任务考核

（1）人员：8 ~ 10 人。

（2）操作时间：规定时间为 60 min。在规定时间内完成，不加分也不扣分；每超时 1 min，从总分中扣 2 分；超时 10 min，停止作业。

（3）考核标准：见表 3-1-8。

表 3-1-8　考核记录表

考核项目	配分	序号	考核要求及评分标准		配分	扣分情况	得分
料具准备	15 分	1	钢卷尺、手锤、ϕ16 棕绳、ϕ10 棕绳、断线钳、安全带、电工工具、线盘架、安全帽、力矩扳手、开口滑轮、紧线器		8 分		
		2	横承力索，上、下部固定绳，悬式绝缘子，耳环杆，杵头杆，杵座楔型线夹，双耳楔型线夹，腕头挂板，V 形联板，横承力索线夹，定位环线夹，U 形线夹，杵座鞍子，双耳连接器，球头挂环，焊接杵环，悬吊滑轮		7 分		
操作技能	65 分	3	准备好各种安装数据，并将料具运送到预配地点		20 分		
		4	预配软横跨横承力索，上部固定绳和下部固定绳		20 分		
		5	将横承力索和上、下部固定绳通过直吊弦连接起来，整体安装软横跨		25 分		
安全及其他	20 分	6	按规定设置防护		5 分		
		7	安全		10 分		
		8	动作、语言文明		5 分		
规定时间	60 min		操作时间				
合计	100 分				100 分		

项目二　硬横梁安装

【导　读】

硬横梁相对于软横跨也叫硬横跨，主要由横梁和两侧的支柱组成，硬横梁安装是根据平面布置图与安装图要求，装配好各个组成部分。主要任务是硬横梁支柱安装和横梁安装。

【学习目标】

（1）掌握硬横梁的分类和作用，了解硬横梁支柱安装的作业流程，具备硬横梁支柱安装的施工组织能力。

（2）掌握硬横梁的组成，了解横梁安装的作业流程，具备横梁安装的施工组织能力。

【思政目标】

（1）硬横跨钢结构材料强度高，安装机械化程度高，虽自身重量轻，但能够承担重大载荷任务。培养同学们在重、难、险、急任务上堪当重任，勇于担当善于作为的进取精神。

（2）硬横梁安装工作需要团队成员之间的紧密配合与协作，通过完成此工作，提高同学们的团队协作能力，培养团队精神。

任务一　硬横梁支柱安装

【任务描述】

在三股道及以上的站场股道、站场岔区或多线桥区段，由于股道间距小，无法采用腕臂柱支撑装置，同时还必须满足稳定性和速度的要求，这时就要用到硬横跨。本任务重点介绍硬横梁支柱的安装方法。

一、理论部分

（一）硬横梁的优缺点

硬横梁和软横跨相比，各有优缺点。软横梁可以跨越较多的股道，其投资相对较少，所以被广泛用于我国速度较低的线路上。吊柱式硬横跨在国外，如法国、英国、德国、瑞士、日本等国家有广泛的应用，它的优点是形式单一、结构简单，便于机械化施工。

近几年来，随着我国干线电气化铁路改造的速度提高和高速铁路的开通使用，吊柱式硬横跨的优点在铁路高速区段显现出来。吊柱式硬横跨不仅具有机械上独立、股道之间不产生影响、事故范围小、结构稳定、抗振动、抗风性能好、稳定性强的优点，而且磨耗小、可降低离线率，能改善弓网受流质量。同时，因其具有模块式的结构，互换性强，有利于机械加工和机械化安装作业。

为了适应我国电气化铁路的发展要求，近几年来，我国在干线电气化铁路枢组内，采用了定位索式硬横跨，性能介于软横跨与吊柱式硬横跨之间，既满足了速度要求，又便于安装。

硬横跨单跨跨度一般不大于 40 m，有效降低了支柱高度，个别特大站场可以采用两跨或三跨连续式的硬横跨，既做到了满足刚度及稳定性，又做到了相对经济合理、适用。

（二）硬横梁的结构

硬横跨结构为门形钢结构，由硬横梁、支柱及基础、拱组成。硬横跨包括单跨硬横跨及多跨连续硬横跨，由吊柱或定位索节点组成。硬横梁顶起多跨硬横跨，由两到三跨门形结构组成。

硬横梁按照支柱与横梁的连接形式，分为简支硬横梁和刚性硬横梁。按横梁下悬的形式，分为吊柱式硬横梁（图 3-2-1）和定位索式硬横梁（图 3-2-2）。按照横梁结构形式，分为角钢格构式矩形截面横梁（图 3-2-3）、倒三角截面格构式钢管组合梁、单管横梁、上下双管横梁等。

硬横跨支柱类型分为环形等径预应力混凝土支柱、H 形钢柱等。角钢格构式钢柱、环形截面钢管柱、双 H 形钢柱。

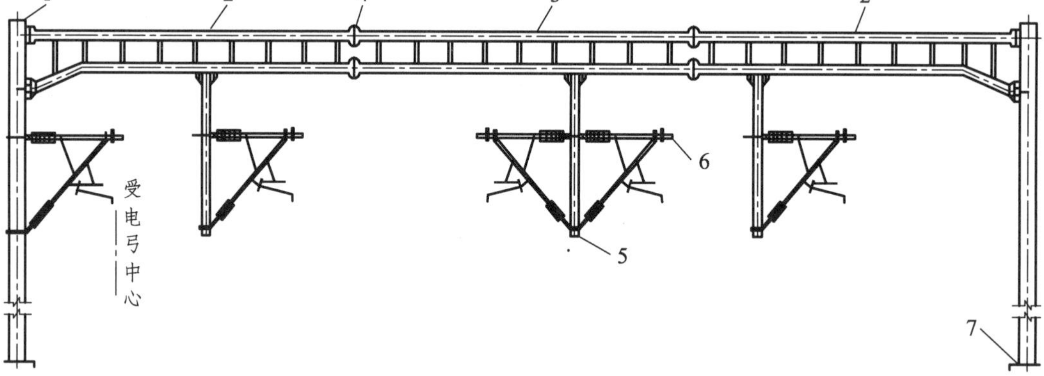

1—等径钢管支柱；2—硬横梁边段；3—硬横梁中段；4—法兰盘；
5—吊柱；6—腕臂定位装置；7—钢柱基础。

图 3-2-1 吊柱式钢管硬横梁

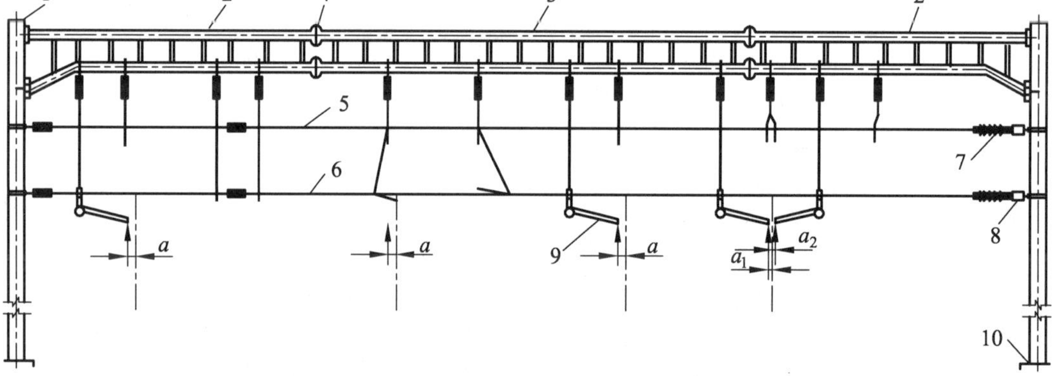

1—等径钢管支柱；2—硬横梁边段；3—硬横梁中段；4—法兰盘；5—上部定位索；6—下部定位索；
7—悬式绝缘子；8—弹簧补偿器；9—定位器；10—钢柱基础。

图 3-2-2 定位索式钢管硬横梁

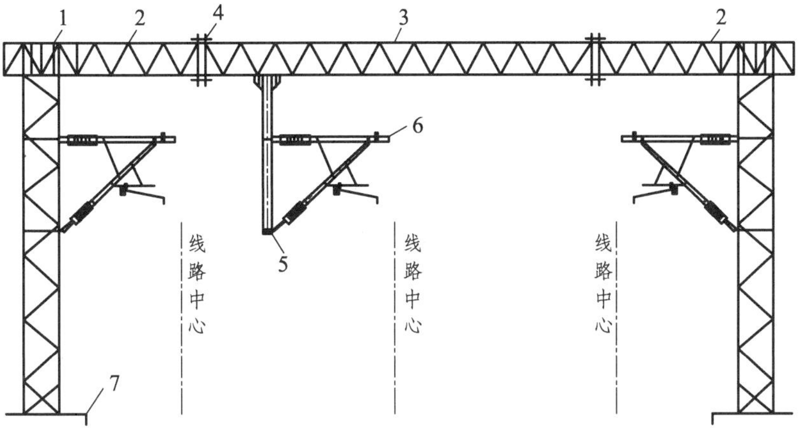

1—角钢格构支柱；2—横梁端头段；3—横梁中间段；4—连接螺栓；
5—吊柱；6—腕臂定位装置；7—钢柱基础。

图 3-2-3　角钢格构式简支梁硬横梁

（三）硬横梁的作用及要求

硬横梁用于安装架空接触网的支持装置，支承各个股道的接触悬挂。要求硬横梁具有足够的机械强度，结构尽量简单、外形美观、稳定性好。

二、任务实施

（一）施工组织准备

1. 人员组织（见表 3-2-1）

表 3-2-1　施工人员组织

序号	项　目	单位	数量	备　注
1	施工负责人	人	1	全面负责
2	吊车司机	人	2	正、副司机各 1 人
3	安列司机	人	4	正、副司机各 2 人
4	车长	人	1	
5	作业人员	人	16	
6	防护人员	人	3	车长 1 人，现场 2 人

2. 施工工机具准备（见表 3-2-2）

表 3-2-2　施工工机具配置

序号	名 称	规 格	单位	数量	备 注
1	安装列车		列	1	包括机车，平板车
2	吊车		台	1	吊臂长 16 m
3	电工工具		套		作业人员人均一套
4	加弧靠上杆梯子		套	2	
5	大绳	ϕ16 mm	条	4	晃绳
6	扭矩扳手		套	4	每种螺栓配 4 套
7	木棍		根	2	
8	钢卷尺	50 m/2 m	把	1/2	
9	水平仪		台	1	拼接测量
10	塔尺		把	1	拼接测量
11	小绳	ϕ10 mm	条	2	传递工具、小料
12	垫木		根	若干	垫横梁
13	经纬仪		台	1	整杆用
14	定位销钉	根据横梁图纸	件	4	特制
15	尼龙套		件	2	
16	油画笔		支	1	
17	安全带		条	4	
18	安全帽		顶		施工人员人均 1 顶
19	防护工具		套	3	

（二）施工步骤

1. 外观检查

（1）对硬横梁支柱进行外观检查，支柱不应有明显变形，焊接处应无裂缝，表面漆层应完好、无脱落、无锈蚀。

（2）安装前将工机具和硬横梁支柱吊装在安装列车的平板车上（若采用汽车吊安装，则需将硬横梁支柱运送到硬横梁基础旁）。

2. 清理基础面

（1）用钢丝刷、扫把、铁锤、钢针将地脚螺栓及基础面清理干净。

（2）用钢卷尺校核地脚螺栓间的相互距离，未达标者应处理至达标，使地脚螺栓与支柱法兰盘的螺栓孔能够配合安装。

3. 吊　立

（1）轨道车对位、停稳（若采用汽车吊，应对位、停稳并支腿）

（2）吊车司机听从指挥，操作吊车升臂落钩，平板车上作业人员将尼龙套套在支柱上，待吊钩下落到位后，挂在吊钩上，如图 3-2-4 所示，吊车司机操作吊车起钩旋臂至基础上方。

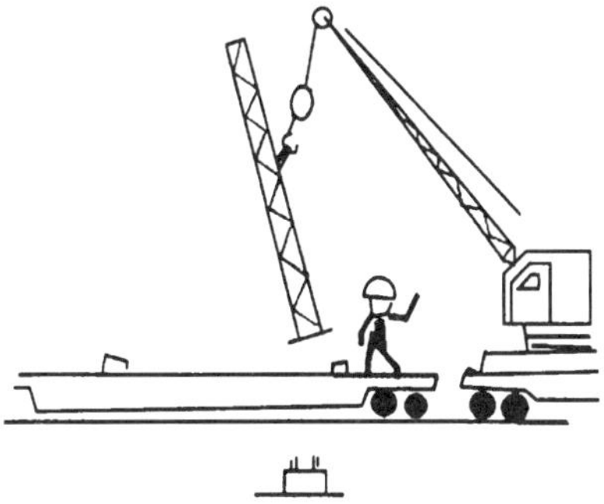

图 3-2-4　吊立示意图

4. 对位安装

（1）由立杆人配合，通过扶、推，使钢柱底部法兰盘孔位对准基础螺栓，如图 3-2-5 所示。

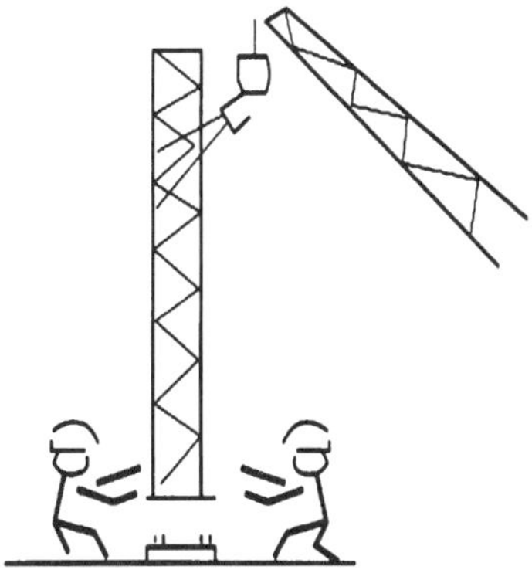

图 3-2-5　对位安装示意图

（2）吊车司机听指挥落钩，使支柱徐徐下落，待基础螺栓全部进入孔位直至支柱置放在基础面上。

（3）将每根螺栓装上垫片、螺母并适当紧固后。吊车司机落钩摘下钩，并使吊臂吊钩归位。

5. 整　正

（1）用经纬仪测量支柱顺、横线路方向倾斜度，根据调整需要松动螺母，用撬棍将支柱撬起，在主角下加垫垫片，调整支柱倾斜度。

（2）支柱顺、横线路倾斜度达标后，用套筒扳手将螺母循环拧紧，并用力矩扳手检测紧固力矩。

三、任务考核

（1）人员：以作业组为单位。

（2）操作时间：规定时间为 30 mm。在规定时间内完成，不加分也不扣分；每超时 1 min，从总分中扣 1.5 分；超时 10 min，停止作业。

（3）考核标准：见表 3-2-3。

表 3-2-3　考核记录表

考核项目	分值	序号	考核要求及评分标准	分值	扣分情况	得分
工具准备	15 分	1	安装列车、经纬仪、钢丝刷、铁锤、钢钎、尼龙套、撬棍、力矩扳手、钢卷尺、防护用具	8 分		
		2	硬横跨支柱、螺母、整正垫片	7 分		
操作技能	65 分	3	清理基础面、钢卷尺校核地脚螺栓间相互距离，应处理达标	10 分		
		4	指挥吊车对位、停稳并支腿，配合将支柱吊立到基础上方	20 分		
		5	立杆人配合，使钢柱底部孔位对准基础螺栓，紧固螺栓后，落钩摘钩吊臂归位	20 分		
		6	用经纬仪调整支柱倾斜度达到标准后，用套筒扳手循环紧固螺母，并用力矩扳手检测力矩是否达标	15 分		
安全及其他	20 分	7	按规定设置防护	5 分		
		8	安全	10 分		
		9	动作、语言文明	5 分		
规定时间	30 min		操作时间			
合计	100 分			100 分		

任务二　横梁安装

【任务描述】

本任务重点介绍接触网施工中硬横梁的预组装、硬横梁安装的施工工艺流程及安装方法。

一、理论部分

（一）硬横梁的组成

每组硬横梁由两根钢柱和一组横梁构成，如图 3-2-6 所示。

图 3-2-6　硬横梁组成

（二）硬横梁连接装配节点

1. 吊柱式钢管硬横梁装配节点

支柱一侧与横梁连接为节点 1，如图 3-2-7 所示，支柱两侧与横梁连接为节点 2，如图 3-2-8 所示。横梁间连接为节点 3，如图 3-2-9 所示，吊柱与横梁连接为节点 4，如图 3-2-10 所示。

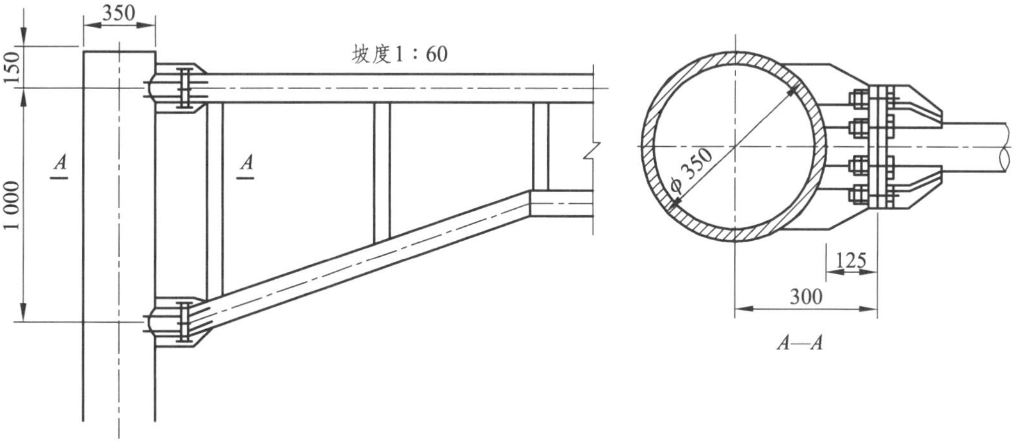

图 3-2-7　支柱一侧与横梁连接节点 1 示意图

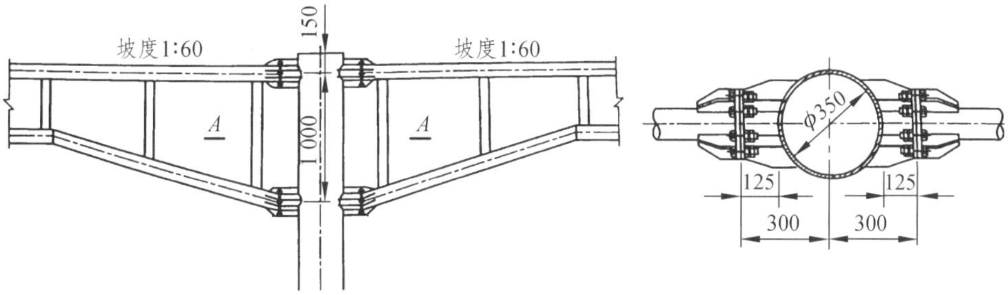

图 3-2-8　支柱两侧与横梁连接节点 2 示意图

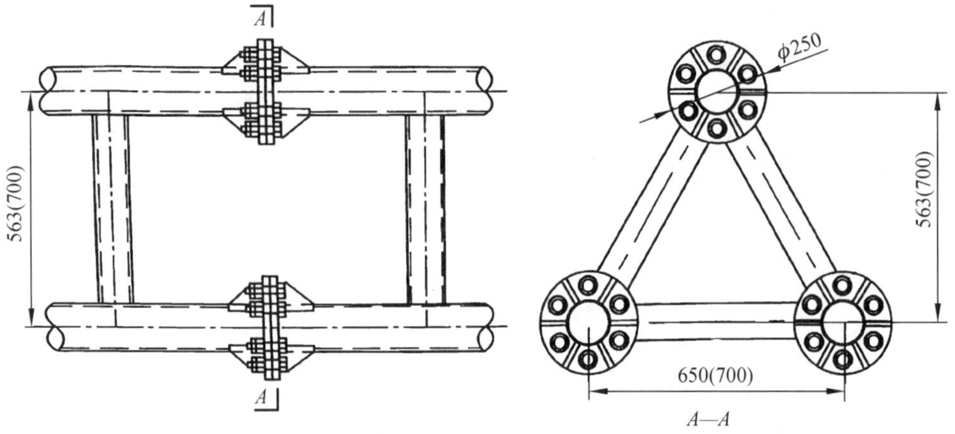

图 3-2-9 横梁间连接点 3 示意图

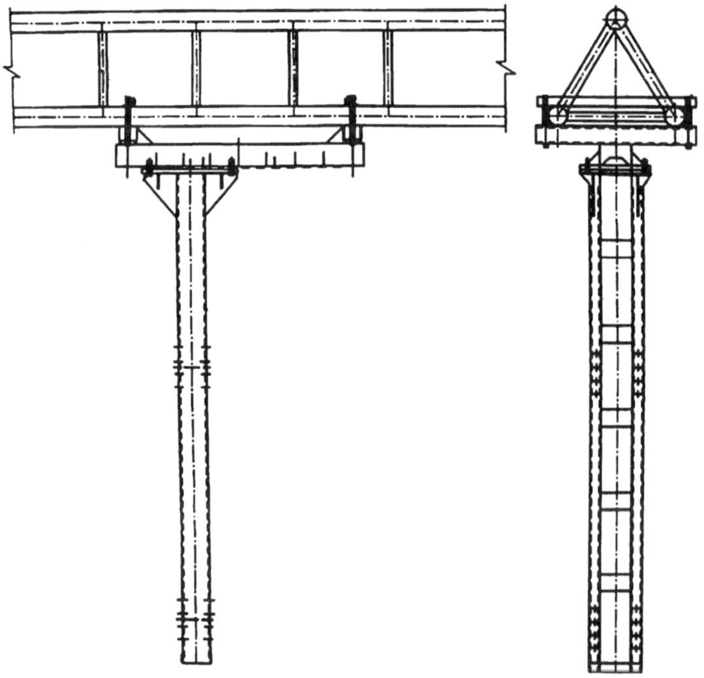

图 3-2-10 吊柱与横梁连接节点 4 示意图

2. 定位索式钢管硬横梁装配节点

定位索式钢管硬横跨柱一侧与横梁节点、支柱两侧与横梁节点和横梁间连接节点均与吊柱式钢管硬横跨相同，只是横梁为倒三角形形式。

3. 角钢格构式刚性连接硬横梁装配节点

角钢格构式支柱一侧与横梁连接为节点 1G 如图 3-2-11 所示，环形等径预应力混凝土支柱一侧与横梁连接为节点 1H 如图 3-2-12 所示，角钢格构式支柱两侧与横梁连接为节点 2G 如图 3-2-13 所示，环形等径预应力混凝土支柱两侧与横梁连接为节点 2H 如图 3-2-14 所示，横梁间连接为节点 3 如图 3-2-15 所示，吊柱与横梁连接为节点 4 如图 3-2-16 所示。

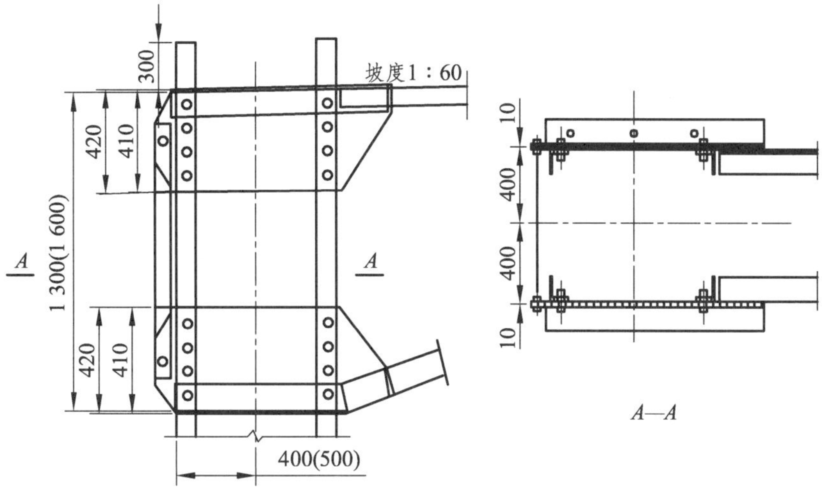

图 3-2-11　角钢格构式支柱一侧与横梁连接节点 1G 示意图

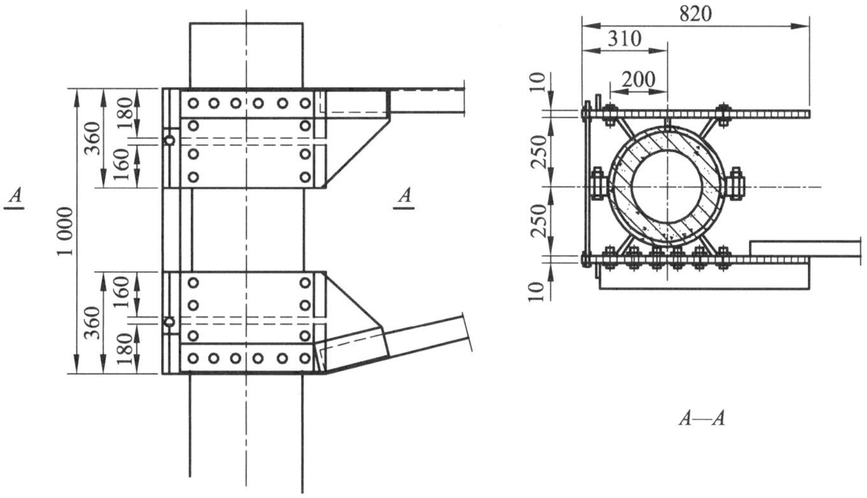

图 3-2-12　环形等径预应力混凝土支柱一侧与横梁连接节点 1H 示意图

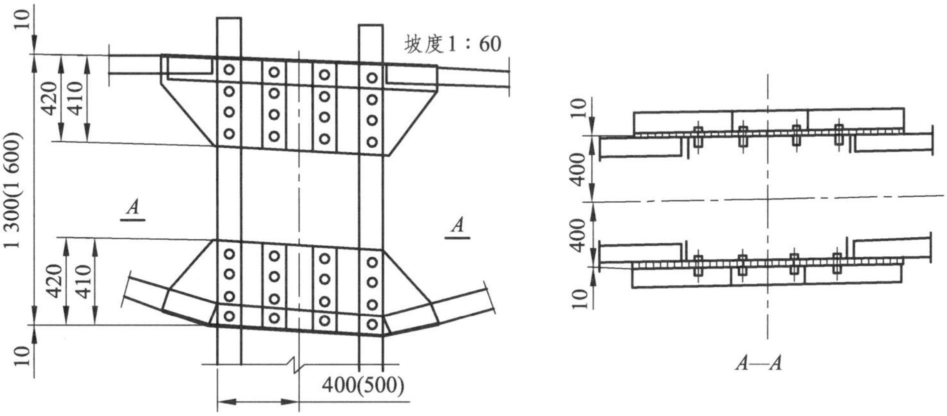

图 3-2-13　角钢格构式支柱两侧与横梁连接节点 2G 示意图

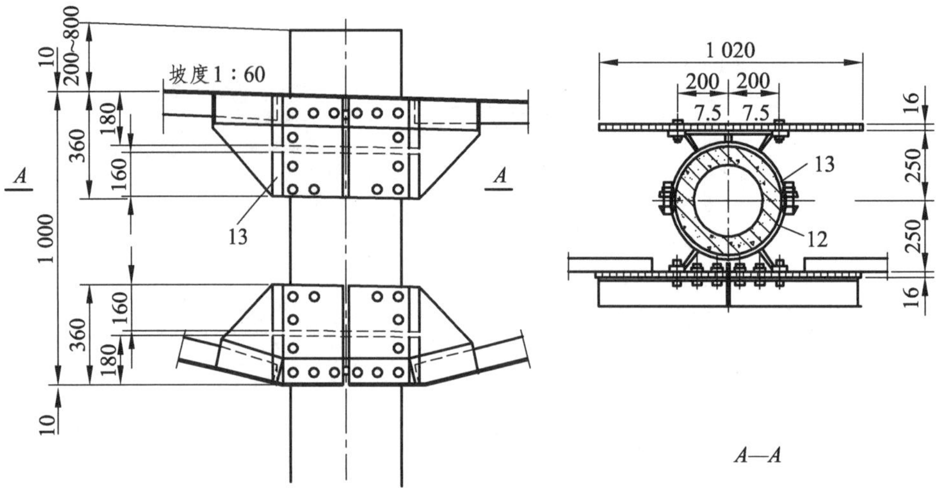

图 3-2-14　环形等径预应力混凝土支柱两侧与横梁连接节点 2H 示意图

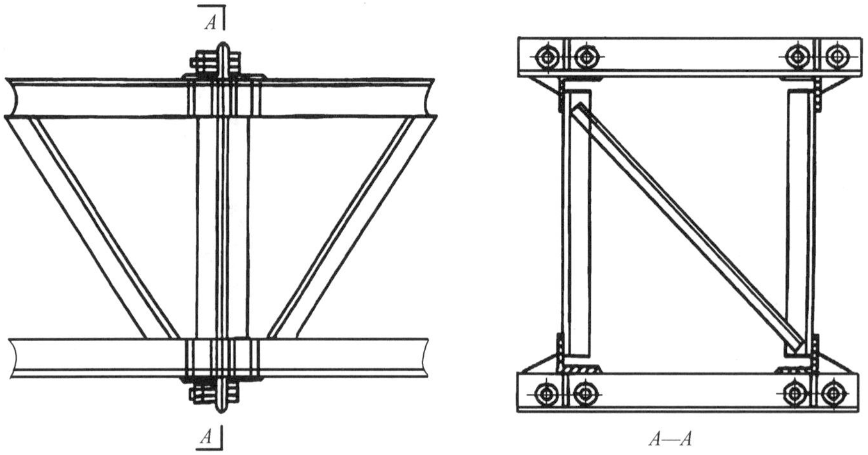

图 3-2-15　横梁间连接节点 3 示意图

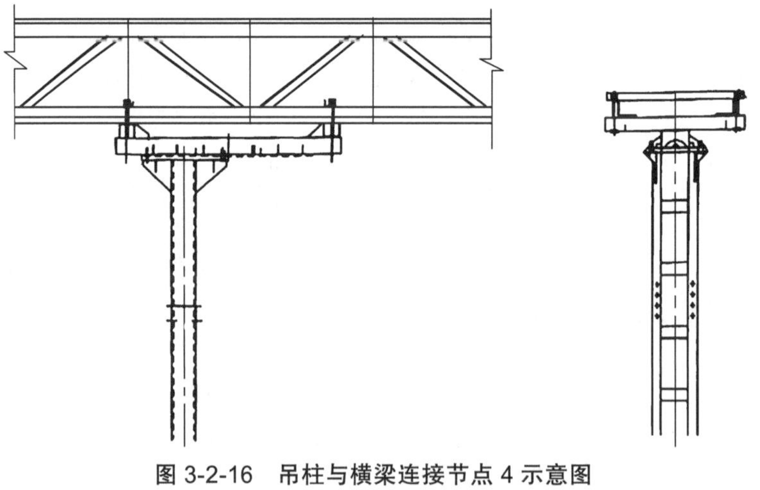

图 3-2-16　吊柱与横梁连接节点 4 示意图

二、任务实施

（一）施工工艺流程（见图 3-2-17）

施工准备 → 硬横梁预组装 → 安装硬横梁 → 结束

图 3-2-17　施工工艺流程

（二）施工组织准备

1. 人员组织（见表 3−2−4）

表 3-2-4　人员组织

序号	项　目	单位	数量	备　注
1	施工负责人	人	1	全面负责
2	吊车司机	人	2	
3	作业人员	人	16	
4	防护人员	人	3	

2. 施工工机具准备（见表 3−2−5）

表 3-2-5　施工工机具配置

序号	名称	规　格	单位	数量	备　注
1	吊车		台	1	吊臂长 16 m
2	登杆工具		套	4	
3	大绳	ϕ16	条	4	晃绳
4	梅花扳手	M17	套	4	
5	木棍		根	2	
6	钢卷尺	50 m/2 m	把	1/2	
7	水平仪		台	1	拼接测量
8	塔尺		把	1	拼接测量
9	小绳	ϕ10	条	2	传递工具、小料
10	垫木		根	若干	垫横梁
11	经纬仪或支柱斜率测量仪		台	1	整杆用
12	定位销钉	ϕ25/ϕ18	件	2/2	特制
13	尼龙套		件	2	
14	油画笔		支	1	
15	安全带		条	4	
16	安全帽		顶		施工人员人均 1 顶
17	防护用具		套	3	

（三）施工前检查

（1）施工中硬横梁的横梁长度都是需要现场测量，然后由生产厂家根据测量数据定制的，所以在安装前需核对横梁各个分段，检查横梁边段、中段与安装位置是否相对应。

（2）检查横梁在运输过程中有无变形、开焊现象，如有应修复后再安装。

（四）硬横梁预组装

（1）硬横梁检查全部合格后，方可进行预组装。

（2）按设计图纸，组装同一组硬横梁，各段先用木方垫起，如图 3-2-18 所示。

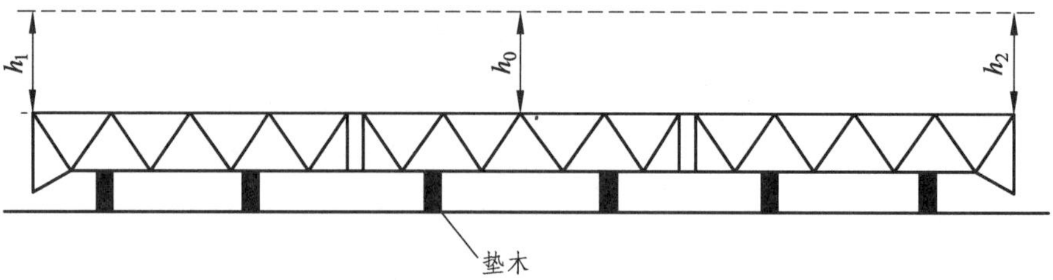

图 3-2-18　硬横梁预组装示意图

（3）将横梁对接上，用木棍调整，并使其中心轴线在一条直线上。

（4）安装一半连接螺栓预组装，用水准仪测横梁拱度 f 值，$f=(h_1+h_2)/2-h_0$，f 值达标后，方可继续组装，安装另一半连接螺栓。

（5）将预配组装好的硬横梁吊放在安装列平板车上，并加固牢靠。

（五）安装硬横梁

（1）先测量横梁总长度和两支柱间距值，两者应吻合。

（2）两支柱分别上两人，系好安全带，用小绳吊上紧固扳手及连接螺栓和定位销钉，如图 3-2-19 所示。

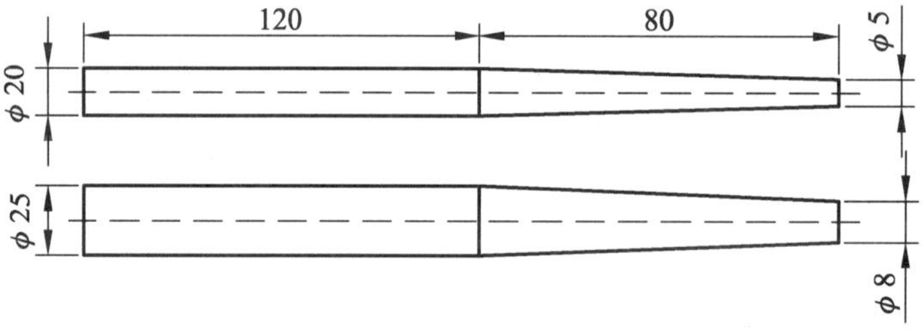

图 3-2-19　两支柱示意图

（3）安列平板车停在距安装硬横梁位置 6 ~ 7 m 处，吊车伸出吊臂落吊钩，配合人员找出横梁重心，系好尼龙套，并把尼龙套套在吊钩上，在横梁两头各系好两条晃绳，吊车司机启吊车、升臂、起钩，将横梁缓缓吊起，如图 3-2-20 所示。

（4）拉晃绳人员将横梁转向 90°，杆上人员配合使横梁两端分别对准支柱。

（5）吊车司机缓缓落吊钩，杆上人员扶梁对位，并利用定位销钉，对好横梁与支柱连接孔位，另一人配合将连接螺栓穿入连接孔，并用梅花扳手逐个循环拧紧，用力矩扳手检测达标。

图 3-2-20　安列吊硬横梁安装图

（6）如横梁与实际跨度有微小差距时，可松开支柱地脚螺栓，用撬杠撬支柱底板，使横梁支柱连接处密贴，杆上人员再将连接螺栓拧紧至达标。

三、任务考核

（1）人员：以作业组为单位。

（2）操作时间：规定时间为 40 min。在规定时间内完成，不加分也不扣分；每超时 1 min，从总分中扣 2 分；超时 10 min，停止作业。

（3）考核标准：见表 3-2-6。

表 3-2-6　考核记录表

考核项目	分值	序号	考核要求及评分标准	分值	扣分情况	得分
工具准备	15 分	1	安装列车、ϕ16 棕绳、梅花扳手、力矩扳手、钢卷尺、水平仪、塔尺、方木、定位销钉、尼龙套、脚扣、安全带	8 分		
		2	组成横梁的各梁段、连接螺栓带螺母，薄镀锌垫片	7 分		
操作技能	65 分	3	核对横梁各段，检查边段、中段与安装位置是否对应，并进行外观检查	10 分		
		4	对各段横梁进行组装，并注意调整拱度 f 值使之达标	20 分		
		5	起吊硬横梁，对位调整，利用定位销钉对好孔位，将横梁与边钢柱连接好	35 分		
安全及其他	20 分	6	按规定设置防护	5 分		
		7	安全	10 分		
		8	动作、语言文明	5 分		
规定时间	40 min		操作时间			
合计	100 分			100 分		

项目三　腕臂柱装配

【导　读】

腕臂柱装配是根据平面布置图与安装图要求，在保证接触高度、结构高度及拉出值的情况下，装配好各种零部件。主要任务是预配和安装。

【学习目标】

（1）掌握腕臂的作用、要求及分类，了解零件安装位置的测量方法，具备腕臂地面组装的能力。
（2）掌握腕臂柱安装的内容及安装的工序流程，了解会腕臂柱安装方法，具备安装腕臂的能力。

【思政目标】

（1）注重实践操作和技能训练，通过亲自动手组装腕臂、调整技术参数等方式，提高学生的实践能力和动手能力。

（2）更好地掌握专业知识和技能，提高解决问题的能力，为将来职业生涯做好准备。

任务一　腕臂预配

【任务描述】

本任务重点介绍接触网施工中腕臂的结构，腕臂的安装要求，腕臂装备施工中相关的参数，腕臂计算、腕臂预配的方法。

一、理论部分

（一）腕臂的作用

腕臂用于支持接触悬挂，并起传递负荷的作用。

（二）对腕臂的要求

接触网中要求腕臂具有足够的机械强度，结构尽量简单、轻巧，易于施工安装和维修更换。

（三）腕臂的组成结构

铝合金管腕臂是目前我国新建电气化铁路常用的一种腕臂，这里就以铝合金管腕臂为例，说明腕臂的组成结构及各部件的功能。腕臂组成结构如图 3-3-1 所示。

（1）旋转腕臂底座用于支持、连接支柱与棒式绝缘子，允许腕臂做旋转运动，可以在接触悬挂因温度变化发生位移时让腕臂跟随移动。

（2）棒式绝缘子是由实心的圆柱形绝缘件和两端的连接金具组成的一种支持绝缘子，用于支 持、连接腕臂与腕臂底座，并保持腕臂与腕臂底座之间电气绝缘。

（3）平腕臂用于组成旋转腕臂结构三角形的上部，平腕臂悬臂一端通过铝合金承力索座支撑承力索，另一端与棒式绝缘子相连，并通过套管座与斜腕臂连接。

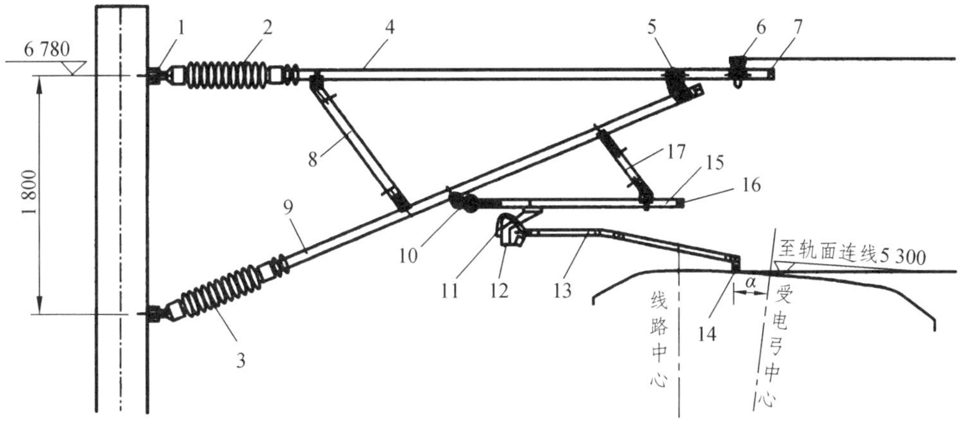

1—旋转腕臂底座；2—棒式绝缘子（上腕臂）；3—棒式绝缘子（下腕臂）；4—平腕臂；5—套管座；6—承力索座；7—腕臂管管帽；8—腕臂支撑；9—斜腕臂；10—定位环；11—定位器用电连接跳线；12—定位支座；13—定位器；14—定位线夹；15—定位管；16—定位管管帽定位管支撑。

图 3-3-1　腕臂组成结构示意图

（4）斜腕臂用于组成腕臂支持结构三角形斜边，斜腕臂一端通过套管座与平腕臂相连接，另一端通过棒式绝缘子与下腕臂底座相连接。

（5）腕臂支撑用在平腕臂与斜腕臂之间，以增加腕臂的负荷能力。

（6）套管座用于平腕臂和斜腕臂相交处的连接。

（7）承力索座用于平腕臂上支撑、固定承力索。

（8）套管单耳安装在平、斜腕臂上连接腕臂支撑。

（9）定位管用于调整、限定定位器位置，并支撑、传导接触线对定位装置的作用。

（10）定位环用于连接定位管和斜腕臂。

（11）定位管支撑用在平腕臂与定位管之间，或斜腕臂与定位管之间，以增加定位管的负荷能力。

（12）定位支座用于连接定位器与定位管，对定位器的抬升起限位作用。

（13）定位器用于调整接触线的拉出值或之字值。

（14）定位器用电连接跳线用于保持定位器和定位支座之间的可靠电器连接性，避免定位器和定位支座被电弧烧伤。

（15）定位线夹用于连接接触线和定位器。

（16）管帽安装在腕臂管或定位管端头，起防尘、防水等保护作用。

（17）定位管支撑用于防止定位管向上旋转。

二、任务实施

（一）限界测量

限界值为近轨轨面处支柱前沿至轨道中心的距离。有防撞墙影响的高架桥上需要采用丁字尺、水平尺及线坠配合测量支柱限界，如图 3-3-2 所示，限界值等于 $A+B+C$（防撞墙的厚度应实测）。测量限界值均以轨面所在平面为测量面。对于无防撞墙的路基段、站场，可采用丁字尺 水平尺配合测量支柱侧面限界。硬横梁吊柱侧面限界可用经纬仪、丁字尺和水平尺配合测量。

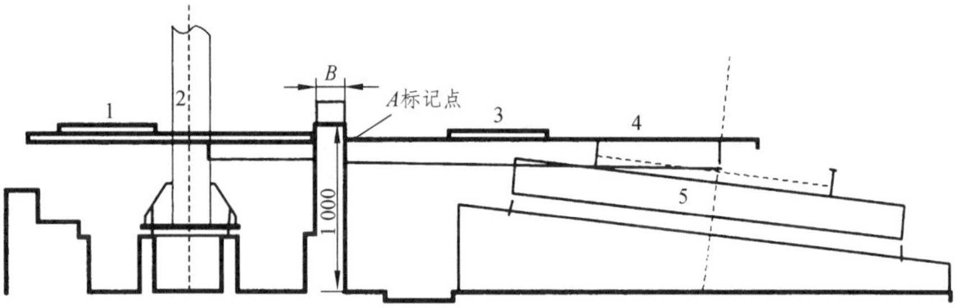

1、3—水平尺；2—支柱；4—丁字尺；5—轨道板。

图 3-3-2 限界测量示意图

（二）支柱内沿倾斜值测量及斜率换算

斜率的测量值以支柱内沿的倾斜率为准。经纬仪置于跨距中间位置，镜身距线路中心距离与被测支柱内沿到线路中心距离相一致。在最低轨轨面线处水平放置钢卷尺。经纬仪镜筒沿支柱前沿顶端向轨面标记处垂直转动至最低轨轨面处，读取钢卷尺数据，这就是被测支柱倾斜值。硬横跨吊柱可用经纬仪抄到丁字尺上，量取读数。各种支柱的斜率如下计算：

斜率＝支柱内沿倾斜值/H

支柱：　　H＝支柱总长－轨面至基础面距离

倒立柱：　H＝倒立柱的长度

（三）超高测量及轨面红线标注

1. 超高测量

对于有防撞墙的高架段，将水平仪置于距支柱 15～20 m 的两路基板之间的通道上，在支柱点处两轨面上竖好塔尺，调整水平仪器，读取塔尺读数并做记录，两轨面塔尺读数相减即为超高值。对于无防撞墙的路基段及站场，可采用丁字尺与水平尺配合，在支柱位置将丁字尺置于轨面上，将水平尺放置于丁字尺上调整丁字尺，使其气泡居中后，使用钢卷尺读取水平尺底与最低轨之间的距离，如图 3-3-3 所示。

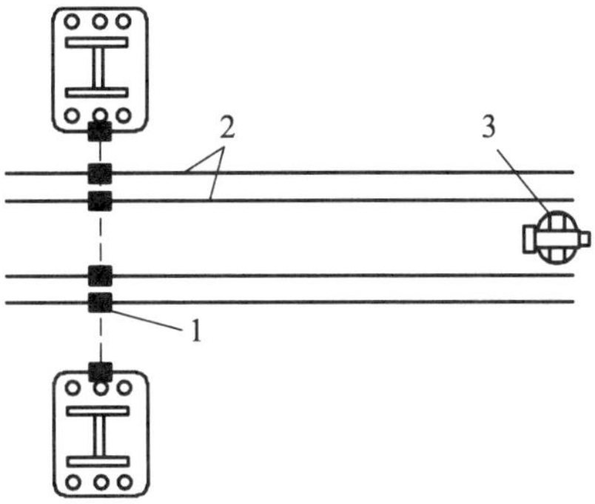

1—水平尺；2—钢轨；3—水平仪气泡。

图 3-3-3 超高测量

2. 轨面红线标注

对于有防撞墙的高架段，可采用水准仪配合塔尺进行测量。步骤如下：将塔尺分别垂直置于两钢轨上，在防撞墙外侧支好水准仪，分别读数计算出轨面并反标至支柱上，用模板和红色油漆按图 3-3-4 所示进行标注。对于无防撞墙的路基段及站场，可采用丁字尺与水平尺配合进行测量标注，方法如下：对于曲外支柱可先将丁字尺置于外轨与支柱内沿间通过水平尺调平，先记下外轨轨面位置，而后再进行核减标注；对于曲内支柱可按同样方法先记下内轨轨面位置，而后再进行核减标注。

图 3-3-4 轨面红线标注

（四）内业整理

测量人员应依据工艺要求和有关文件资料认真测量，测量任务完成后便可根据测量结果进行支柱装配计算。

（五）腕臂计算

目前，施工中一般都采用计算机程序完成计算。采用计算机程序进行计算时，只需打开软件的计算界面，将测量数据及其他所需信息输入计算机，便可自动完成腕臂计算。计算机程序计算具有计算速度快、简单方便、数据直观不易出错等优点。

腕臂计算算法比较复杂，计算方法主要有基于几何模型的三角形算法、基于平面解析几何的坐标系算法等。

（六）腕臂预配

1. 提　料

领取腕臂预配表，预制组根据腕臂预配表提取材料，从库房领取，并进行外观检查和型号、数量确认，严禁使用不合格品。

2. 下　料

根据腕臂预制表，在切割作业台上分别测量出平、斜腕臂，定位管，腕臂支撑，定位管支撑的下料长度，并用油性记号笔在管上做标识，标明站区、锚段、支柱号。用切割机切取预配所需用料，切割时应用卡具卡紧，切割断面应整齐且与本体垂直。

（七）腕臂装配

1. 平腕臂零件位置标识

按腕臂预配表上的尺寸，在平豌臂上测量出安装豌臂支撑的套管单耳、双套筒连接器、承力索支撑线夹，以及反定位的定位支撑用的套管单耳的安装位置。用油性记号笔画线标识，并按安装位置套上零件。

2. 斜腕臂零件位置标识

按支柱装配预制表尺寸，在斜腕臂上用钢卷尺测量出双套管连接器、定位环、安装臂支撑定位管支撑的套管单耳安装位置，用油性记号笔划线标识。根据定位方式套上定位环和不同数量的套管单耳等安装零件。

3. 将平、斜腕臂安放于预配平台上

如图 3-3-5 所示，通过双套管连接器将平、斜腕臂连接在一起，将各零件对位正确后，用梅花扳手预拧紧，最后用力矩扳手检测是否达标。所有螺栓（螺帽）紧固应遵循交叉、循环紧固的原则，戴上平、斜腕臂管帽。

图 3-3-5　腕臂装配实物图

4. 腕臂（定位）支撑预配

按支柱装配预制表尺寸，将切好长度的支撑管两端套上双耳套筒，如图 3-3-6 所示，对正双耳套筒朝向，按力矩扳手拧紧顶紧螺栓及防松顶母即可，预配好的腕臂支撑与斜腕臂进行组合，上端待安装时与平抱臂联结。定位支撑下端与定位相连。安装时，上端与腕臂相连。

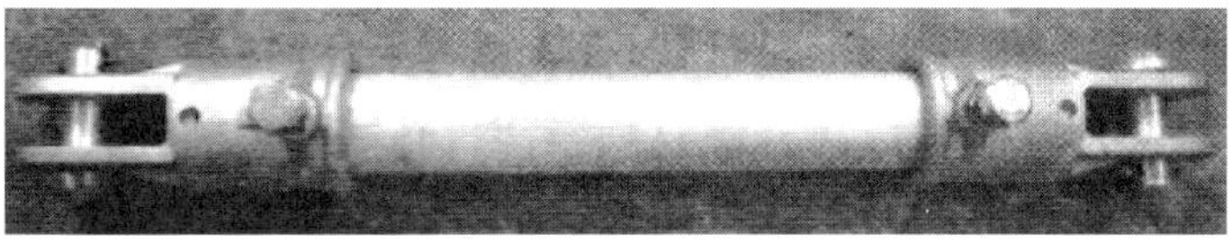

图 3-3-6　腕臂支持预配实物图

5. 组合定位装置预配

（1）将切割好的定位管在一端套上双耳套筒，预拧紧，测出安装定位器支座、定位管支撑的套管单耳安装位置，用油性记号笔画线标识，如图 3-3-7 所示。

图 3-3-7　组合定位装置预配图

（2）从另一头穿入定位器支座（或锚支定位卡子）、套管单耳，并按设计要求安装在各自位置，用梅花（棘轮）扳手拧紧其连接螺栓，并用力矩扳手检测是否达标。

（3）把定位管和定位器连接在一起，用ϕ2.0 铁线捆扎在一起，在定位管上清楚、明确地标记出需安装的支柱号。

（4）把定位支座与定位器的电连接，固定一端在定位支座上，另一端待正式安装时再进行连接。

（5）把预配好的定位支撑一端与定位管组合在一起，另一端待安装时与斜腕臂或平腕臂相连。

（八）复　核

腕臂预配完成后，需要对零件的安装位置、方向、数量等内容进行复核，检验腕臂预配质量，防止预配过程中的错误流入现场。

（九）腕臂包扎

为方便运输以及防止腕臂在运输过程中损伤，需要对成组腕臂进行包扎，腕臂包扎的方法有多种，一般采用珍珠棉包扎。

三、任务实施

（1）人员：以作业组为单位。

（2）操作时间：规定时间为 20 min。在规定时间内完成，不加分也不扣分；每超时 1 min，从总分中扣 2 分；超时 10 min，停止作业。

（3）考核标准：见表 3-3-1。

表 3-3-1　考核记录表

考核项目	分值	序号	考核要求及评分标准	分值	扣分情况	得分
工具准备	15 分	1	切割机、电钻、力矩扳手、钢卷尺、断线钳、铝管测量台、腕臂预配平台、定位预配平台、支持预配平台	8 分		
		2	腕臂管、定位管、套管座、承力索座、套管单耳、双耳套筒、定位环、组合定位器、电连接线、管帽	7 分		
操作技能	65 分	3	根据预配数据单，分别测量平、斜腕臂，定位管，腕臂支撑，定位管支撑的下料，用贴割机切取预配所需用料	20 分		
		4	根据预配单，分别对平、斜腕臂上的零件位置进行测量并装配，用套管座将平、斜腕臂连接到一起	20 分		
		5	腕臂、支撑装置组装	10 分		
		6	根据预配单，对定位管上的零件位置进行测量并装配，装配组合定位器	15 分		
安全及其他	20 分	7	按规定设置防护	5 分		
		8	安全	10 分		
		9	动作、语言文明	5 分		
规定时间	40 min		操作时间			
合计	100 分			100 分		

任务二　腕臂柱安装

【任务描述】

本任务重点介绍接触网施工中腕臂的定位类型，人工进行腕臂支柱安装的方法、步骤，机械安装腕臂的方法。

腕臂的安装

一、理论部分

（一）腕臂的分类

（1）腕臂按其定位形式不同，主要可分为正定位腕臂和反定位腕臂，如图 3-3-8 所示。

（2）腕臂按制造材料不同，主要可分为钢管腕臂和铝合金管腕臂。

图 3-3-8　腕臂正定位和反定位

（二）腕臂安装技术要求

（1）腕臂上底座安装高度应符合设计要求，上、下底座螺栓穿向线路侧，下底座位置需要根据输入参数软件验证确定，施工允许偏差为 ± 50 mm。

（2）腕臂各种连接件的螺栓紧固应使用力矩扳手，并达到设计及产品说明书要求，开口销掰开角度 120°。

（3）腕臂安装完成后应模拟测量承力索高度及拉出值，承力索高度允许偏差 ± 50 mm、拉出值允许偏差 ± 30 mm。

（4）腕臂棒式绝缘子排水孔朝下。

二、任务实施

（一）施工工艺流程（见图 3-3-9）

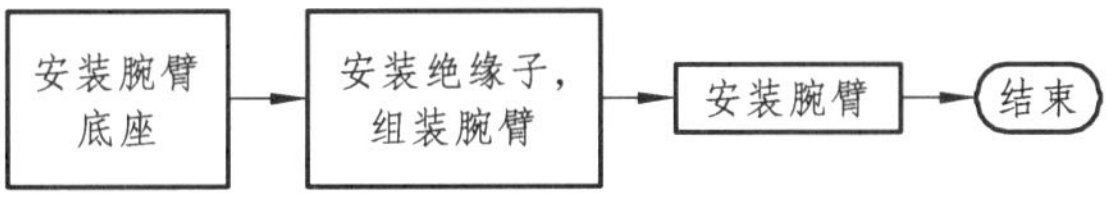

图 3-3-9　施工工艺流程

（二）施工组织准备

1. 人员组织（见表 3-3-2）

表 3-3-2　人员组织

序号	项　目	单位	数量	备　注
1	施工负责人	人	1	组织指挥施工
2	作业技工	人	3	
3	防护人员	人	4	车站、作业点、作业两端

2. 工具准备（见表 3-3-3）

表 3-3-3 施工工具配置

序号	名称	规格	单位	数量	备注
1	作业车		台	1	
2	梅花扳手	M12，M18，M19，M27，M30	套	2	
3	小绳	ϕ10	根	2	
4	安全带		条	4	
5	安全帽		顶	4	每人 1 顶
6	力矩扳手		把	2	

3. 主要材料和设备准备（见表 3-3-4）

表 3-3-4 施工所需材料、设备

序号	名称	规格或型号	单位	数量	备注
1	腕臂		套		已配好
2	棒式绝缘子		套		配平腕臂
3	棒式绝缘子		套		配斜腕臂
4	草袋和塑料布		个		包扎瓷瓶
5	铁线	ϕ20	kg		包扎瓷瓶

（三）腕臂安装方法

腕臂安装有人工安装和作业车安装两种方法。人工安装不受线路条件限制，便于施工组织，但运输和安装劳动强度较大；作业车安装受线路条件和封闭点时间限制，施工组织较烦琐，但运输和安装劳动强度较小，工作效率较高。

1. 人工安装

1）施工准备

将施工机具、腕臂底座、预配好的腕臂及配套的棒式绝缘子从料库领出，进行外观检查后装车。运送到施工现场，将腕臂底座、腕臂、棒瓷等材料搬运到支柱下方。

2）安装腕臂底座

（1）施工人员到达现场后，按照规格型号开始将腕臂底座摆放到位。

（2）安装人员一人系安全带，带小绳上杆，扎好安全带，放下小绳，地面人员将底座预组装后扎牢。

（3）再上杆一人系好安全带，杆上一人拉绳，将底座提至安装位置；

（4）两人配合，按设计要求将腕臂底座安放在预留孔处，把上（下）底座螺栓由支柱穿向线路侧，一人把上（下）底座扶正，另一人预紧垫片螺帽，用梅花扳手紧固后，并用力矩扳手检测是否达标。

（5）上底座安装完毕，两人下至下底座位置 1 m 左右，扎好安全带。

（6）按照（3）~（5）步骤安装下底座。

注意事项：由于受站前预留基础标高及限界等因素影响，曲内正定位的腕臂底座宜在腕臂计算后紧固到位（即可提前按照设计要求进行预装，计算结果满足安装条件后，在安装腕臂时紧固到位）。

3）安装腕臂绝缘子

（1）底座安装完毕后，杆下人员将绝缘子拉到底座位置。

（2）杆上两人配合，将腕臂棒瓷的连接板插入腕臂底座，螺栓销穿向来车方向，然后装好开口销，开口销两边掰开 120°，如图 3-3-10 所示。

图 3-3-10　安装棒式绝缘子

4）安装腕臂

（1）施工负责人确定腕臂编号与安装地点相符。

（2）两人上杆，一人上至上腕臂底座处，一人上至下腕臂底座处，上方人员挂好套子及滑轮。同时，杆下人员将预配的平、斜腕臂进行组装，连接平、斜腕臂的套管座螺栓穿向来车方向。

（3）杆下人员将腕臂拉起，腕臂拉至下底座处时，位于上底座的人员扶住腕臂，下底座处的人员抱起棒瓷将斜腕臂插入钢帽内，并按标准力矩紧固 U 形螺栓。

（4）杆下人员逐渐松绳至合适位置，上底座处人员抱起棒瓷，将平腕臂插入钢帽内，并按标准力矩紧固 U 形螺栓。

（5）检查安装完的腕臂，确认无误后，按上述步骤，继续安装下一个腕臂，安装腕臂如图 3-3-11 所示。

图 3-3-11　安装腕臂实例

注意事项：

（1）腕臂支撑安装角度根据计算程序确定，一般无须调整。

（2）腕臂预配时对已紧固到位的零件螺栓进行了标识，不可随意松动。当不满足安装要求需要现场调整时，对经过重新调整的腕臂零件必须按照零件的设计力矩紧固到位。

2. 作业车机械安装

（1）腕臂底座安装完好后，施工负责人确定腕臂编号与安装地点相符。

（2）施工负责人指挥作业车司机对位，升作业台，旋转作业平台靠近支柱。

（3）两人抬起斜腕臂，将斜腕臂棒瓷的连接板插入腕臂底座，一人扶住底座配合，斜腕臂棒瓷连接板的孔与下底座连接板孔对齐，立即把螺栓销穿入（方向朝来车方向，然后装好开口销）。

（4）作业车平台稍回转并缓缓升到上底座下 1 m 处，升平台时两人扶住腕臂，不要将包扎物挂掉；

（5）一人扶住斜腕臂，另两人抬起平腕臂，作业车稍旋转返回。把棒瓷连接板对准上底座的连接板，当两孔对准时，立即将螺栓销穿向来车方向，然后安装好开口销。

（6）将腕臂支撑与平、斜腕臂上的套管单耳连接好。

（7）检查安装完的腕臂，确认无误后，旋转平台，按上述步骤，继续安装下一个腕臂，实例如图 3-3-12 所示。

图 3-3-12　作业车机械安装实例

三、任务考核

（1）人员：5～7 人。

（2）操作时间：规定时间为 30 min。在规定时间内完成，不加分也不扣分；每超时 1 min，从总分中扣 1.5 分；超时 10 min，停止作业。

（3）考核标准：见表 3-3-5。

表 3-3-5　考核记录表

考核项目	分值	序号	考核要求及评分标准	分值	扣分情况	得分
工具准备	15 分	1	力矩扳手、梅花扳手、钢卷尺、断线钳、ϕ10 棕绳、钢丝套子、闭口滑轮、脚扣、安全带	8 分		
		2	腕臂、上腕臂底座、下腕臂底座、棒式绝缘子	7 分		
操作技能	65 分	3	安装上下腕臂底座，测量上下腕臂底座水平	20 分		
		4	安装平、斜腕臂棒式绝缘子	20 分		
		5	人工安装腕臂	25 分		
安全及其他	20 分	6	按规定设置防护	5 分		
		7	安全	10 分		
		8	动作、语言文明	5 分		
规定时间	30 min		操作时间			
合计	100 分			100 分		

★ 思政链接

科技新时代、创新赢未来——350 km/h 高铁腕臂预配流水线平台

湖北省五一劳动奖章获得者、中国中铁劳模、十大专家型工人陈伟是新时期新型大国工匠的标杆，他充分发扬自强不息、开拓进取的精神，刻苦学习、苦练技能，练就一身过硬本领，实现了向知识型的转型。他设计并制作了 350 km/h 高铁腕臂预配流水线平台（见图 3-3-13）。本预配平台配置 21 人，8 h 可预配 650 组腕臂。与普通预配平台相比，使用新型腕臂预配流水线平台提高功效 3.3 倍。

陈伟感恩党的关怀和企业的培养，忠诚企业，诚实劳动，勤奋工作，甘于奉献，在平凡的岗位上做出了不平凡的业绩，为推动企业发展壮大做出了重要贡献。

图 3-3-13　350 km/h 高铁腕臂预配流水线平台

项目四　隧道悬挂装配

【导　读】

电气化铁路在穿越山区时就会有隧道，隧道中的接触网设备与区间设备有所不同。本项目主要学习隧道内的吊柱安装和补偿装置安装。

【学习目标】

（1）掌握隧道内接触悉挂的特点和吊柱安装技术要求，具备隧道内吊柱的安装能力。

（2）掌握隧道内接触线高度变化的技术要求，具备隧道内腕臂的安装能力。

【思政目标】

（1）强调对《安全操作规范》的学习，掌握正确的安全操作方法，提高自我保护能力。

（2）培养安全意识和风险意识，在工作中时刻保持警惕，确保施工安全。

（3）时代发展，需要大国工匠；迈向新征程，需要大力弘扬工匠精神。培养学生以创新为导向，以技术为生命、以质量为追求的内涵。

任务一　隧道内吊柱安装

【任务描述】

本任务主要了解隧道吊柱的特点，安装的技术要求，隧道吊柱的施工准备、安装、整正的方法。

一、理论部分

（一）隧道内接触悬挂的特点

（1）隧道内的悬挂可以利用隧道壁，而不需设立支柱，可按技术要求在隧道壁上任意选取固定位置。

（2）隧道内的跨距受隧道净空的制约，一般常采用小跨距，对于链形悬挂其跨距值可取 25 ~ 40 m，简单悬挂可取 15 ~ 25 m。

（二）吊柱安装技术要求

（1）滑槽嵌入标准要求为不大于 5 mm，严重超标的可能会改变 T 形螺栓受力，必须作为质量问题提报相关单位整改。

（2）吊柱位置。吊柱侧面限界图纸要求为曲线外 2700 mm，直线和曲线内 2800 mm，允许误差 $^{-5}_{+10}$ mm。

（3）垫片（闭合）可采用 1 ~ 3 片，每个垫片厚度宜为 3 mm、5 mm 或 10 mm，最大合计限度（底盘空隙）不应超过 15 mm。否则，应改变底盘与吊柱的加工制造角度。

（4）吊柱受力后，要求为垂直，向受力反方向偏斜 0 ~ 0.5%；初安装时，一般吊柱按向受力反方向倾斜 0.5% ~ 1%施工（吊柱下端向腕臂安装侧倾斜）；悬挂下锚非支腕臂的吊柱，垂直安装，吊柱下端向腕臂反侧倾斜 0 ~ 0.5%。

（5）最终吊柱位置对相邻线路的最小限界应满足建筑限界要求，并注意曲线地段的加宽同时满足受电弓在动态情况下的吊柱的瞬间间隙不小于 200 mm 的要求，直线区段水平晃动 250 mm，曲线区段水平晃动 350 mm。

（6）胸臂底座位置：上底座对于低轨顶面高度为 7 000 mm；下底座对于低轨顶面最低为 5 100 mm。

二、任务实施

（一）施工工艺流程（见图 3-4-1）

图 3-4-1　施工工艺流程

（二）施工组织准备

1. 人员的组织（见表 3-4-1）

表 3-4-1　施工人员组织

序号	项　目	单位	数量	备　　注
1	施工负责人	人	1	全面负责
2	测量人员	人	4	
3	安装人员	人	2	
4	地面配合人员	人	8	
5	防护人员	人	3	车长 1 人，现场 2 人

2. 施工工具准备（见表 3-4-2）

表 3-4-2　施工应用工机具

序号	名　称	规　格	单位	数量	备　注
1	安装作业车		台	1	
2	作业凳	自制 0.9 m 高	个	1	
3	安全带		条	2	
4	接触网多功能测量仪	DJJ	台	1	

续表

序号	名　称	规　格	单位	数量	备　注
5	钢卷尺	2 m/5 m	把	1/1	
6	油　漆	红色	瓶	1	
7	油画笔		支	1	
8	计算器		个	1	
9	记录本		个	2	
10	梅花扳手		套	2	
11	力矩扳手		套	1	
12	小滑轮组		套	1	
13	大　绳	$\phi 16$	条	1	
14	尼龙绳		条	1	
15	小　绳		条	1	
16	安全帽		顶		人均 1 顶
17	工具袋		个	1	
18	支柱斜率测量仪		个	1	
19	滑轮	0.5 t	个	1	

（三）施工方法步骤

1. 需站前提供的滑道检查确认条件

（1）清理槽道表面的混凝土覆盖层及槽道内部的水泥。

（2）做好槽道的标记工作，标出槽道的型号、实际施工里程，便于测量及记录。

（3）标出槽道的测量参照物：隧道中心线（见图 3-4-2）、股道中心线。

图 3-4-2　隧道中心线标记实例

（4）槽道施工单位提供自检表，并由监理签字认可槽道质量合格后，作为移交的基础资料。

自检表应涵盖预埋设计图中要求的全部参数，测量数据应与现场相符，如槽道间距应测量左侧间距、右侧间距等。

（5）槽道施工单位对存在安全质量隐患的槽道、废弃槽道应作出特别书面说明，现场必须作出不合格品明显标记，防止接收单位误施工。

（6）槽道施工单位提供必要的现场测量工具，如测量车平台、游标卡尺、钢卷尺（5 m、50 m）、接地电阻表（测量槽道与综合接地的连接情况），以便现场确认。

2. 施工前检查

施工前，应会同站前施工单位，对槽道预埋质量进行全面检查，并填写记录表。

3. 吊柱安装

（1）吊柱安装采用组装作业台或升降台，先在要安装吊柱的槽道位置处将作业台组装，作业台顶踏面高 8.7 m。

（2）测量安装位置。由两作业人员上作业台，放下线坠并垂吊，地面人员与之配合，测量吊线，台上人员移动线坠，当与限界一致时，用记号笔做记号，再根据吊柱顶端法兰宽度，画出法兰前后两边沿的位置，并剔出槽道内的填充物。

（3）两台上作业人员用钢卷尺和水平尺相互配合测量两边沿线的高差（标准吊柱顶法兰斜 3.5°，高差应为 31 mm），以确定垫片的厚度及位置。

（4）在距吊柱法兰边外 100 mm 处，对角位置各安装一套转向滑轮悬吊支点（吊柱支点固定），并拧紧 T 形螺栓，穿入钢丝套，并挂上 1.5 t 闭口大滑轮、大棕绳，棕绳端垂地，如 3-4-3 所示。

图 3-4-3　隧道吊柱安装

（5）台面人员在距吊柱顶端 1 200 mm 处，将吊柱支持 U 形螺栓临时固定，紧贴其下，用两根钢丝套分别套紧，将两根棕绳各一端系牢在钢丝套上，T 形螺栓临时松弛装在法兰盘上，地面放置时要与吊柱的安装方向一致，避免在空中旋转吊柱。

（6）地面人员分成两组，各牵引棕绳的另一端，同时牵接棕绳，缓缓将吊柱提起，如图 3-4-4 所示。

（7）吊柱升高到位后，作业台人员与地面人员相互配合，将吊柱对到安装位置，作业台上人员将 T 形栓逐个插入槽道内，并旋转 90°，预拧紧 T 形螺栓。

图 3-4-4　吊柱整正实例图

4. 吊柱整正

（1）测量吊柱的斜率及限界值，如不合格，还需卸下吊柱，重新更换垫片或调整角度，再安装吊柱，合格则记录斜率值并继续拧紧螺母，达到紧固力矩值至 120 N · m。

（2）安装吊柱支撑，使支撑处于受拉状态，并将各螺栓拧至额定紧固力矩，取下棕绳滑轮闭口转向滑轮悬吊支点。

三、任务考核

（1）人员：12 ~ 14 人。

（2）操作时间：规定时间为 40 mm。在规定时间内完成，不加分也不扣分；每超时 1 min，从总分中扣 1.5 分；超时 10 min，停止作业。

（3）考核标准：见表 3-4-3。

表 3-4-3　考核记录表

考核项目	分值	序号	考核要求及评分标准	分值	扣分情况	得分
料具准备	20 分	1	作业台、转向滑轮悬吊支点、闭口大滑轮、棕绳、安全带、钢丝套、安全帽、梅花扳手、力矩扳手、充电矿灯、记号笔、水平尺、钢卷尺、线坠、角度仪	15 分		
		2	吊柱、吊柱上下弦杆、连接螺栓、镀锌垫片	5 分		
操作技能	60 分	3	施工准备	20 分		
		4	吊柱安装	20 分		
		5	吊柱整正	20 分		
安全及其他	20 分	6	按规定设置防护	5 分		
		7	安全	10 分		
		8	动作、语言文明	5 分		
规定时间	40 min		操作时间			
合计	100 分			100 分		

任务二　隧道内腕臂安装

【任务描述】

本任务要了解隧道腕臂接触悬挂的特点，安装的技术要求，隧道腕臂安装施工准备、安装、整正的方法。

一、理论部分

（一）隧道内简单悬挂

1. 人字形支持悬挂加定位装置结构

（1）人字形支持悬挂加定位装置，如图 3-4-5 所示。

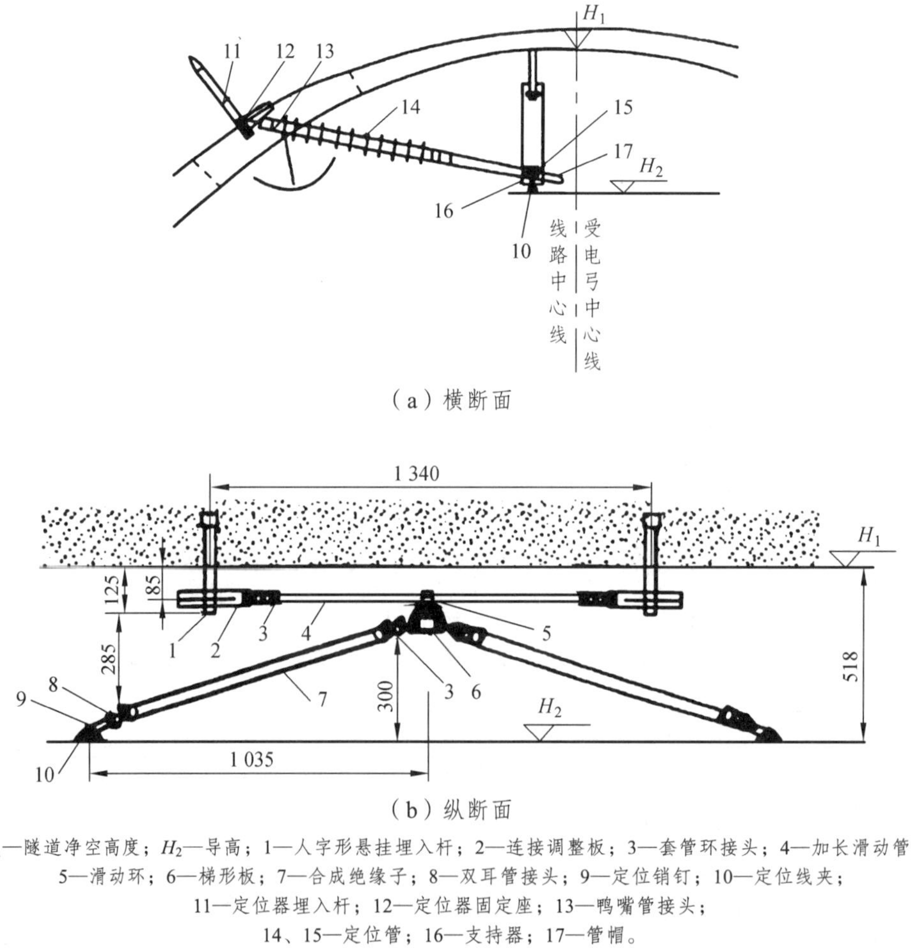

H_1—隧道净空高度；H_2—导高；1—人字形悬挂埋入杆；2—连接调整板；3—套管环接头；4—加长滑动管；5—滑动环；6—梯形板；7—合成绝缘子；8—双耳管接头；9—定位销钉；10—定位线夹；11—定位器埋入杆；12—定位器固定座；13—鸭嘴管接头；14、15—定位管；16—支持器；17—管帽。

图 3-4-5　人字形支持悬挂加装悬挂定位装置示意图

（2）人字形支持悬挂中心锚结装置，如图 3-4-6 所示。

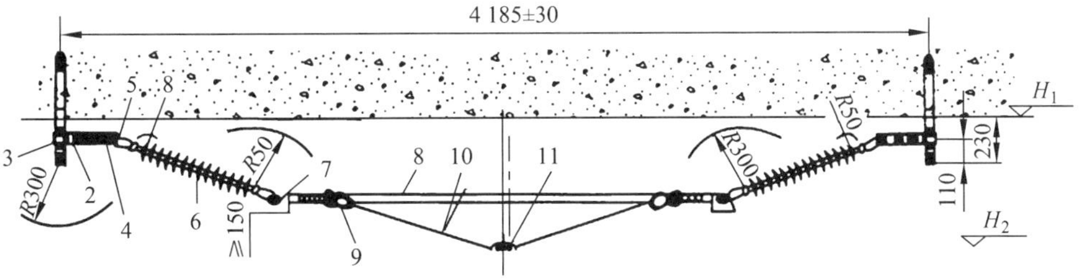

H_1—隧道净空高度；H_2—导高；1—加强埋入杆；2—调整夹；3—销钉；4—双连接板；5—套环管接头；6—合成绝缘子；7—耳端连接板；8—中心锚结梁；9—双耳楔形线夹；10—钢绞线；11—中心锚结线夹。

图 3-4-6　人字形支持悬挂中心锚结装置示意图

2. 弹性支座悬挂装置

弹性支座悬挂装置如图 3-4-7 所示，其中，弹性支架装置是弹性支座悬挂装置的核心，它由弹性轴和辅助装置组成，在机车受电弓经过抬高接触线时，保证受电弓与接触线接触，使接触线弹性均匀。

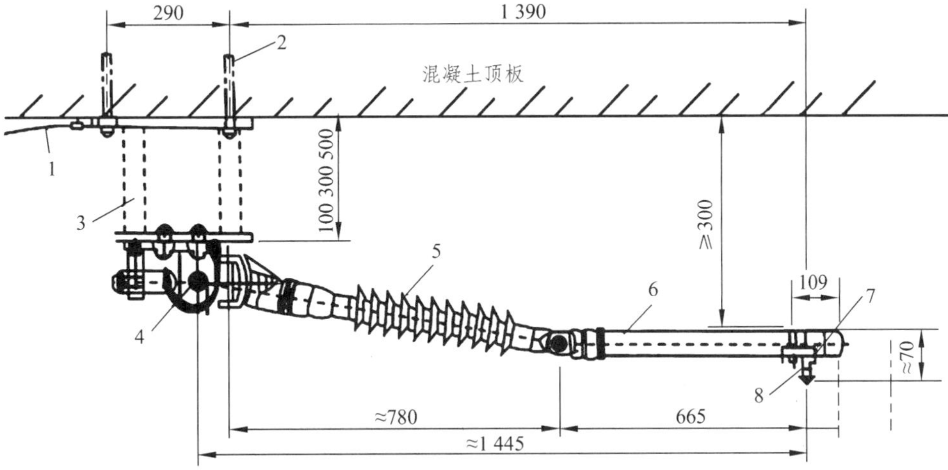

1—接地线；2—锚栓；3—调整底座；4—弹性支架装置；5—绝缘子；6—腕臂管；7—支持器；8—定位线夹。

图 3-4-7　弹性支座悬挂装置示意图

（二）全补偿链形悬挂结构

1. 隧道水平悬挂装置

（1）隧道水平悬挂装置。棒式绝缘子水平悬挂装置如图 3-4-8 所示，整个装置通过悬挂底来调整悬挂高度，并使装置处于水平状态。承力索敷设在悬挂吊滑轮内，这样安装可以不影响承力索顺线路的移动。

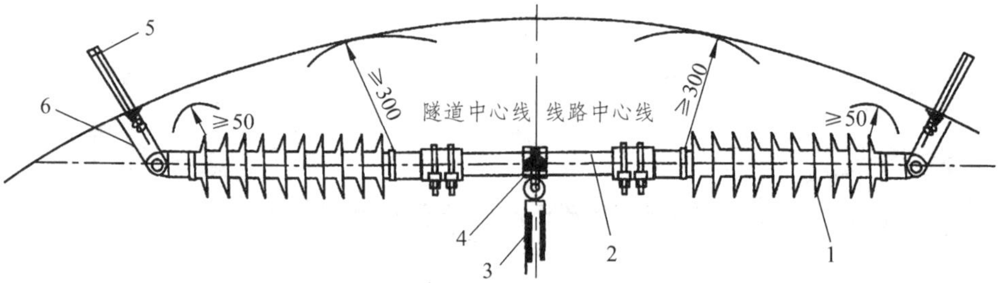

1—腕臂复合绝缘子；2—钢管；3—悬挂滑轮；4—U形挂环；5—预埋锚栓；6—悬挂底座。

图 3-4-8　棒式绝缘子水平悬挂装置示意图

（2）悬式绝缘子水平悬挂装置。悬式绝缘子水平悬挂装置如图 3-4-9 所示。两端硅橡胶绝缘子分别通过增加杵环杆及调整螺栓与悬挂底座相连，通过调整螺栓，使整个装置处于水平状态。悬吊滑轮直接固定在滑轮支架上。

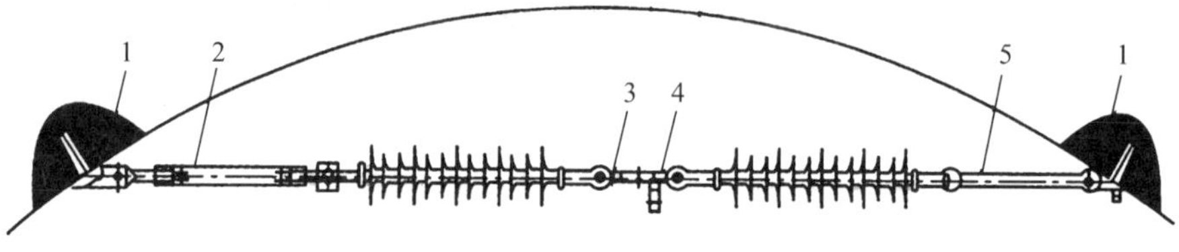

1—水平悬挂底座；2—调整螺栓；3—悬挂滑轮支架；4—悬吊滑轮；5—杵环杆。

图 3-4-9　悬式绝缘子水平悬挂装置示意图

（3）水平单侧悬臂悬挂装置，如图 3-4-10 所示。

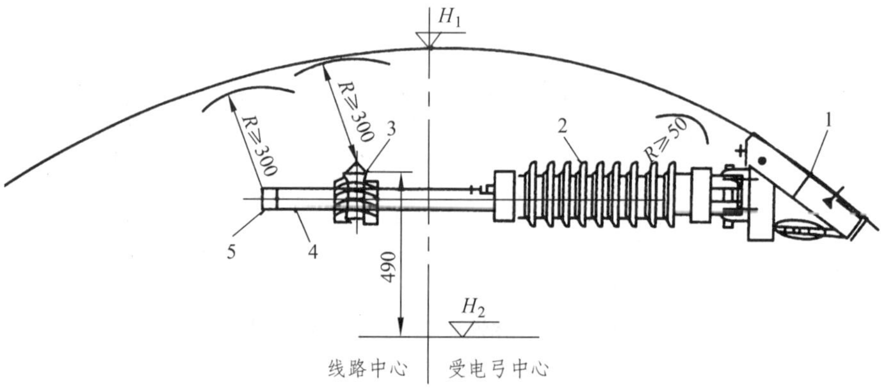

1—可调整底座；2—棒式绝缘子；3—承力索座；4—腕臂管；
5—管帽；H_1—隧道净空高度；H_2—导高。

图 3-4-10　水平单侧悬臂悬挂装置示意图

以上三种隧道腕臂悬挂装置适用于单线水平安装方式，用于单纯悬挂承力索。

2. 水平可调整单支撑腕臂装置

水平可调整单支撑腕臂装置如图 3-4-11 所示。

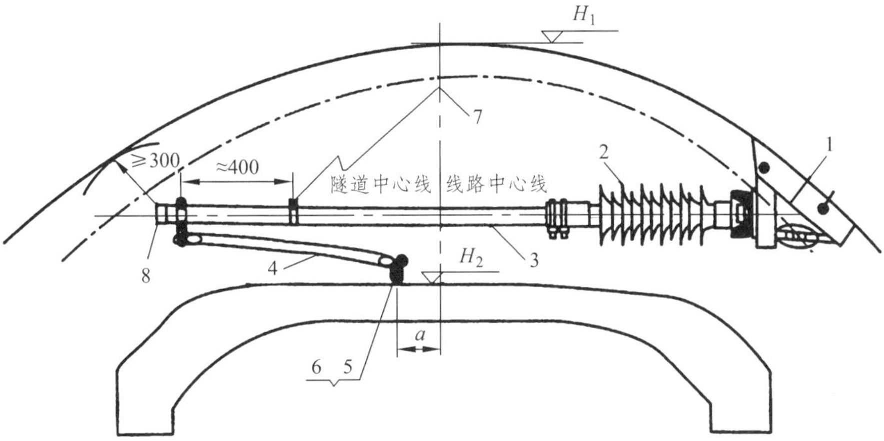

1—可调整底座；2—棒式绝缘子；3—腕臂管；4—定位器；5—定位线夹；6—接触线；7—承力索；8—管帽；H_1—隧道净空高度；H_2—导高。

图 3-4-11 水平可调整单支撑腕臂装置示意图

3. 可调整单支撑定位管装置

可调整单支撑定位管装置如图 3-4-12 所示。

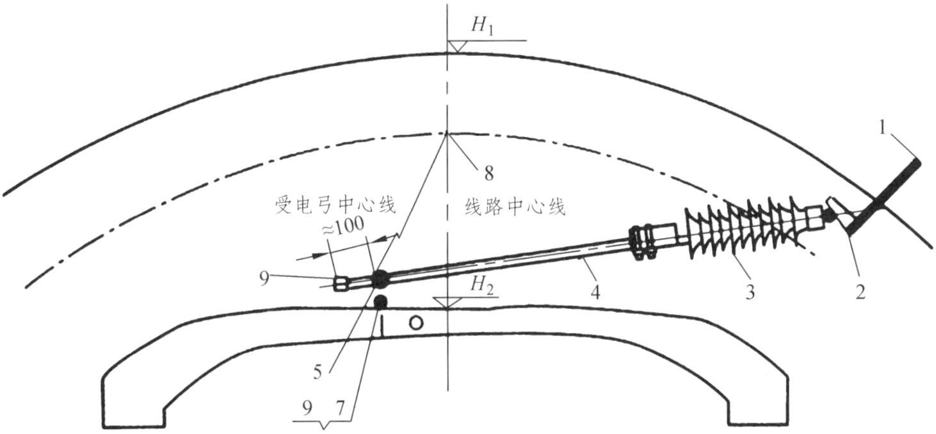

1—化学锚栓；2—悬挂底座；3—棒式绝缘子；4—定位管；5—支持器；6—定位线夹；7—接触线；8—承力索；9—管帽；H_1—隧道净空高度；H_2—导高。

图 3-4-12 可调整单支撑定位管装置示意图

4. 弓形腕臂装置

弓形腕臂装置（图 3-4-13）适用于单线隧道内悬挂、固定接触线及承力索。

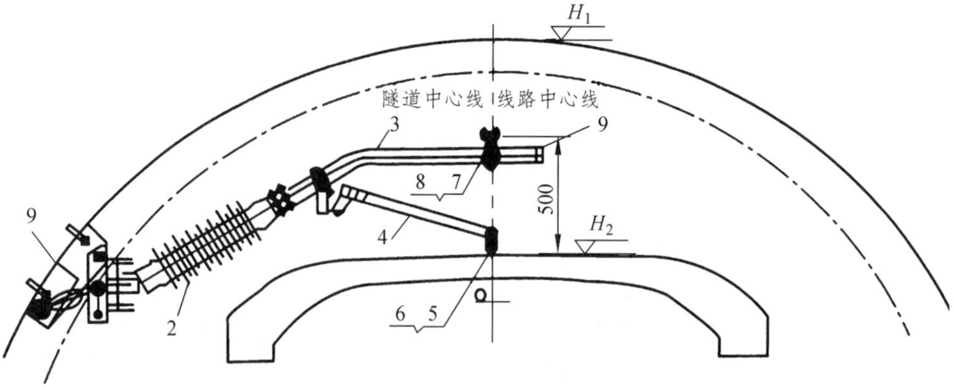

1—可调整腕臂底座；2—棒式绝缘子；3—腕臂管；4—限位定位器；5—定位线夹；6—接触线；7—承力索座；8—承力索；9—管帽；H_1—隧道净空高度；H_2—导高。

图 3-4-13 弓形可调整单支撑腕臂装置示意图

5. 三角腕臂定位装置

三角腕臂定位装置（图 3-4-14）适用于单线、双线隧道内悬挂、固定接触线及承力索。

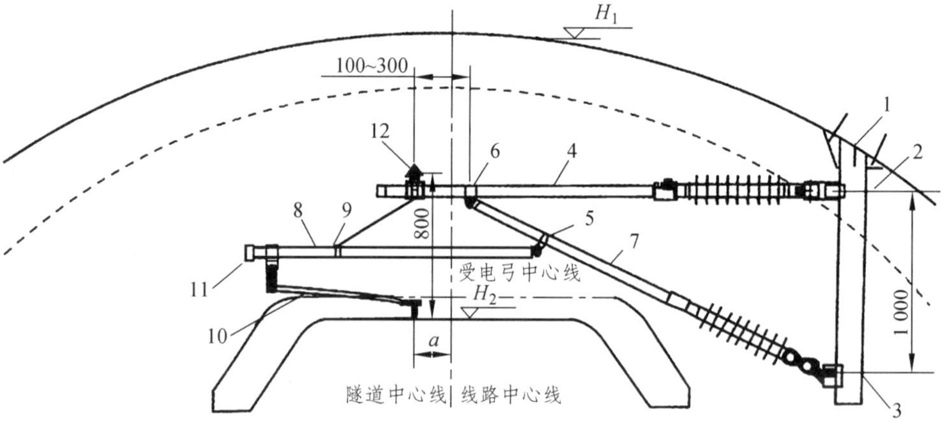

1—吊柱；2—上腕臂底座；3—下腕臂底座；4—平腕臂；5—定位环；6—套管双耳；7—斜腕臂；8—定位管；9—定位管卡子；10—限位定位器；11—管帽；12—承力索座；H_1—隧道净空高度；H_2—导高。

图 3-4-14 三角腕臂定位装置示意图

6. 隧道内接触线高度变化要求

由于隧道内接触线高度低于区间设计高度，因而要求从区间至隧道内的接触线坡度变化一般为 3%，困难情况下不超过 5%，力求平缓过渡，以免使接触线出现硬点影响受电弓取流。

二、任务实施

（一）施工工艺流程（见图 3-4-15）

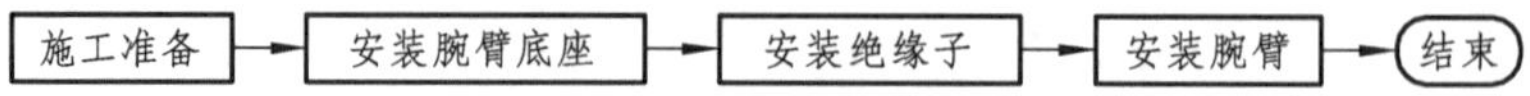

图 3-4-15 施工工艺流程

（二）施工组织准备

1. 施工人员组织（见表 3-4-4）

表 3-4-4 施工人员组织

序号	项　目	单位	数量	备　注
1	施工负责人	人	1	全面负责
2	接触网作业车司机	人	2	正、副司机各 1 人
3	作业人员	人	4	悬挂构件安装
4	作业台操作人员	人	1	负责作业台安全、升降、旋转定位
5	防护人员	人	3	车长 1 人，现场 2 人

2. 施工工机具准备（见表 3-4-5）

表 3-4-5 施工工机具准备

序号	名　称	规格	单位	数量	备注
1	接触网作业车		列	1	液压升、降平台可 120°旋转
2	大绳	ϕ16 mm	条	4	晃绳
3	力矩扳手		套	4	每种螺栓配 4 套
4	木棍		根	2	
5	钢卷尺	50 m	把	1	
6	水平仪		把	1	定位测量
7	塔尺		把	1	定位测量
8	小绳	ϕ10 mm	条	2	传递工具、材料
9	单滑轮	0.5 t	个	2	
10	经纬仪		台	1	
11	油画笔		支	1	
12	安全带		条	4	
13	安全帽		顶	若干	施工人员人均一顶
14	防护工具		套	3	

（三）施工方法、步骤

1. 施工前期准备

（1）隧道吊柱安装完毕。

（2）为提高作业效率，可预先将平、斜腕臂与其各自的绝缘子相连。

（3）道内吊柱腕臂安装由于吊柱位于隧道顶部高空，人员无法直接攀爬至其上方，无法人工安装，必须借助梯车或作业车进行施工。

2. 安　装

（1）安装吊柱腕臂前，必须先调整好吊柱。将腕臂安装配件依安装顺序吊装到作业平台上，作业车行驶至安装地点（即吊柱处）。

（2）停车后，将作业平台抬升旋转到吊柱下方，利用卷尺及激光测量仪测量出底座的安装高度，安装吊柱用上、下腕臂底座。

（3）两人配合抬起斜腕臂（含其绝缘子），将斜腕臂绝缘子与吊柱上的腕臂底座进行连接，然后一人扶住斜腕臂。

（4）另两人抬起平腕臂（含其绝缘子），将平腕臂与吊柱上的腕臂底座进行连接，如图 3-4-16 所示。

（5）两人配合进行平、斜腕臂连接，即连上套管双耳的销钉及开口销，如图 3-4-17 所示。

图 3-4-16　隧道平腕臂安装实例

图 3-4-17　隧道斜腕臂安装实例

三、任务考核

（1）人员：5 ~ 7 人。

（2）操作时间：规定时间为 30 min。在规定时间内完成，不加分也不扣分；每超时 1 min，从总分中扣 1.5 分；超时 10 min，停止作业。

（3）考核标准：见表 3-4-6。

表 3-4-6　考核记录表

考核项目	分值	序号	考核要求及评分标准	分值	扣分情况	得分
料具准备	15 分	1	梅花扳手、力矩扳手、钢卷尺、油性记号笔、安全带	8 分		
		2	腕臂、吊柱用上腕臂底座、下腕臂底座、平腕臂棒式绝缘子、斜腕臂棒式绝缘子	7 分		
操作技能	65 分	3	安装吊柱上、下腕臂底座，并调整上、下腕臂底座水平	20 分		
		4	作业车安装腕臂	45 分		
安全及其他	20 分	5	按规定设置防护	5 分		
		6	安全	10 分		
		7	动作、语言文明	5 分		
规定时间	30 min		操作时间		100 分		
合计	100 分			100 分		

★ 思政链接

一个接触网工长的心路历程，献给所有追梦的人！

追梦，是一个目标，是一段成长历程，也是一个新征程的开始。

李华（图 3-4-18 一名普通的接触网工，他也有自己的梦想，他的梦想就是靠自己勤劳的双手能有所作为，在铁路高速发展的事业上贡献自己的力量。

图 3-4-18　接触网工李华

宜万铁路线开通之初，大山里的生活条件非常艰苦，工作环境也很恶劣，尤其是在长阳站。由于地质的问题，这里的水质很差，以至于人的日常饮水和用水都成了问题。李华当时是一名刚从院校毕业的学生，他却选择了在条件最为艰苦的地方工作，这一干就是七年。

这七年，他曾失望过、退缩过、迷茫过，但他始终没有忘记当初为什么选择干铁路供电这一行，没有忘记为什么选择来到这么偏远的大山深处，更没有忘记作为一名合格共产党员的使命——干出一番事业，为铁路事业做出一点贡献。

七年时间，他始终坚持学习，用专业知识武装自己，参加各种技能比赛锻炼自己，在艰苦的环境里磨炼自己。他通过自己的努力，先后获得路局、段先进生产工作者荣誉，2016 年取得了铁路总公司供电系统技能大赛全路个人项目第 6 名的好成绩，同时获得全路技术能手称号。

梦想起航，不忘初心，继续前行！

模块四　接触网线索架设与调整

模块四课件

本部分包含补偿装置安装、承力索架设、接触线架设、中心锚结安装、定位装置安装、吊弦安装、锚段关节调整、线岔安装、电连接安装、地线安装、附加导线架设等多个项目。主要任务是棘轮、滑轮补偿装置的安装；承力索与接触线终端头制作和承力索与接触线架设；中心锚结的安装；定位装置的安装和拉出值的调整；载流吊弦和弹性吊弦安装；线索和定位装置的调整；交叉线岔和无交叉线岔的安装；电连接的预制及安装调整；接地极和接地线的安装，肩架的安装和附加导线的架设。目的是培养学生具备补偿装置的安装能力、具备承力索与接触线终端头的制作和承力索与接触线的架设能力、具备中心锚结的安装能力、具备定位装置的安装和拉出值调整能力、具备吊弦安装能力、具备线索和定位装置的调整能力、具备线岔的安装能力、具备电连接的预制和安装能力、具备接地极和接地线的安装能力、具备肩架和附加导线的安装能力。

项目一　补偿装置安装

【导　读】

补偿装置安装项目是根据平面布置图与安装图的要求，在保证 b 值符合设计要求的条件下，装配好各种零部件。主要任务是棘轮滑轮装置安装和棘轮（滑轮组）与坠砣、承力索、接触线等设备的连接。

【学习目标】

（1）掌握补偿装置的组成及作用，了解棘轮装置的安装方法，具备补偿装置的安装能力；

（2）掌握补偿装置的技术要求，了解滑轮装置的安装方法，具备补偿装置的安装能力。

【思政目标】

（1）学习先进事迹，感悟工匠精神，用技能武装自己，为我国的铁路事业贡献自己的力量。

（2）引入新技术、新工艺、新材料，激发学生的创新精神和探索精神。

（3）鼓励学生勇于尝试、敢于创新，不断寻求更好的解决方案，提高工程技术的质量和水平。

任务一　棘轮补偿装置安装

【任务描述】

为保持接触网一个锚段中线索张力恒定，在锚段两端加设张力自动补偿装置。本任务是安装高速电气化铁道接触网中普遍使用的棘轮张力自动补偿装置，重点要掌握棘轮补偿装置的安装方法。

一、理论部分

（一）补偿装置的作用及类型

补偿装置能够自动调整线索的张力并保持线索弛度满足技术要求，从而使接触悬挂的稳定性与弹眼性得到改善，提高接触网的运营质量。

张力自动补偿装置有很多种类，如滑轮式、棘轮式、鼓轮式、液压式及弹簧式等。其中滑轮式在我国应用最为广泛；棘轮式更多应用在高铁中；弹簧式在大型站场等受条件限制的地方有所应用；鼓轮式和液压式应用不多，只在个别线路进行了试验性安装。

（二）补偿装置的组成

接触网补偿装置是自动调节接触线和承力索张力的补偿器及制动装置的总称。棘轮式补偿器由棘轮、补偿绳、杵环杆、坠砣杆、坠砣块及连接零件组成。坠砣杆的型号规格，根据其放置坠砣块数量的不同分为三种：17 型、20 型和 30 型。型号中的数字表示坠砣杆所悬挂坠砣的数量。

棘轮补偿装置结构

（三）补偿器的 *a*、*b* 值

a 值：坠砣杆耳环孔中心至补偿（定）滑轮下沿的距离。

b 值：坠砣串最下面一块坠砣的底面至地面（或基础面）的距离。

棘轮补偿装置
a、*b* 值调整

（四）对 *a*、*b* 值的要求

在最低温度时，*a* 值应大于零，在最高温度时，*b* 值应大于零。《接触网运行检修规程》规定，补偿器 *a*、*b* 值的最小值不小于 200 mm，进行接触网设计时，规定 *a*、*b* 值不小于 300 mm。

二、任务实施

（一）施工工艺流程（见表 4-1-1）

图 4-1-1　施工工艺流程

（二）施工组织准备

1. 施工人员准备

施工人员 4、5 人，其中 2 人进行施工安全防护，操作人员做好劳动保护措施。

2. 施工工机具准备（见表 4-1-1）

表 4-1-1　施工工机具

序号	名称	规格	数量	单位	备注
1	作业车		1	台	
2	紧线器		2	副	根据线型选用
3	钢丝套子		2	件	
4	3 t 倒链		1	台	
5	木槌		1	把	
6	钢卷尺	5 m	1	把	
7	棕绳	ϕ12 mm	1	条	
8	安全带		2	条	
9	温度计		1	支	

（三）施工方法步骤

1. 安装底座

（1）司机听从施工负责人的指挥，启动作业车运行至安装地点。施工负责人指挥作业车司机对位，升转作业平台至靠近支柱。

（2）一人一杆，系好安全带，配合作业平台人员，按设计要求安装棘轮补偿底座。承力索、接触线、下锚补偿棘轮排列形式如图 4-1-2 所示。

图 4-1-2　承力索、接触线、下锚补偿棘轮排列形式图

2. 大轮上补偿绳的缠绕步骤

棘轮补偿装置补偿绳更换

（1）补偿绳一端从大轮孔向楔形外壳穿入，套两个线头夹子。套上楔子，绳头穿过两个线头夹子并使线头夹子尽量靠近楔子，压扁线头夹子夹紧补偿绳，露出绳头 60 ~ 80 mm，保证自由状态下楔子不从绳上脱落。

（2）采用木榔头或垫木板敲击方式将楔子装卡在轮体楔套中，敲击力不易过大，保证补偿绳在敲击下不变形，避免采用铁器工具直接敲击补偿绳。

（3）补偿绳自由端装上楔形　　线夹，转动大轮轮体缠绕补偿绳。循序排列，防止绳股之间交错、重叠，保证每圈补偿绳均缠绕在相应的线槽中。缠绕到最后用细铁丝将补偿绳及连接的双耳楔形线夹和棘轮本体扎牢，以免在后续安装过程中发生散乱（安装时去掉铁丝）。

3. 向小轮上绕补偿绳（与承力索、接触线连接）

（1）将补偿绳的两端分别从小轮本体上的楔形套自小端向大端穿过，每端各套上一个线头夹子。套上楔子，绳头穿过线头夹子并使线头夹子尽量靠近楔子，压扁线头夹子夹紧补偿绳，露出绳头 60 ~ 80 mm，保证自由状态下楔子不从绳上脱落。

（2）采用木榔头或垫木板敲击方式将楔子装卡在楔套中，敲击力不易过大，保证补偿绳在敲击下不变形，避免采用铁器工具直接敲击补偿绳。

（3）转动小轮缠绕补偿绳，循序排列，防止绳股之间交错、重叠，保证每圈补偿绳均缠绕在相应线槽中。并将平衡轮装到补偿绳上，绕到较紧处用细铁丝将平衡轮绑扎在棘轮本体上，防止运输、安装过程中出现散乱（安装时去掉铁丝）。

（4）平衡轮上补偿绳的安装如图 4-1-3 所示。

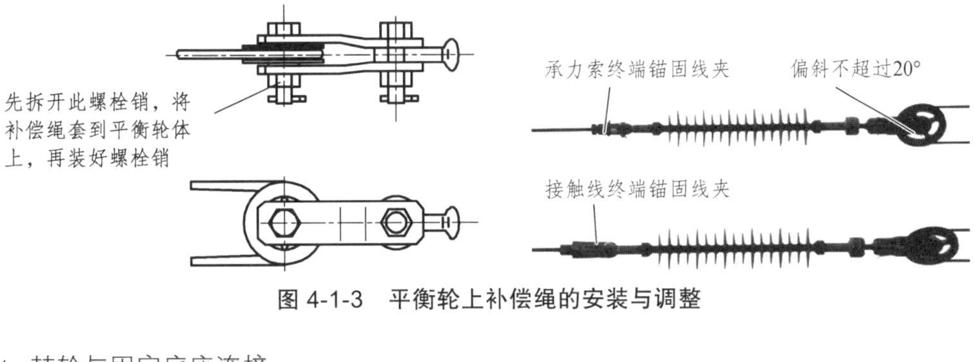

图 4-1-3　平衡轮上补偿绳的安装与调整

4. 棘轮与固定底座连接

（1）棘轮与固定底座连接如图 4-1-4 所示。

（2）从螺栓中抽出销钉，拧开螺母，从补偿轮竖轴中抽出螺栓，在固定底座之间推动补偿轮竖轴，使补偿轮竖轴与固定底座的安装孔对齐。将螺栓从上固定底座穿入，经过补偿轮竖轴一直到下固定底座。将螺栓加上垫片轻轻拧紧螺母。插入销钉，松开并去掉摆动杆上防脱螺栓的螺母，再将摆动杆带轮体一并提起，放入固定底座，重新将防脱螺栓的螺母拧上。

图 4-1-4　棘轮与固定底座的连接

5. 棘轮与坠砣、承力索和接触线连接

1）与坠砣连接

（1）安装条件。

① 从棘轮中心到楔形终端线夹连接点的补偿绳长度已确定，且符合设计要求。

② 制动卡块和轮体中心对齐并连接牢固，轮体应牢牢固定在制动卡块上。

（2）安装连接。

① 按要求量出从轮体中央到楔形终端线夹连接点补偿绳的长度。

② 如需调整补偿绳长度，拆除楔形终端线夹，按标准长度安装上楔形终端线夹。

③ 用 1.5 t 链条葫芦将坠砣串提到楔形终端线夹位置，并与坠砣杆连接牢固。

④ 用 1.5 t 链条葫芦放下坠砣串。

2）与承力索接触线连接

① 将复合绝缘子连接到平衡轮上。

② 承力索或接触线上安装紧线器，再在已设紧线器（即正式落锚）的承力索或接触线上安装另一紧线器，中间串链条葫芦（链条葫芦应拉到最长）。

③ 收紧链条，直到能移动卡块，按设计要求使承力索或接触线靠近棘轮方向，以便将承力索或接触线连到复合绝缘子上。将绝缘子与承力索接触线固线夹连接并固定。

④ 检查所有连接，确认无误后，松开链条葫芦，拆除紧线器和链条葫芦。

6. 棘轮调整

（1）检查制动卡块到轮体间的距离（见图 4-1-5），应为 15 ~ 20 mm，未达标应进行调整，直到达标。

（2）调整间距，首先松开 4 个连接，将制动卡块调整到距轮体 20 mm 处，确认达标后，循环紧固 4 个固定螺母，用力矩扳手检查是否达到设计要求。

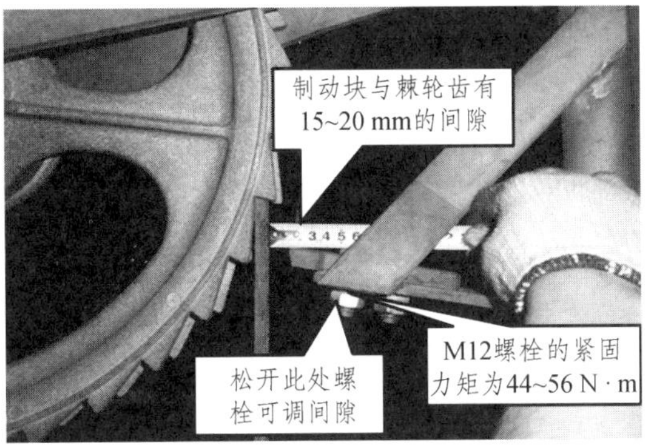

图 4-1-5　棘轮制动间隙检查调整图

7. 隧道内棘轮补偿装置的安装

（1）司机听从施工负责人指挥，启动轨道车运行至安装地点。作业人员卸下安装工具及材料，轨道车返回。

（2）先用水准仪测棘轮安装位置正下方地面与相邻轨道的轨高差，并做好标记。

（3）施工负责人指挥作业车运行至安装料轮位置，作业台上两人，地面作业两人（人工安装在棘轮安装位置搭可拆卸组合作业架）。

（4）作业台上人员转动作业台并升至合适位置，放下卷尺，地面人员与之配合，分别测量出隧道内棘轮固定上框架和下框架的位置，并用记号笔做标记。

（5）由棘轮侧竖槽道中心，吊线坠往下，在最上面的水平槽道上对齐线坠线做记号，在记号往转换吊柱方向 300 mm 处画竖线，即为补偿绳导向轮固定角钢中心位置，再用线坠往下引，分别在下面两根水平槽道上画出坠砣导杆固定角钢安装中心位置。

（6）作业台上两人，根据测量位置，安装隧道内棘轮固定上、下框架，并测量上、下框架间距是否满足安装棘轮装置要求。

（7）安装棘轮装置、承力索和接触线的补偿绳不一样长，按设计要求选择安装，并拉出补偿绳，拉出位置应使坠砣比平均高度高出 500 mm，方便架线后调整 b 值。

（8）安装补偿绳导向轮固定角钢和导向轮，棘轮坠砣补偿绳应穿入导向轮中，导向轮销钉应由上向下穿，然后再安装坠砣导向杆固定角钢。

（9）地面作业人员将双坠砣串连接板，坠砣杆、坠砣串底板，坠砣块，坠砣串板组合成坠砣串，利用作业车小吊机，吊起坠砣串，与作业台上人员配合（人工安装时在棘轮装置下方组装坠砣串，手扳葫芦一头通过钢丝套挂在隧道内棘轮固定下框架上，另一头通过钢丝套挂在双坠砣连接板上，将坠砣串提起），将双坠砣串连接板与补偿绳连接。然后缓下放坠砣串，直至受力。检查导向轮位置是否合适，补偿绳是否入槽。

（10）地面作业人员与作业台上人员配合，安装坠砣杆侧框、坠砣杆联板，观察坠砣串能否在坠砣杆侧框间上下自由串动。完毕后安装坠砣杆保护盖。

三、任务考核

（1）人员：以作业组为单位。

（2）操作时间：规定时间为 30 min。在规定时间内完成，不加分也不扣分；每超时 1 min，从总分中扣 2 分；超时 10 min，停止作业。

（3）考核标准：见表 4-1-2。

表 4-1-2　考核记录表

考核项目	分值	序号	考核要求及评分标准	分值	扣分情况	得分
料具准备	14 分	1	作业车、链条葫芦、活动扳手、棘轮扳手、力矩扳手、滑轮、棕绳、钢卷尺、木槌、尼龙套、胶带、安全用具、防护用具	7 分		
		2	棘轮底座、补偿绳、制动装置、螺栓、销钉、楔形线夹、抱箍	7 分		
操作技能	66 分	3	底座安装	16 分		
		4	大轮上补偿绳缠绕	10 分		
		5	小轮上补偿绳缠绕	10 分		
		6	棘轮连接	20 分		
		7	棘轮调整	10 分		
安全及其他	20 分	8	按规定设置防护	5 分		
		9	安全	10 分		
		10	动作、语言文明	5 分		
规定时间	30 min		操作时间			
合计	100 分			100 分		

任务二　滑轮补偿装置安装与调整

【任务描述】

滑轮补偿装置多用在既有线或新建的普速电气化铁路线路上。本任务是安装滑轮张力自动补偿装置，重点要掌握滑轮补偿装置的安装方法、安装的技术要求。

一、理论部分

（一）轮滑补偿装置的结构

滑轮补偿装置的结构如图 4-1-6 所示。

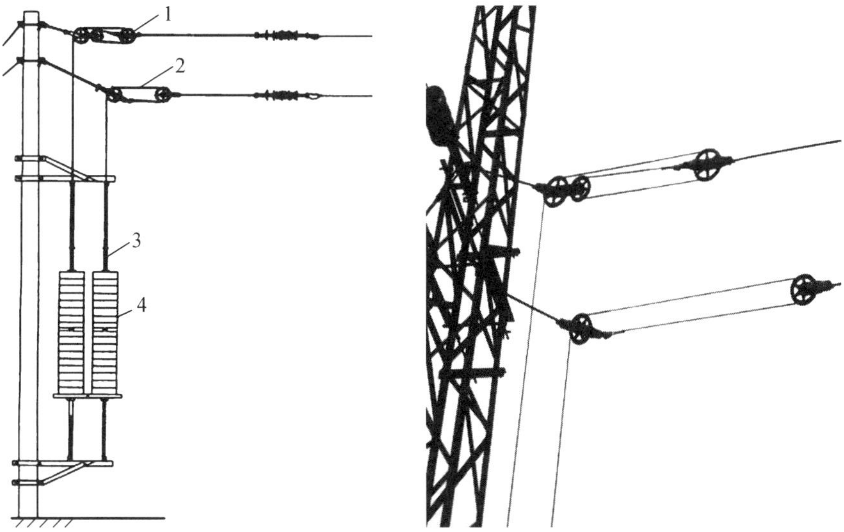

1—补偿滑轮；2—补偿绳；3—坠砣杆；4—坠砣。

图 4-1-6　滑轮补偿装置结构图

（二）补偿装置的技术要求

（1）补偿器的 b 值要符合安装曲线的要求，允许误差 20 mm，b 值最小不得小于 200 mm。在最低温度下的 a 值不得小于 200 mm。

（2）坠砣应完整，砣块叠码整齐，其缺口相互错开 180°。

（3）坠砣应能升降自如，不被卡滞，坠驼串的总重量符合规定，误差不超过 2%。

（4）坠砣应有限制器，限制坠砣的左右摆动，但不妨碍坠砣的升降。

（5）补偿滑轮完整无损、转动灵活，油槽内灌注润滑油；定滑轮槽应保持铅垂状态，动滑轮槽偏转角度不得大于 45°。

（6）补偿绳不得有松股、断股和接头，不得与下锚拉线相摩擦。

（7）制动装置应安装正确，作用良好。卡块式制动装置的制动角块在温度变化时，能在制动框架内自由移动；顶块式制动装置的顶块与大滑轮盘保持 3 ~ 5 mm 的间隙。

（8）各部件受力良好，螺栓紧固，有油。

二、任务实施

（一）施工工艺流程（见表 4-1-7）

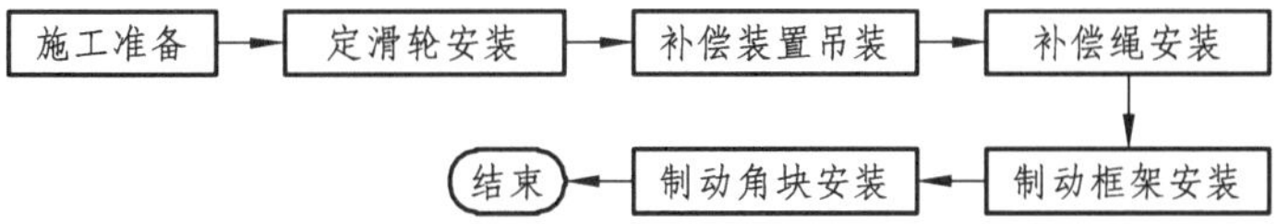

图 4-1-7　施工工艺流程

（二）施工组织准备

1. 人员组织（见表 4-1-3）

表 4-1-3　滑轮补偿装置安装人员组织

序号	人员	单位	数量	备注
1	施工负责人	人	1	全面负责
2	作业人员	人	4	
3	作业车司机	人	2	正、副司机各 1 个
4	卡车司机	人	1	送料
5	防护员	人	3	车站 1 人，现场 2 人

2. 施工的工机具准备（见表 4-1-4）

表 4-1-4　滑轮补偿装置安装所需工机具

序号	名称	规格型号	单位	数量	备注
1	作业车棘轮扳手		台	1	施工作业
2	棘轮扳手		套	4	初安装
3	力矩扳手	10 ~ 200 N · m	套	2	调整力矩
4	温度计		套	1	测温度
5	钢卷尺	15 m	把	1	测 *a*/*b* 值
6	滑轮		个	1	传递材料
7	棕绳	ϕ16 mm	条	1	传递材料
8	钳子		把	1	钳开口销
9	工具袋		个	1	装工具
10	安全帽		顶	6	防护
11	安全带		条	2	防护
12	木槌		把	1	敲击校正
13	手扳葫芦	3 t	套	2	下锚用
14	尼龙套		个	3	用于连接
15	防护用具		套	3	防护
16	脚扣		副	1	攀爬支柱
17	水平尺		把	1	测量水平度
18	钢丝套子		副	2	连接用
19	紧线器	50 ~ 150 mm	副	2	下锚用

（三）施工方法、步骤

1. 安装承力索下锚补偿装置

（1）在水平腕臂底座处挂一单滑轮，用一条白棕绳将定滑轮装置徐徐吊上去，安装在柱顶，为避免补偿绳与锚柱拉线碰磨，安装时应调整叉子装置及上底座，使滑轮靠近线路侧，定滑轮轮子顶沿高出支柱，或在该处的预留孔下沿 100 mm 处，使轮子中心偏向线路侧，以防补偿绳与预留孔壁相触，如因下锚偏角大，无法避免绳与孔壁相触时，需另加一转角滑轮。

（2）把预配好的补偿装置吊上去，并将补偿滑轮安装在下锚角钢上。

（3）把补偿绳的一头放入定滑轮装置中的滑轮槽内，拉下来将双耳楔形线夹与坠砣杆连接。

2. 安装接触线下锚补偿装置

（1）将预制好的补偿绳其中一端的双耳楔形线夹与下锚角钢本体的焊接环连接在一起，并把其中一个带有双环杆的补偿滑轮安在线锚角钢本体预留孔上。使补偿绳的另一端从补偿滑轮中拉下来，将双耳楔形线夹与坠砣杆连接起来。

（2）在距地面 2.4 m 处安装补偿制动框架下角钢，从下角钢向上量出 2.5 m 处安装上角钢，上角钢暂不用拧紧。

（3）将顶管座及导管一同安装好，顶管座与上、下角钢座用螺栓连接时，螺栓一律向下，调整后再将上角钢与支柱拧紧。

（4）将制动角块与带角铁坠砣杆连接，然后将补偿制动角块与补偿制动框架连接起来。

（5）为防止风吹及其他原因使坠砣摆动而侵入限界，一般在距地面 2.3 m 高处安装限界架。补偿制动框架上的拉力弹簧一般在悬挂调整完毕、坠砣对地符合设计以后再进行安装，补偿坠砣则待放线时再进行安装。

三、任务考核

（1）人员：以作业组为单位。

（2）操作时间：规定时间为 30 min。在规定时间内完成，不加分也不扣分；每超时 1 min，从总分中扣 2 分；超时 10 min，停止作业。

（3）考核标准：见表 4-1-5。

表 4-1-5　考核记录表

考核项目	配分	序号	考核要求及评分标准	配分	扣分情况	得分
料具准备	14 分	1	作业车、链条葫芦、活动扳手、棘轮扳手、力矩扳手、滑轮、棕绳、钢卷尺、木槌、尼龙套、胶带、安全用具、防护用具	7 分		
		2	补偿滑轮、补偿绳、制动装置、螺栓、销钉、楔形线夹、抱箍	7 分		

续表

考核项目	配分	序号	考核要求及评分标准	配分	扣分情况	得分
操作技能	66 分	3	定滑轮安装	16 分		
		4	补偿装置吊装	15 分		
		5	补偿绳安装	10 分		
		6	制动框架安装	15 分		
		7	制动角块安装	10 分		
安全及其他	20 分	8	按规定设置防护	5 分		
		9	安全	10 分		
		10	动作、语言文明	5 分		
规定时间	30 min		操作时间			
合计	100 分			100 分		

★ **思政链接**

敬业奉献的深夜蜘蛛侠——接触网工

2019 年 1 月 29 日凌晨，中国铁路总公司成都局集团有限公司贵阳供电段安顺西供电车间的接触网检修工，在夜幕下冒着细雨对沪昆高铁贵阳北至贵安段高约 5 m、长约 5 km 的高铁接触网进行检修，确保春运期间高铁的运行安全。接触网检修工主要负责维修和养护铁路上的供电设备，受高铁运行限制，必须在夜间进行高空作业，所以被形象地称为“深夜蜘蛛侠”。图 4-1-8 所示为接触网工进行柔性接触网定位装置检修维护。

图 4-1-8　柔性接触网定位装置检修维护

项目二　承力索架设

【导　读】

采用链型悬挂的接触网，其放线程序是先架设承力索。从技术角度考虑，当承力索无补偿下锚时，应预先准备好承力索无载弛度、温度安装曲线。有补偿下锚时，应准备承力索补偿坠砣安装曲线。本项目的主要任务是承力索终端头制作和承力索架设。

【学习目标】

（1）掌握承力索终端锚固线夹的结构，会承力索终端头的制作方法、具备承力索终端头的制作能力。

（2）掌握承力索的作用、类型及技术要求，会承力索的架设方法，具备承力索的架设能力。

【思政目标】

（1）承力索架设是铁路、电力等基础设施建设中的关键环节，要求极高的精确度和可靠性。通过课程学习，培养严谨的工作态度，对待每一个步骤、每一个细节都要认真仔细，确保工作的准确性。

（2）承力索架设工作需要多人协作完成，需要团队成员之间的密切配合和相互支持。通过课程学习，培养学生的团队合作精神，学会与他人有效沟通、协作配合，共同解决问题，提高团队的整体效能。

任务一　承力索终端安装

【任务描述】

接触网承力索终端是将承力索与锚柱连接的关键部件。本任务是安装承力索终端，重点是制作端头和安装的施工方法。

一、理论部分

承力索接头制作

承力索终端锚固线夹是将承力索锚段终端的杵环干耳环用销钉相连接，最终将承力索通过绝缘子和锚柱相固定。承力索终端锚固线夹结构如图 4-2-1 所示。

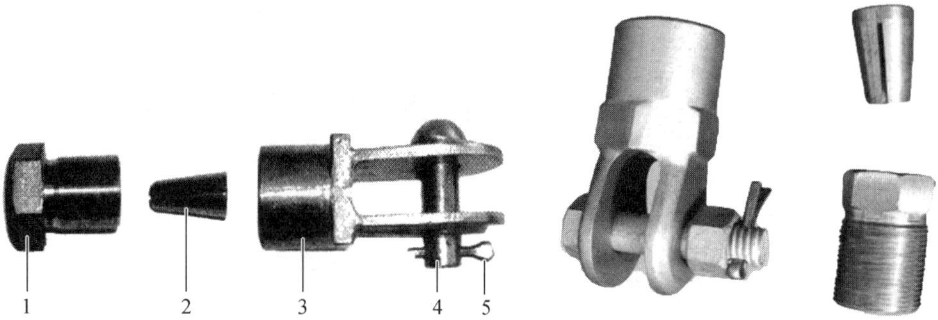

1—调整螺栓；2—镀套；3—双耳终端；4—销钉；5—开口销。

图 4-2-1　承力索终端锚固线夹结构

二、任务实施

（一）施工工艺流程（见图 4-2-2）

图 4-2-2　施工工艺流程

（二）施工组织准备

1. 施工人员组织（见表 4-2-1）

表 4-2-1　施工人员组织

序号	人员	单位	数量	备注
1	施工负责人	人	1	由班组长担任
2	作业人员	人	2	携带个人工具
3	作业防护	人	4	其中驻站联络一人

2. 施工工机具及材料准备（见表 4-2-2）

表 4-2-2　施工工机具及材料

序号	名称	规格	单位	数量	备注
1	汽车		辆	1	接送工用
2	安全帽		顶	若干	每人一顶
3	橡胶锤	1.5 kg	把	1	打楔子用
4	断线钳		把	1	断线
5	记号笔		支	1	回头标记
6	钢卷尺	5 m	把	1	测量回头长度
7	防护用具		套	1	防护
8	电动工具		套	2	回头绑扎

续表

序号	名称	规格	单位	数量	备注
9	工具袋		个	2	传递工具
10	承力索楔形终端线夹		套	若干	施工所需
11	承力索本线绑扎线		m	若干	施工所需

（三）施工方法步骤

1. 承力索终端头安装

（1）先在线头断线处和在距绞线断线 150 mm 处缠上胶带以防绞线张开，如图 4-2-3 所示。截断后必须保持绞线终端光滑，无毛刺，如有则用平板锉除掉，绞线表面必须裸露且无油脂。

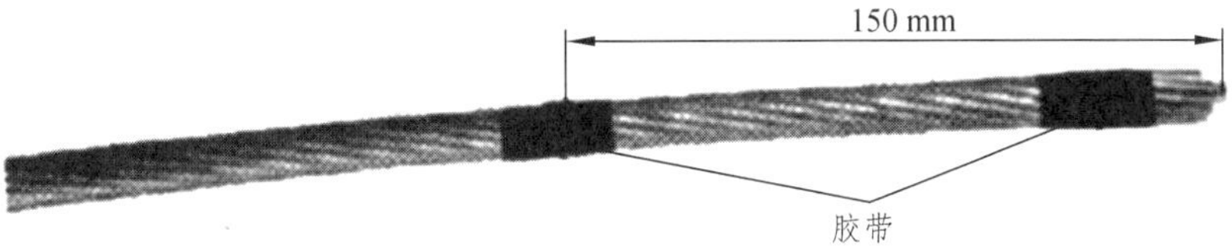

图 4-2-3　绞线上胶带缠绕示意图

（2）将绞线头上的胶带去掉。

（3）将调整螺栓套入绞线并推至第二个胶带处，如图 4-2-4 所示。

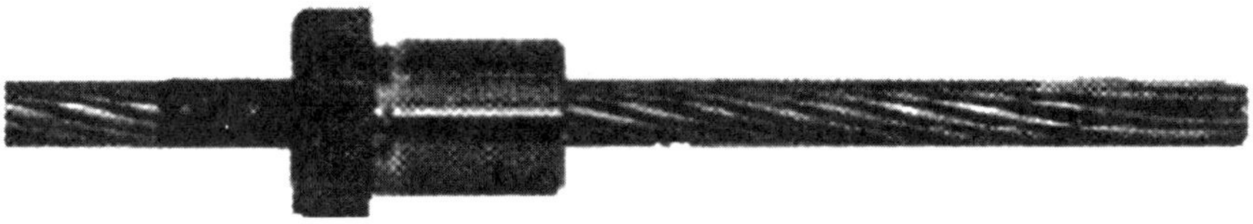

图 4-2-4　调整螺栓套绞线位置图

（4）将锥套右面的绞线散开。

（5）用斜口钳剪下 2 mm 的外层绞线，以便能够固定锥套并校准外面的绞线。

（6）将锥套推入内层绞线，使得锥套的端面与内层绞线的端面平齐。内层绞线不能超出锥套。

（7）将螺纹套滑动到线里，用手按线的扭曲方向旋转，将锥套推入。均匀地在锥套周围张开外层绞线。外层绞线露出螺纹套 5 mm。外层绞线应均匀排列，但不得排在锥套的裂缝处。

（8）旋转双耳终端进入螺纹套，并用手紧固。

（9）再将双耳终端旋出，检查外层绞线在锥套上的分布。如果外层绞线已移动，稍微松开螺纹套，重新排列外层绞线。如果外层绞线没有移动，仍然均匀地分布在锥套上，可以继续安装。

（10）旋转双耳终端进入螺纹套，并用手紧固。

（11）用平扳手将螺纹套的六角形头以一个旋转方向拧紧。

（12）将剩余胶带从绞线上去除。这样，就完成了绞线与锥套式终端锚固线夹之间的连接，如图 4-2-5 所示。然后就可以锚固绞线了。

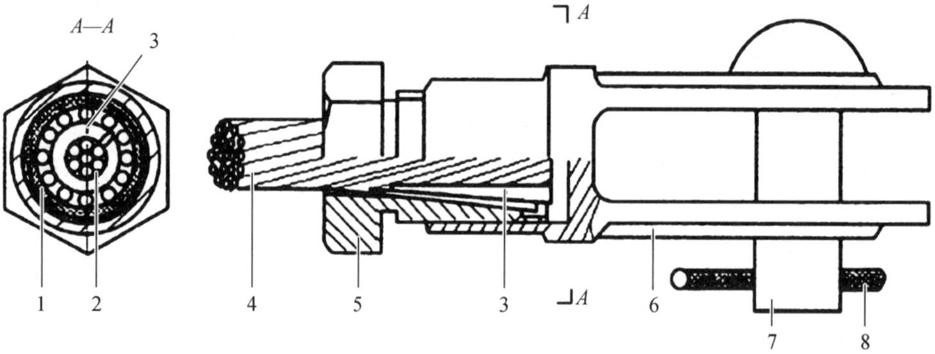

1—外层绞线；2—内层绞线；3—锥套；4—绞线；5—螺纹套；
6—双耳终端；7—销钉；8—开口销。

图 4-2-5　绞线与锥套式终端锚固线夹连接示意图

2. 承力索回头制作

（1）将镀锌钢绞线断口两端各 20 mm 处用 ϕ 1.6 mm 铁线缠绕绑扎两圈，然后用断线钳剪断钢绞线。

（2）拿起钢绞线端头，用钢卷尺（现场用 300 mm 的扳手）从端头起丈量 600 mm 并做好标记。

（3）用一只脚踩住本线，用另一只手扳动端头从标记处挰圈。

（4）用一只手紧握端头在本线两侧用力上提，另一手握紧挰圈，使圈径减小到线径的 3 至 4 倍后缓松开端头和挰圈。

（5）拿起模型线夹，将回头线端头穿过模型线夹，并使模型线夹移动到挰圈圆弧靠承力索本线侧。

（6）拿起回头端头，再从模型线夹内穿过（注意回头断线靠近线夹凸面），同时拉动本线和回头断线，使挰圈进入线夹内。

（7）将模型线夹模子放入线夹摆圈内，再次用力同时拉动本线和回头端线，然后一只手提起承力索回头，另一只手紧握手锤用力敲打模型线夹边缘，如图 4 2 6 所示。

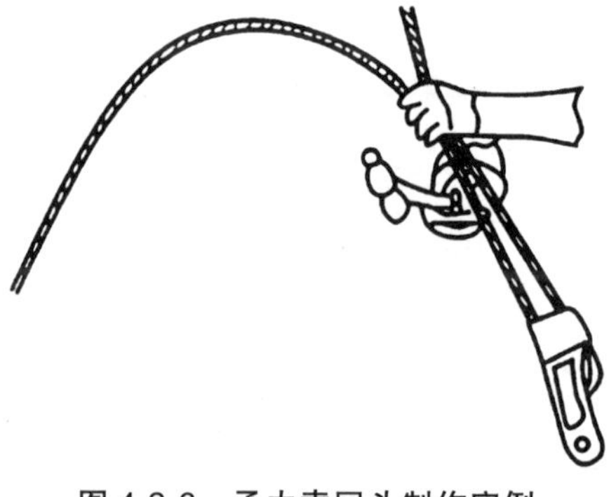

图 4-2-6　承力索回头制作实例

（8）背起回头，两腿叉开，一只手提住回头 ，另一只手握住手锤用力敲打线夹边缘。

（9）反复进行（7）（8）步骤使摞圈圆弧与模子密贴。

（10）在距模型线夹边缘 50 mm、相距 150 mm 处钢绞线上安装一正一反两个钢线卡子。用 ϕ1.6 mm 铁线在距回头端线头 150 mm 处绑扎钢绞线 100 mm，并将绑扎线端头扭转后塞到绑扎线下面。

三、任务考核

（1）人员：以作业组为单位。

（2）操作时间：规定时间为 30 min。在规定时间内完成，不加分也不扣分；每超时 1 min，从总分中扣 2 分；超时 10 min，停止作业。

（3）考核标准：见表 4-2-3。

表 4-2-3　考核记录表

考核项目	分值	序号	考核要求及评分标准	分值	扣分情况	得分
工具准备	10 分	1	钢锯、平板锉、断线钳、螺丝刀、扳手、斜口钳、胶带、防护工具	8 分		
		2	承力索锥套式终端锚固线夹	2 分		
操作技能	70 分	3	缠胶带、断线	20 分		
		4	套入调整螺栓	10 分		
		5	剪断外层绞线	10 分		
		6	固定锥套式终端锚固线夹	30 分		
安全及其他	20 分	7	按规定设置防护	5 分		
		8	安全	10 分		
		9	动作、语言文明	5 分		
规定时间	30 min		操作时间			
合计	100 分			100 分		

任务二　承力索架设

【任务描述】

接触网承力索架设是接触网施工中的重要环节，由于线索在架设中需要一定的张力，一般采用轨道恒张力放线车进行作业，本任务重点要掌握承力索架设的施工方法。

一、理论部分

（一）承力索作用

承力索是链形悬挂的主要组成部分之一，它通过吊弦将接触线悬吊起来，承受接触线重量，改善接触悬挂弹性，并增加接触悬挂重量，提高稳定性。同时，承力索还可承载部分牵引电流，减小牵引网阻抗，降低电压损耗。

（二）承力索的材料

承力索根据材质可分为铜承力索、钢合金承力索、铝包钢承力索。钢绞线强度高，成本低，导电性能差，易锈蚀，施工和维护较困难。铝包钢承力索的钢芯为绞合型，钢芯外面包覆一层全密封的铝包覆层，既保证了强度，又具有一定的载流能力。而且铝包钢承力索较钢绞线直流电阻小，减小了电损。同时其外覆的铝层也具有良好的防腐效果。铜绞线导电性能好，耐腐蚀，施工和维护方便，但成本高。

为了提高受流能力和适应高速铁路接触网大张力设计的要求，目前高速铁路电气化承力索均采用镁铜合金绞线。

（三）承力索的架设方法

普速铁路承力索架设一般使用轨道车牵引的架线车组，利用封闭时间占用线路作业，目前多采用小张力放线法，由车上与车下两组人员共同配合完成，先由放线车将线索展放，再由地面人员进行紧线、下锚。通常情况下，架设一个锚段的承力索需占用线路时间 1.5 h 左右，包括作业时间及车辆运行时间。

高速铁路承力索架设宜采用恒张力架线车架设，如采用进口普拉赛恒张力架线车，其放线张力大于 8 kN。恒张力架线车自带动力，利用车上旋转、升降作业平台完成起锚、落锚作业，可节约大量地面作业人员，提高工效，缩短线路占用时间，而且安全可靠性也大大提高。

（四）承力索架设基本要求

承力索架设过程是在占用线路的条件下进行。因此，最大限度地缩短线路占用时间，保证架线质量及安全是至关重要的。基本要求如下：

（1）做好架线前的各项准备工作，确保架线顺利进行。

（2）改进架线方法，改善架线机具，提高效率，提高机具安全的可靠程度。

（3）尽可能做到一次紧线成功，减少后期对绝缘子及 a、b 值的调整。

（五）施工质量要求

（1）承力索及终端锚固线夹的规格、型号应符合设计要求，安装工艺符合标准。

（2）承力索应按设计锚段长度对号架设并不得有接头。

（3）补偿张力应符合设计要求，补偿坠砣串的重量允许偏差为 ± 1%。

（4）承力索架设应使用张力架设。

二、任务实施

（一）施工工艺流程（见图 4-2-7）

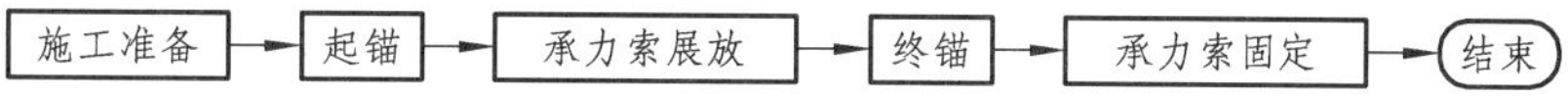

图 4-2-7　施工工艺流程

（二）施工组织准备

1. 施工人员组织（见表 4-2-4）

表 4-2-4　施工人员组织

序号	项　目	单位	数量	备　注
1	组　长	人	1	负责架线全过程的全面指挥工作
2	副组长	人	1	由作业队技术人员担任
3	起锚人员	人	2	
4	落锚人员	人	2	
5	作业人员	人	4	
6	司助人员	人	3	架线车 2 人，吊车 1 人
7	防护人员	人	3	车站 1 人，现场 2 人

2. 施工工机具准备（见表 4-2-5）

表 4-2-5　施工工机具

序号	名　称	规　格	单位	数量	备　注
1	恒张力放线车		组	1	
2	平板车		辆	1	装备用线盘
3	轨道吊车		辆	1	吊线盘用
4	放线滑轮	闭口	个	160	采用尼龙滑轮
5	断线钳	弧口	把	1	落锚用
6	手扳葫芦	3 t	个	1	落锚用
7	铁线套子		个	160	挂放线滑轮
8	紧线器		套	1	夹承力索用
9	紧线器		套	2	夹补偿绳用
10	棕　绳	$\phi 12\times 10$ m	条	2	传递线条用

续表

序号	名　称	规　格	单位	数量	备　注
11	棕　绳	ϕ20×15 m	条	2	起、落锚各1条
12	棕　绳	ϕ20×50 m	条	2	张力盘上引导线条用
13	安全帽		顶	若干	每人1顶
14	安全带		条	2	
15	脚　扣		套	2	起落锚各1套，型号根据杆型定
16	防护用具		套	各3	防护及行车指挥用
17	温度计	摄氏	个	2	起落锚各1个
18	钢丝套		个	4	临时固定坠砣用
19	工具袋		个	2	
20	电工工具		套	若干	每人1套
21	喇　叭	或口笛	个	2	
22	报话机		台	4	
23	钢卷尺	5 m	把	3	起落锚各1把，作业车上1把
24	长钩子	3 m	个	1	钩正腕臂用
25	棉　纱		kg	若干	打回头
26	开口扳手		把	2	起、落锚用安装终端锚固线夹用
27	6T大滑轮		套	1	下锚用
28	滑轮组		套	1	

3. 施工材料准备（见表4–2–6）

表4-2-6　施工材料

序号	名称	规格	单位	数量	备注
1	承力索	JTMH120/ JTMH95	km	若干	与锚段相配套
2	承力索终端线夹	设计型号	套	若干	每锚段2套
3	复合绝缘子	设计型号	套	若干	

（三）施工方法步骤

1. 施工前检查准备

（1）检查架线锚段的支柱装配及补偿装置是否安装正确，并调查所架设锚段范围内线路附近、线路上方电力线等干扰情况。

（2）加固腕臂，复线区段曲线处每隔一跨加固一次，方法如图 4-2-8 所示。铁线不宜过紧，能承受紧线时腕臂偏移力即可。单线区段曲线内侧支柱腕臂加固方法如图 4-2-9 所示。转换柱采取将工作支与非工作支用双股ϕ4.0 mm 镀锌铁线绑在一起的方法来固定。

（3）检查架线机械、工具和材料的质量及数量是否符合作业要求，并将工具和材料装在架线车组上。

（4）起锚人员提前到达现场，检查支柱强度及拉线、坠砣及补偿等是否达到要求。

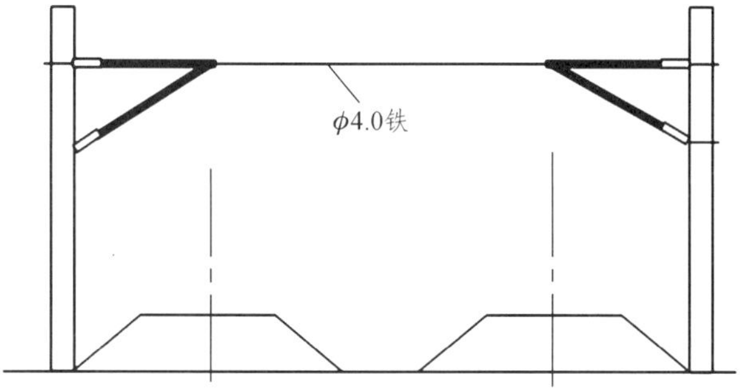

图 4-2-8　曲线支柱腕臂对拉固定示意

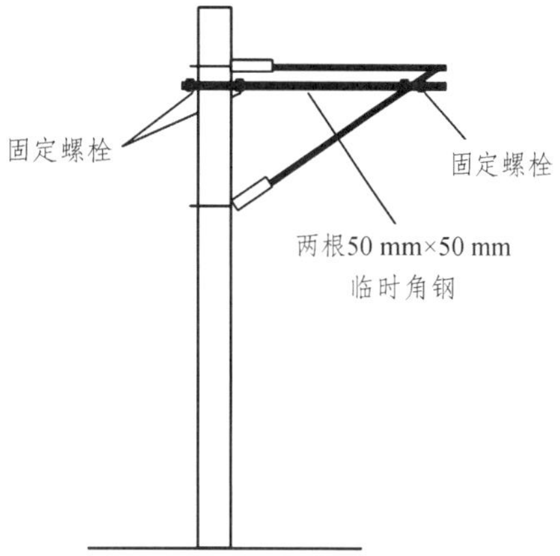

图 4-2-9　曲内柱腕臂固定示意

（5）将需架设的承力索线盘用吊车装到放线架上并固定，在吊装过程中注意检查线头方向是否正确，检查线盘号与锚段号是否符合，打开线盘后检查线索质量。

（6）技术人员应按设计图纸提前做好放线计划及示意图，发给各项施工负责人每人一份。

（7）提前将架线请点要求及架线作业计划表提交给线路临管单位，将放线车组停放在临建车站，架线当天架线人员在封闭点前提前 1 h 到达。

2. 安装终端线夹

（1）放线前应事先将起锚端的锥套式终端锚固线夹安装好，为放线做好准备。

（2）施工负责人填写施工记录，主要安装人员应在记录上签字，即实行质量责任制。

3. 起　锚

（1）接到线路封锁命令后，架线车组运行至起锚支柱位置停车。

（2）架线作业人员人工转动线盘与绞盘，将线索端头已安装好的终端锚固线夹拉到补偿装置附近。

（3）司机按程序操作，将立柱升到工作高度，同时将立柱滑轮托架落到最低位置。

（4）架线车上 2 位作业人员上作业平台组装绝缘子等起锚零件，旋转平台靠近锚柱补偿装置位置处。

（5）架线车上人员应根据放线计划表看起锚是否穿线，如需穿线，则架线车停在需穿线位置然后穿线。

（6）起锚人员将承力索终端锚固线夹和复合绝缘子连接后与补偿绳连接。

（7）作业车平台归位，起锚人员下杆，起锚完成，如图 4-2-10 所示。

（a）架线车起锚实例　　（b）人工起锚实例

图 4-2-10　起锚施工实例

4. 承力索展放

（1）开始架线作业，平台上 1 人观察线条的走向，1 人负责指挥司机操作，如图 4-2-11 所示。

图 4-2-11　承力索展线实例

（2）向前运行至转换柱时停车。1 人负责扳正腕臂并在平腕臂端部悬挂滑轮，2 人抬起承力索放入承力索支撑线夹处的滑轮内，如图 4-2-12 所示。为防止ϕ4.0 铁线套子在线索架设过程中磨损腕臂管，要求制作铁丝套时在腕臂一端套上胶皮套子或使用小绳悬吊滑轮。

（3）架线车离开转换柱后以 3～5 km/h 的速度匀速前进，并在线盘处施加张力，采用小张力架设张力宜控制在 1～3 kN，采用恒张力架设宜控制在 8 kN。人工架设不得使线索拖地，在每个腕臂处将承力索放置于滑轮内。

图 4-2-12　承力索悬挂

（4）指挥人员与起锚人员随时联系，掌握起锚处的变化状况。

（5）到达落锚柱前的转换柱并悬挂承力索后，对线盘张力加大，小张力架线加大至 5～6 kN，恒张力架线加大至 10 kN，架线车作业平台行至锚柱处停止展放，准备落锚。

5. 落　锚

（1）落锚前将作业台转向锚柱，并使架线车拨线柱整体倾向下锚侧（田野侧）。

（2）落锚人员在承力索适当位置安装紧线器、手板葫芦，用链条葫芦把补偿装置与承力索连接。

（3）小张力或人工架设承力索落锚时先在转换柱与锚柱间安装紧线器和滑轮组，将承力索拉紧后，再在承力索适当位置安装紧线器、手板葫芦，用链条葫芦把补偿装置与承力索连接。

（4）下锚人员开始摇动手板葫芦紧线，起、落锚人员观察坠砣串及 b 值，当张力达到额定张力后，通知紧线人员停止紧线。

（5）司机将架线车拨线立柱缓慢下落，线索脱离。

（6）将紧线器向落锚方向的承力索端头拉起，与补偿装置连接的复合绝缘子对位，量出断线位置（在起锚、落锚坠砣高度按图 4-2-13 所示调节，符合设计要求的情况下）。

图 4-2-13　承力索人工落锚实例

（7）断线后，严格按照《承力索锥套式终端锚固线夹安装（拆卸）》要求，安装终端锚固线夹。

（8）将承力索锥套式终端锚固线夹与落锚补偿装置的复合绝缘子连接牢靠。

（9）缓慢放松手板葫芦后，拆除手板葫芦和紧线器，作业平台归位，完成落锚。

（10）架线人员将剩余线头收回线盘并临时固定，用架线车落锚，如图 4-2-14 所示。

（11）如封闭时间可完成架线，施工负责人指挥架线人员吊装线盘，重复上述程序架设另一锚段。

图 4-2-14　架线车落锚实例

6. 结束施工

（1）架线车液压装置复位，作业台落到最低位，并把作业台回转锁定销放到锁定位。

（2）架线车回返，检查全锚段承力索悬挂状况，人员、机具、材料全部撤出施工现场，检查无问题后，架线车在封闭点内返回车站。

（3）施工负责人填写施工记录。

7. 施工后质量检查

（1）检查落锚支柱向拉线的倾斜率是否符合 10 ~ 15 mm/m，拉线是否已经受力。

（2）按设计要求和验收标准检查材料质量。

（3）复线曲线处加固应根据曲线半径和承力索的张力计算垂直张力大于水平张力时，方可采取加固措施。

（4）承力索下锚终端线夹安装严格执行《承力索锥套式终端锚固线夹安装（拆卸）》作业指导书的要求，确保一次安装到位达标。

（5）放线宜采用恒张力架线车，行驶速度为 3 ~ 5 km/h，承力索架线张力为 8 kN。

（6）架线前坠砣宜固定在一定高度，起锚侧补偿宜绑死，中锚安装后再松开。

（7）坠砣杆的焊口方向与坠砣串的开口方向交错角为 90°，坠砣重量标示应位于线路侧。

三、任务考核

（1）人员：10 ~ 12 人。

（2）操作时间：规定时间 45 min。在规定时间内完成，不加分也不扣分；每超时 1 min，从总分中扣 2 分；超时 10 min，停止作业。

（3）考核标准：见表 4-2-7。

表 4-2-7　考核记录表

考核项目	分值	序号	考核要求及评分标准	分值	扣分情况	得分
料具准备	10 分	1	作业车、作业凳、激光测量仪、链条葫芦、断线钳、紧线器、放线滑轮、棕绳、钢卷尺、记号笔、安全用具、防护用具	7 分		
		2	承力索、承力索终端锚固线夹、绝缘子	3 分		
操作技能	70 分	3	承力索终端锚固	15 分		
		4	起锚	15 分		
		5	承力索展放	10 分		
		6	终锚	15 分		
		7	承力索固定	15 分		
安全及其他	20 分	8	按规定设置防护	5 分		
		9	安全	10 分		
		10	动作、语言文明	5 分		
规定时间	45 min		操作时间			
合计	100 分			100 分		

★ 思政链接

铁路线上的“全能人”——接触网作业车司机

在铁路线上，许许多多的普通职工为着同一个方向不断地努力着。而这里面有一个工种虽然很普通，却肩负着很大的使命，那就是——接触网作业车司机。

为什么要这样说呢？那是因为，作为一名接触网作业车司机并不仅仅只要会开车就行。他还必须学会许多技能，比如修理，日常施工作业中，接触网作业车常常会出现各类的大小故障，若司机不懂得如何排除和维修，那么影响的就不仅仅是一个天窗作业点的进度，严重了还会影响到线路的运输行车，造成重大损失。

其次作业车司机还要学会车辆的保养，有道是工作行不行，就看平常做得好不好。日常的维护和定期的车辆保养就是很重要的一个环节，也是每一个作业车司机都要坚决遵守的一项制度。

接下来就是清洁，每一辆接触网作业车对于司机来说它不仅仅是一辆车，一个工作，它更像是一个移动的家，因为作为一名司机，待在车上的时间总要多余待在自己的家，所以生活在那里就要有一种家的感觉，否则不光心情不好，工作也会不顺。而好的环境恰恰就能给人带来好的感受，因此整洁的环境是必不可少。

最后呢，作为一名司机最主要的当然就是行车，行车安全大如天，这话一点儿都不假，若是保障不了安全行车，那么如何保证施工作业的安全性？所以作为一名接触网作业车司机，就要对驾驶技能掌握，并且对信号知识充分理解，熟练运用 GYK 运行监控装置和无线调度通信设备。但是，只要做到这些就能成为一名合格的接触网作业车司机吗？当然不是。能够做到这些，只能算是成为一名司机，但还不算一名合格的司机。那是因为，作为司机，在行车中，工作中，最重要的是始终保持一颗责任心。只有拥有责任心，才能称得上一名合格的司机。

在众多接触网作业车司机里，郑州铁路局洛阳供电段大修工程队的作业车司机就是其中的佼佼者，如图 4-2-15 所示。大修工程队（原大修车间）于 1998 年成立至今，一直致力于段管内各个线路的大型施工，维护和抢修。而作为工程队的一员，轨道车司机多年来也始终贯彻大修精神，不怕苦，不怕累，为铁路安全奉献出自己的一分力量。

图 4-2-15　郑州铁路局洛阳供电段大修工程队的作业车司机

项目三　接触线架设

【导　读】

接触线的放线程序与承力索相同，起、终锚也类似。接触线放线中为了减小接触线弛度，需临时系定。本项目的主要任务是接触线终端头制作和接触线架设。

【学习目标】

（1）掌握接触线终端锚固线夹的结构，了解接触线终端头的制作方法，具备接触线终端头的制作能力。

（2）掌握接触线的作用和类型，了解接触线的架设方法，具备接触线的架设能力。

【思政目标】

（1）学习先进人物事迹，理解“宝剑锋从磨砺出，梅花香自苦寒来”，在艰苦的环境中磨砺自己的意志与技能。

（2）引导学生认识到接触线架设工作对于铁路和城市轨道交通建设的重要性，以及对于社会经济发展的贡献。

任务一　接触线终锚端头安装

【任务描述】

接触线是接触网重要的组成部分，电力机车运行受电弓滑板直接与接触线摩擦，并获得电能。本任务重点是终锚端头线夹的安装和接触线架设的方法。

一、理论部分

接触线接头制作

（一）接触线终锚线夹的作用

接触线端头线夹是接触网锚段起锚和终锚时接触线与终锚绝缘子相连并和锚柱固定的连接件，要求具有一定的抗拉机械强度。图 4-3-1 为接触线端头实例。

图 4-3-1　接触线端头实例图

（二）接触线终锚线夹的结构

接触线终端锚固线夹由锥形线夹、夹线锥套、带有开口槽的锥形销、销子等几部分组成，如图 4-3-2 所示。

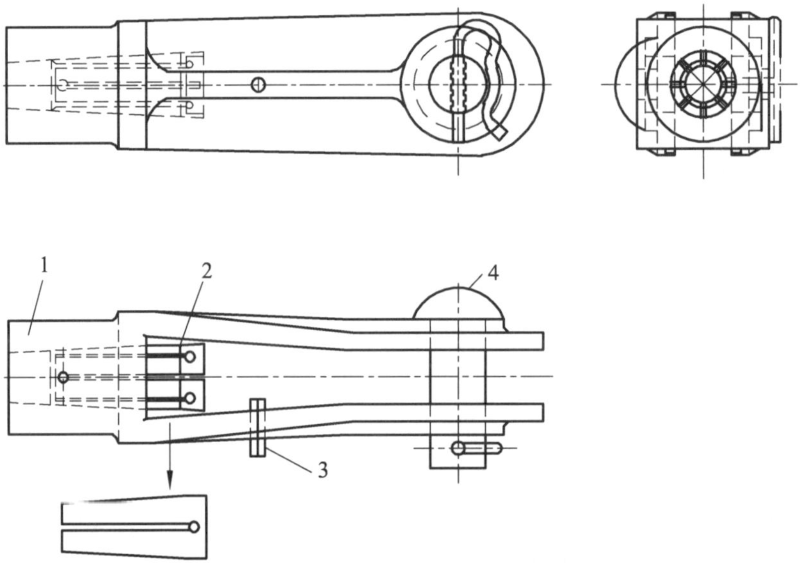

1—锥形线夹；2—夹线锥套；3—带有开口槽的锥形销；4—销子。

图 4-3-2　接触线终端锚固线夹结构图

二、任务实施

（一）施工工艺流程（见图 4-3-3）

图 4-3-3　施工工艺流程

（二）施工人员组织准备

1. 施工人员组织（见表 4-3-1）

表 4-3-1　施工人员组织

序号	项　目	单位	数量	备　　注
1	组　长	人	1	负责架线全过程的全面指挥工作
2	副组长	人	1	由作业队技术人员担任
3	起锚人员	人	2	
4	落锚人员	人	2	
5	作业人员	人	4	
6	司助人员	人	3	架线车 2 人，吊车 1 人
7	防护人员	人	3	车站 1 人，现场 2 人

2. 施工工机具及材料（见表 4-3-2）

表 4-3-2　施工工机具及材料

序号	名称	规格	单位	数量	备注
1	接触线	CTMH150 或 CTS120	km	定盘	锚段长度
2	接触线锥套式终端锚固线夹		套	2	每锚段 2 套
3	复合绝缘子	按施工图定	套	2	每锚段 2 套
4	紧线器		副		紧线工具
5	断线钳		把		断线用
6	记号笔		个		做标记
7	手板葫芦	3 t	副		紧线
8	橡胶锤		个		打击楔子用

（三）施工工艺流程

1. 施工前准备工作

（1）在锥套外表面涂一层润滑脂，仅需少量，涂抹即可，新产品在出厂时已经涂过。避免使接触线及锥套内表面沾上油脂。

（2）切割导线并锉光棱角。

2. 终端头制作

（1）把椎套本体从接触线端头推入。开口销钉的作用是阻挡线夹椎套，接触线的端头应突出线夹椎套 15 mm，如图 4-3-4 所示。

（2）尽量往外拉导线，与此同时用拇指向下压线夹椎套。

（3）导线端头要控制为 15 mm，如图 4-3-5 所示。如果导线端头长于 15 mm，可以用一个带尖的东西撬开线夹椎套，然后向后拉导线即可。

（4）用榔头敲击椎套本体的尾部，以便线夹椎套的槽卡住导线。

（5）穿上销钉并装好开口销。

图 4-3-4　线夹椎套与接触线端头位置图

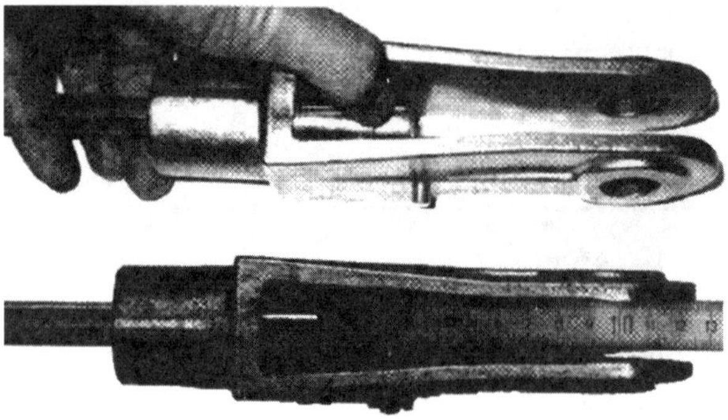

图 4-3-5　导线端头位置测量对比

三、任务考核

（1）人员：3～4 人。

（2）操作时间：规定时间为 20 min。在规定时间内完成，不加分也不扣分；每超时 1 min，从总分中扣 2 分；超时 10 min，停止作业。

（3）考核标准：见表 4-3-3。

表 4-3-3　考核记录表

考核项目	分值	序号	考核要求及评分标准	分值	扣分情况	得分
料具准备	14 分	1	断线钳、钢锯、平板锉、扳手、安全用具、防护用具	12 分		
		2	接触线锥套式终端锚固线夹、润滑脂	2 分		
操作技能	66 分	3	涂润滑脂	6 分		
		4	接触线切割、挫平棱角	15 分		
		5	锥套本体安装	20 分		
		6	接触线端头固定	15 分		
		7	销钉安装	10 分		
安全及其他	20	8	按规定设置防护	5 分		
		9	安全	10 分		
		10	动作、语言文明	5 分		
规定时间	20 min		操作时间			
合　计	100 分			100 分		

任务二　接触线架设

【任务描述】

本任务是在接触线终锚线夹施工任务完成后，进行接触线的张力架设，重点要掌握施工过程中接触线的起锚到落锚的全部作业方法。

一、理论部分

（一）接触线的作用

直接与电力机车受电弓滑板接触，将电能输送给电力机车。

（二）接触线的类型

1. 铜接触线

根据截面不同，目前使用较多的有 TCG110、TCG100、TCG85 三种。TCC110、TCG100 主要用于站场正线区间；TCG85 主要用于站场侧线。其型号意义：TCG 表示铜接触线（T 表示铜接触线、C 表示电车用、G 表示带沟槽），110、100、85 表示接触线的横截面积。

2. 钢铝接触线

钢铝接触线以铝作为导电部分，与受电弓滑板磨耗的工作面为钢。既保证导电性能又提高了机械强度，而且增加了耐磨性。其型号有两种，分别为 GLCA100/215 型和 GLCB80/173 型。GLCA、GLCB 两种规格（GL 表示钢铝接触线、C 表示电车用、A 与 B 表示型号系列）分子相当于铜接触线的截面面积，分母代表总截面面积。

3. 银铜合金接触线

目前，为了提高电气化铁路接触线张力和导电性能，采用了银铜合金接触线 AgCu120，银铜合金接触线含银量为 0.08% ~ 0.12%。

（三）接触线架设的技术要求

（1）接触线的规格、型号应符合设计要求。

（2）接触线应按锚段长度配盘对号架设，接触线不得有接头，架设后无硬点、扭面现象。

（3）接触线应采用恒张力架设，恒张力架线车上须安装接触线校直器，并在架线前调整正确，经常进行检查。

（4）接触线架线张力不应小于线盘绕线张力，架线张力恒定，张力为 10 ~ 12 kN；具体由厂家提供技术服务。

（5）接触线架设应在每个跨距内，均匀悬挂不少于 4 个带有尼龙滑轮的工具吊弦。

（6）架设完成后，应使用接触线专用检测尺对接触线平直度进行检测，每 300 m 检测一处，接触线平直度不应大于 0.1 mm/m。

（7）正线接触悬挂工作支改变方向时，该线与原方向的水平夹角不宜大于 4°。

（8）尽量在起锚侧穿线，从闭口侧到开口侧，站场内正线接触线应在下方，侧线在上方。
（9）补偿装置工作正常，a、b 值应符合设计要求，补偿坠砣串的重量允许偏差为 ±1%。

二、任务实施

（一）施工工艺流程（见图 4-3-6）

图 4-3-6　施工工艺流程

（二）施工组织准备

1. 施工人员组织（见表 4-3-4）

表 4-3-4　施工人员组织

序号	项　目	单位	数量	备　注
1	组　长	人	1	负责架线全过程的全面指挥工作
2	副组长	人	1	由作业队技术人员担任
3	起锚人员	人	2	
4	落锚人员	人	2	
5	作业人员	人	4	
6	司助人员	人	3	架线车 2 人，吊车 1 人
7	防护人员	人	3	车站 1 人，现场 2 人

2. 施工工机具准备（见表 4-3-5）

表 4-3-5　施工工机具

序号	名　称	规　格	单位	数量	备　注
1	恒张力放线车		组	1	
2	平板车		辆	1	装备用线盘
3	轨道吊		辆	1	吊线盘用
4	放线工具吊弦（含滑轮）		个	80	采用尼龙滑轮
5	断线钳	弧口	把	1	落锚用
6	手扳倒链葫芦	6 t	个	1	落锚用
7	紧线器		个	1	夹承力索用
8	紧线器专用平衡连接器		套	21	连接补偿装置用
9	棕　绳	ϕ12 mm×10 m	条	2	传递线条用

续表

序号	名　称	规　格	单位	数量	备　注
10	棕　绳	ϕ20 mm×15 m	条	2	起、落锚各1条
11	棕　绳	ϕ20 mm×50 m	条	2	张力盘上引导线条用
12	安全帽		顶	若干	每人1顶
13	安全带		条	2	
14	脚　扣	根据杆型选用	套	2	起、落锚各1套
15	防护用具		套	3	
16	接触线平直度检测尺		套	1	
17	接触线校正器		套	1	导线生产厂家提供
18	温度计	摄氏	支	2	起、落锚各1支
19	钢丝套		个	5	起、落锚临时固定坠砣及下锚
20	工具袋		个	2	
21	电工工具		套	若干	每人1套
22	喇　叭	或口笛	个	2	
23	报话机		台	4	
24	钢卷尺	5 m	把	3	起、落锚各1把，作业车上1把
25	记号笔		个	1	

3. 施工材料准备（见表4-3-6）

表4-3-6　施工材料

序号	名称	规格	单位	数量	备注
1	接触线	CTMH150或CTS120	km	定盘	锚段长度
2	接触线锥套式终端锚固线夹		套	2	每锚段2套
3	复合绝缘子	按施工图定	套	2	每锚段2套

（三）施工前的检查与准备

1. 施工准备

（1）检查架线锚段的腕臂是否按照温度变化的偏移值与承力索进行归位固定，支柱强度及拉线受力情况，补偿装置是否安装正确。

（2）起、落锚柱的坠砣是按规定数量，根据当天温度提升至规定高度。补偿大轮和补偿小轮上的补偿绳圈数按规定长度预留，并考虑接触线的蠕变，补偿绳应在大轮上多绕100～300 mm，将起锚侧补偿绑死，使坠砣串基本保持在该位置。

（3）架线车编组顺序为：恒张力架线车（头车）+轨道吊车+平板车。

（4）技术人员应按设计图纸提前做好放线计划及示意图，发给架线车司机、驻站联络人和施工负责人每人一份。

（5）提前将架线封闭线路要点的架线作业计划提交给线路临管单位运输部门调度，以便安排作业封闭点计划。

（6）施工前应将架线车组停放在需架线区间的邻近车站或能够进行吊装的区段，将当天所放锚段的线盘装在架线车上，吊装前注意线盘的卷线方向。

（7）提前将接触线矫直器安装调试到位，如图 4-3-7 所示。

图 4-3-7　接触线矫直实例

（8）架线人员应在封闭点前一个小时到达车站，检查放线机械、工具及材料的质量和数量是否符合作业要求，并将工具吊弦、滑轮装在架线车作业平台。工具吊弦需提前预制，采用不小于ϕ8 mm 的钢筋，一端悬挂闭口式尼龙滑轮，长度分为 0.9 m、1.1 m 两种，另外在起、落锚非支承处悬挂的工具吊弦为 0.7 m（长度不含滑轮长度）。

（9）检查线盘号与锚段号是否符合，打开包装后，注意线头方向是否正确，检查接触线排列是否紧密有序，线盘两侧内壁是否顺滑，有无突出物体。

（10）拆开接触线固定在线盘上的端头，并剪切掉固定部分，将接触线插入牵引网套后用细铁线绑扎。打开牵引装置将接触线牵引至作业平台，牵引时防止线层错乱，在绕过张力轮后，将接触线与网套分离，司机将牵引绳收回，架线人员将接触线牵引至拨线柱顶部张力滑轮，打开校直器上部滑轮，将接触线放入后，合上上部滑轮，将接触线拉上作业平台。同时，司机将线盘保持张力制动。

（11）对放入接触线的校直器进行调整，紧固校直器一端的锁紧螺母。

2. 起　锚

（1）接到线路封锁命令后，架线车组运行至起锚支柱位置停车，司机摘开高速运行挡，转换到液压走行挡位。架线人员将工作台栏杆扶起固定好，解除作业台回转定位。

（2）司机将线盘张力制动缓解后将拨线柱升到工作高度并倾向锚柱。

（3）如需穿线，在运行至锚段关节转换柱与锚柱间进行，由闭口侧穿线，避免落锚时穿线。

（4）穿线后，将接触线牵引至架线平台，靠近锚柱补偿装置位置处后旋转并升起作业平台，起锚人员一人上杆，将补偿连接件复合绝缘子递给架线车上人员，并检查补偿绳排列是否整齐、小轮补偿绳是否平顺，架线车上作业人员将接触线终端锚固线夹与复合绝缘子连接上。

（5）架线车平台复位，将架线车与轨道吊和平板车解体，起锚人员下杆，起锚完成，接触线起锚如图 4-3-8 所示。

图 4-3-8　接触线起锚实例

3. 接触线展放

（1）开始架线，运行至锚柱与转换柱之间时须悬挂一个非支工具吊弦，同时，司机根据接触线走向与高度，随时调整拨线柱倾斜角度与高度，如图 4-3-9 所示。

图 4-3-9　转换柱接触线对拉固定

（2）到达第一个转换柱后停车，将接触线与对面腕臂进行对拉，非工作支与工作支都要将接触线拉至与之相对应的承力索垂直位置和规定高度。

（3）架线车司机在操作台上设定完成架线参数（即张力等）。架线张力保持为 10 ~ 12 kN，架线速度选定为 3 ~ 5 km/h，并保持在一个速度值上。架线平台升至低于接触线高度，拨线柱高于接触线悬挂高度后，开始恒张力架设。

（4）作业负责人负责观察线条的走向，并负责指挥司机和作业人员操作，架线平台人员 1 人准备工具吊弦，2 人挂工具吊弦，不得停车悬挂。每跨不少于 4 个工具吊弦，腕臂两侧悬挂 1.1 m 规格的，跨中悬挂 0.9 m 规格的，悬挂时不可混用。工具吊弦上部带钩的挂在承力索上，下部连接滑轮的一端将接触线挂在滑轮内。为避免产生波浪弯，安装工具吊弦的人员应站在作业平台中后部，拨线柱高度应略高于接触线悬挂高度，挂工具吊弦时应先挂承力索端，将承力索向下拉紧后把接触线放入滑轮，禁止人为抬高接触线悬挂工具吊弦，实例如图 4-3-10 所示。

图 4-3-10　悬挂工具吊弦

（5）展放过程中，恒张力车应尽可能避免停车、急加速等，与作业平台分开的恒张力架线车应注意两车间距应为 4～5 m，不可过大，避免接触线自然弛度造成波浪弯，如图 4-3-11 所示。

图 4-3-11　作业平台与架线车距离

（6）架线车到达最后一个转换柱后停车，在非支腕臂上用铁线悬挂滑轮，将接触线放入滑轮与对面腕臂进行对拉，并基本固定到实际位置。

（7）在向锚柱行走前，司机将张力加大，普拉塞车型可加大至 13.5 kN，泰斯马克车型张力可加大至 20 kN，依靠架线车张力装置将锚段接触线张力加大，以减少人工紧线的时间。

（8）在张力加大行走的过程中，指挥人员与起锚人员随时联系，掌握起锚处的变化状况，同时查看线盘内所接触线剩余缠绕圈数，普拉塞车型一般剩余 4～5 圈，当线盘所缠绕的圈数不足 3 圈应采用牵引辅助绳的办法，继续最后一跨的张力架设。泰斯马克及金鹰车型一般最后剩余 2 圈，需将线盘方向的接触线断开后，用牵引辅助绳继续架设，如图 4-3-12 所示。

图 4-3-12　使用牵引辅助绳架设最后一跨与拨线柱倾向落锚方向实例

（9）司机根据接触线走向与高度，随时调整拨线柱倾斜角度与高度，当作业平台基本接近下锚柱时停止展线，准备落锚。

4. 落　锚

（1）恒张力架线车越过锚柱，作业平台接近锚柱后停车，将作业台转向锚柱，调整拨线柱角度，使接触线倾向下锚侧（田野侧）。

（2）架线人员在接触线上适当位置安装紧线器，用手扳葫芦与补偿装置（专用的平衡连接装置）和紧线器连接。专用的平衡连接装置是保证落锚安全，方便终端线夹安装的可靠工具，架线落锚时必须使用，如图 4-3-13 所示。

图 4-3-13　接触线落锚实例

（3）检查确认各连接件连接可靠后，开始用手板条葫芦紧线，当手扳葫芦将接触线紧至落锚补偿升起时，将架线车张力撤销并在适当位置断线，将接触线与架线车分离，拨线柱缓慢下落归位，架线配合人员将接触线校直器螺栓松开，抬起校正器，取出接触线，将剩余的接触线绕回线盘。

（4）手板葫芦继续紧线，下锚人员观察坠砣串及 b 值，当 b 值符合设计要求时，通知紧线作业人员停止紧线。量出与补偿连接的断线位置，用液压断线钳或机械弧口式断线钳断线，如图 4-3-14 所示。

图 4-3-14　终端锚固线夹与补偿装置连接

（5）紧线人员缓慢松懈葫芦，拆除手板葫芦和紧线器，架线车作业平台归位，完成接触线落锚，恒张力架线车组准备进行下一锚段接触线架设。

5. 检　测

接触线落锚作业完成后，可用另一作业车将作业平台升至不与接触线碰触的高度，向起锚方向行驶，作业人员开始对架设的接触线进行质量检查，查看接触线有无扭面、弯曲现象。在关节处、锚段中部（每锚段不少于 4 处）分别进行波浪弯测试，平直度不得大于 0.1 mm，并予以记录，如图 4-3-15 所示。

图 4-3-15　接触线平直度检测

6. 施工结束

（1）架线车液压装置复位：司机将工况转换开关扳到 1 号位，拆下线盘摆动传感器，把绞盘架调整到水平位置，绞盘架摆动定位销及线盘移动定位板放到“锁定”位置，检查滑轮托架在最低位置后，把立杆落到原始位置，把作业台降到最低位，并把作业台回转锁定销放到锁定位。放倒作业台栏杆。

（2）现场负责人要求架线人员检查全锚段的接触网状况，人员机具、材料全部撤出施工现场，检查无问题后，架线车在封闭点内返回车站。

（3）施工负责人填写施工记录。

7. 质量控制

（1）架线前检查锚柱的顺线路倾斜率，调整拉线调整螺栓，保证其符合标准，紧线时注意观察。

（2）按设计要求和验收标准检查材料质量，对接触线、终端锚固线夹进行认真检查，严禁使用质量不合格的材料。放线时，线盘处应设专人检查接触线在线盘上的缠绕是否密贴、有序。

（3）架设后无硬点、扭面现象。

（4）起、拉锚补偿坠砣提升至规定高度，落锚补偿卡在支柱上，起锚补偿用ϕ4.0 铁线将接触线固定一起，使补偿不能转动。中锚安装后再松开。

（5）为保证在悬挂调整时不会出现补偿绳不够长的问题，接触线落锚时，补偿与平衡轮的距离（*a* 值）宜小于设计值。

（6）接触线下锚终端线夹安装严格执行《接触线锥套式终端锚固线夹安装（拆卸）》安装指导书的工艺要求，确保一次安装到位达标。

（7）放线采用恒张力架线车，行驶速度 3 ~ 5 km/h，接触线架线张力宜为 10 kN。速度为 3 ~ 5 km/h 并保持匀速，中途不应停车。

（8）转换柱及曲线与对面腕臂对拉，固定至实际位置与高度。

（9）工具吊弦的长度应事先根据设计额定张力计算，分为 0.7 m、0.9 m、1.1 m 三种（长度不含滑轮长度）。0.7 m 吊弦用于悬挂非支跨距内；正常跨距内采用 0.9 m、1.1 m 两种吊弦，每跨 4 根均匀布置悬挂，靠近悬挂点 2 根为 1.1 m，跨中两根采用 0.9 m。悬挂后接触线应处于平顺状态，避免有明显上下起伏，形成硬点。

（10）架设时，恒张力架线车后应跟一作业车或梯车，防止吊弦脱落。

（11）使用普拉赛架线车架线时，安装工具吊弦的人员应站在作业平台中后部，拨线柱高度应略高于接触线悬挂高度，严禁抬高接触线悬挂工具吊弦。

（12）接触线架线后应立即安装中心锚结，在 48 h 内安装定位器，以防接触线新线蠕变过程中发生扭面。在额定张力条件下保持数天拉伸，在消除新线蠕变对接触悬挂调整的影响后进行弹吊及整体吊弦的安装。

（13）接触线架设后，在未安装整体吊弦前可采用尼龙绳倒换工具吊弦安装尼龙绳，位置、高度及数量与正式吊弦一致。

三、任务考核

（1）人员：以作业组为单位。

（2）操作时间：规定时间为 45 min。在规定时间内完成，不加分也不扣分；每超时 1 min，从总分中扣 2 分；超时 10 min，停止作业。

（3）考核标准，见表 4-3-7。

表 4-3-7　考核记录表

考核项目	分值	序号	考核要求及评分标准	分值	扣分情况	得分
工具准备	10分	1	作业车、作业凳、激光测量仪、链条葫芦、断线钳、紧线器、扳手、放线滑轮、S钩、记号笔、安全防护用具	7分		
		2	接触线、接触线终端锚固线夹、绝缘子	3分		
操作技能	70分	3	施工准备	10分		
		4	接触线终端锚固线夹	15分		
		5	起锚	15分		
		6	接触线展放	15分		
		7	终锚	15分		
安全及其他	20分	8	按规定设置防护	5分		
		9	安全	10分		
		10	动作、语言文明	5分		
规定时间	45 min		操作时间			
合计	100分			100分		

★　**思政链接**

接触线、生命线，自主创新续新篇——国产接触线自主创新

众所周知，接触线是电气化高速列车牵引供电系统的核心环节，也是我国发展高速铁路所面临的关键技术之一，直接影响到列车的运行安全和速度。通过接触线向高速列车输送电能并使其得到源源不断的能量，才有可能创造列车“贴地飞行”的速度。

研发“高速铁路用高性能铜合金接触线关键技术”的核心专家——上海理工大学刘平教授在接受采访时表示，这一由30项专利组成的研究成果打破了国外技术垄断与封锁，带动了整个接触线制造行业的发展，为我国高速铁路的发展做出了重要贡献。

“最初的接触线技术都是从欧洲、日本引进的。”身为刘平研究团队成员之一的上海理工大学教师周洪雷告诉记者，“随着高铁的快速发展，高速运行的列车受电弓对接触线提出了更高强度、更优导电性能的要求。但是，当时相关技术由国外企业垄断，技术受限、产量受限、高昂的原料加工费，令大家感到‘国产化’刻不容缓。”

从2002年开始，刘平教授带领20多人的团队开始着手研究，2007年开始和企业合作进行产业化。如今，不仅高铁接触线的性能比原来从国外引进的接触线性能更加优越，而且加工费也一降再降，成本大约降低60%。

“为何性能有如此大的提升呢？主要是在成分上进行了微调，加入了微量的合金元素，使得接触线的强度、导电性、耐磨性得到了提高。”周洪雷解释。

“通过开发微合金协同强化技术，攻克了铜合金接触线高导电与高强度以及与高耐磨、抗软化等性能协同优化的技术难题。”刘平团队成员之一的上海理工大学教师陈小红告诉记者，“经过反复实验研究，研制出了铜锡、铜镁、铜银、铜铬锆四个系列的高性能铜合金接触线，开发了高效率、低成本、大规模、易推广的高性能铜合金接触线制备关键技术。”

十多年来，刘平团队全面展开研发工作，改进合金比例，改良制造设备，发明了铜银、铜镁微合金协同强化和成分精准控制技术，实现了接触线的导电与强度、耐磨及抗软化性能的协同提升。其中，把高强度、高活性的“镁”和高导电性的“铜”结合在一起，在提高强度的同时确保高导电性能，这些“铁人三项”障碍关口被逐一攻破。

这其中最大的技术难点在于：客观条件需要同时提升材料性能，但强度和电导率是一个矛盾。现在要达到“双赢”，即在保障强度不降低的情况下提高电导率，十分不容易。尽管这个方向研究的人很多，但是因为合金成分不同，用的方法不一样，加工技术也不同，性能更有所差异。再加上，合金的熔炼过程会出现开裂、夹杂、起皮、断杆等现象，只能在现场试验过程中通过不断调整工艺来逐步解决。

不仅如此，实际应用场合中必须确保接触线能满足使用长度要求，接触线的平均长度约1.5 km，不能有断点、焊接、缺陷，所以要“一气呵成”。通过大量的试验、改进，铜镁接触线的电导率达73%IACS（国际退火铜标准），抗拉强度达555 MPa。

此外，刘平团队还开发了350 km/h以上高速铁路用的高强度高导电性铜铬锆合金接触线的上引连铸关键技术，实现了产业化中锆元素的收得率超过68%，产品抗拉强度达600 MPa，电导率达80%IACS和伸长率达10.2%。

经过近20年的持续研发和改进，刘平团队开发了具有国际先进水平的高质量、低成本、连续化制备接触线的关键技术，实现了具有自主知识产权的高性能铜合金接触线国产化制备。与同水平连铸生产技术相比，直接降低成本40%，降低能耗35%，提高成材率9%。

近10年来，该成果已在我国京津（北京—天津）、京张（北京—张家口）、郑西（郑州—西安）、武广（武汉—广州）、哈大（哈尔滨—大连）等80%的高铁项目中使用，上海轨道交通2号线、7号线、8号线、9号线，北京地铁16号线等多条地铁线路上也得到推广应用，并出口白俄罗斯、韩国、澳大利亚等国家。

项目四　中心锚结安装

【导　读】

在两端装有补偿装置的接触网锚段中，必须加设中心锚结。接触网锚段安装中心锚结后，线索在中心锚结处相当于死固定方式。本项目的主要任务是承力索和接触线中心锚结的安装。

【学习目标】

（1）掌握中心锚结的作用，了解承力索中心锚结的安装方法，具备承力索中心锚结的安装能力。

（2）掌握中心锚结的安装要求，了解接触线中心锚结的安装方法、具备接触线中心锚结的安装能力。

【思政目标】

（1）强调中心锚结安装工作的重要性，培养学生对工作的认真态度和责任感。通过课程学习，了解并遵守行业规范和标准，形成严谨、细致的工作作风。

（2）培养学生“明原理、讲方法、懂操作、重实践”，在实践过程中提升自我素质与技能。

任务一　承力索中心锚结安装

【任务描述】

承力索中心锚结是接触网锚段中一个重要的线索固定装置，本任务重点要掌握接触网中心锚结绳的固定方法与线夹的安装方法。

中心锚结的讲解

一、理论部分

（一）中心锚结的作用

（1）使锚段线索张力比较均匀，保证接触悬挂处于良好工作状态。

（2）设立中心锚结后可以缩小事故范围。

（3）可防止线索在外力作用下向一侧串动。

（二）中心锚结的安设

1. 布置原则

一般布置原则是使中心锚结固定点两侧线索的张力尽量相等，并尽可能靠近锚段中部。

2. 结　构

全补偿悬挂中心锚结结构如图 4-4-1 所示。

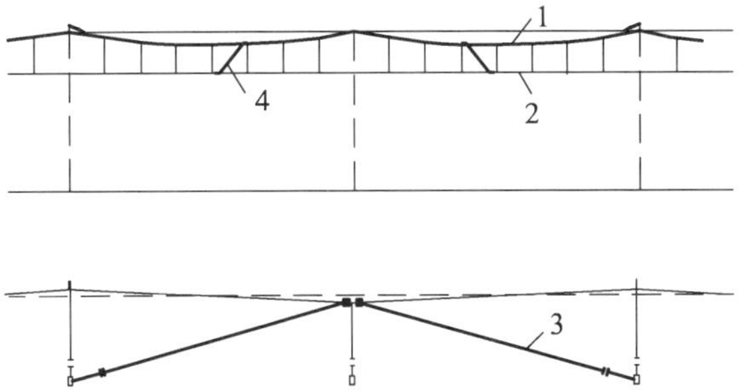

1—承力索；2—接触线；3—承力索中心锚结绳；4—接触线中心锚结绳。

图 4-4-1　全补偿悬挂中心锚结结构图

（三）技术要求

（1）承力索中心锚节应在承力索架设后尽快安装。

（2）承力索中心锚结绳的最低点应不低于该跨承力索的最低高度，张力应严格按中心锚结安装设计图表中的张力安装。

（3）中心锚结柱的腕臂应垂直于线路中心线，施工允许偏差为 ± 10 mm。

（4）承力索中心锚结线夹至腕臂中心距离为 200 mm。

（5）承力索中心锚结线夹（固定承力索与承力索中锚绳）的螺栓由线路侧穿向田野侧，长螺栓在上，短螺栓在下；固定承力索与接触线中锚绳的螺栓从上向下穿向；螺栓紧固力矩符合设计要求及产品安装说明书要求。

二、任务实施

（一）施工工艺流程（见图 4-4-2）

图 4-4-2　施工工艺流程

（二）施工组织准备

1. 施工人员组织（见表 4-4-1）

表 4-4-1　施工人员组织

序号	项　目	单位	数量	备　注
1	施工负责人	人	1	全面负责指挥施工
2	作业人员	人	3	
3	安装作业车司机	人	2	正、副司机各 1 人
4	防护人员	人	3	车站 1 人，现场 2 人

2. 施工工机具准备（见表 4-4-2）

表 4-4-2 施工工机具

序号	名　称	规　格	单位	数量	备　注
1	安装作业车		台	1	
2	手扳葫芦	3 t	个	1	
3	尼龙套	3 t	条	2	
4	梅花扳手	M17、M12、M30	把	各 2	
5	力矩扳手		把	1	
6	紧线器		个	1	
7	拉力计	3 t	套	1	
8	安全帽		顶	若干	人均 1 顶
9	安全带		条	2	
10	脚　扣		副	2	
11	防护用具		套	3	

3. 施工材料准备（见表 4-4-3）

表 4-4-3 施工材料

序号	名　称	规　格	单位	数量	备　注
1	承力索中心锚结绳	按设计规格	m	实测	
2	铜铝复合衬垫	按设计规格	套	2	
3	杵环杆	1500 型	套	2	
4	U 形挂环	U-12	套	2	
5	复合绝缘子	按设计规格	套	2	
6	锥套式承力索终端线夹	按设计规格	套	2	
7	承力索中心锚结线夹	按设计规格	套	2	

（三）施工方法步骤

1. 施工前准备

（1）安装中施工机具及所用材料应事先装至安装作业车上。

（2）在放线车上提前测量辅助承力索绳，剪断盘好，放在作业车上，并将起锚侧承力索锥套式终端锚固线夹安装好，为安装做好准备。

（3）提前向线路临管单位提报封闭线路施工作业计划。

（4）安装作业人员应在当天封闭点前 20 min 准时到达作业车停放车站，并上车。

2. 检　查

（1）中锚、下锚拉线及下锚固定角钢已安装，锚柱顺线路倾斜度符合设计要求，确认拉线处于受力状态。

（2）承力索已架设完毕，检查起、下锚两侧坠砣 b 值，应基本达标。

3. 安装中心锚结绳

（1）作业车司机拿到封闭线路行车命令后，听从值班员指挥，启动作业车，运行至作业点。

（2）将作业车停在中锚起锚处 2.5 m 左右，升起作业平台，旋转至起锚柱位置。一人上杆将 U 型挂环连接到下锚固定角钢上，另一头连接 1 500 型杵环杆，杵环杆再和复合绝缘子连接，再将起锚承力索终端锚固线夹连接到复合绝缘子上，如图 4-4-3 所示。

图 4-4-3　中心锚结起锚

（3）作业台回转至正常位置，作业车以 5 km/h 的速度展放承力索中心锚结绳至中锚中心柱，挂上铁丝套和滑轮，并将承力索中的锚绳放在滑轮内，继续向下锚柱展放。

（4）放线车以 5 km/h 的速度展放承力索中锚绳，至落锚处 2.5 m 左右停车，一人上杆将 U 型挂环连接到下锚固定角钢上，另一头连接 1500 型杵环杆，杵环杆再和复合绝缘子连接，由作业人员接过，在杵环杆上打好紧线器，在承力索中心锚结辅助绳适当位置装紧线器，连接倒链葫芦，并串好拉力计，开始紧线。落锚连接如图 4-4-4 所示。

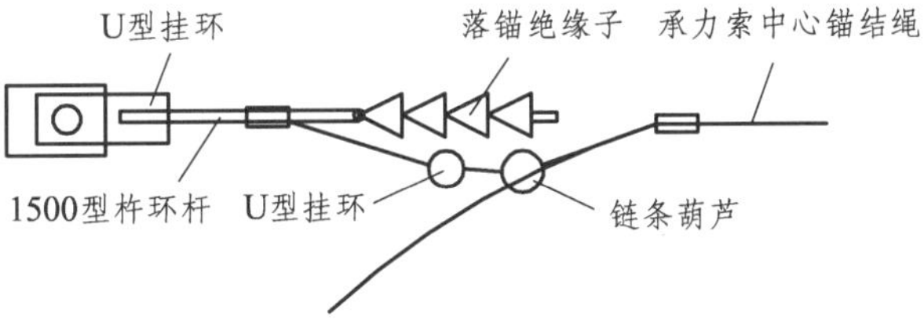

图 4-4-4　落锚连接图

（5）当拉力计显示达到设计值时，停止紧线，测量好断线位置，断线并安装好终端锚固线夹，与复合绝缘子连接上。

（6）落锚完成后，拆卸紧线工具。

4. 中锚固定

（1）作业车返回中心柱，作业人员调整中心柱腕臂，使其垂直于线路中心线，在承力索及中锚绳上分别做出标记，然后卸下承力索座压盖上的压紧螺栓，拿出压盖，先将中锚绳从滑轮内抬出，放入承力索座靠近支柱侧槽内，再将承力索抬起放入线路侧槽内。

（2）移动腕臂，让出承力索及中锚绳标记位置，将两个铜铝过渡衬垫中心位置分别对准承力索及中锚绳划好的标记位置放入，用包线钳包压衬垫，注意中锚绳衬垫压接后开口要与承力索上的衬垫开口并行相对，如图 4-4-5 所示。

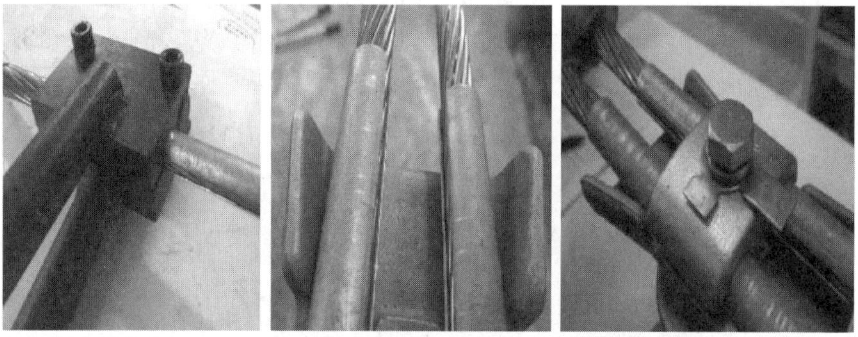

（a）复合衬垫包压　（b）衬垫开口相对　（c）开口指向压紧

图 4-4-5　衬垫安装施工工艺实例

（3）移回腕臂，将包压好的承力索及中锚绳衬垫中心与承力索座中心对齐，衬垫开口指向压紧螺栓，合上压盖，预拧上螺栓。

（4）再次调整中心柱腕臂使其垂直，检查承力索及中锚绳的复合衬垫是否在垂直的腕臂（承力索座）中心，用梅花扳手拧紧承力索座压盖上的压紧螺栓，并用力矩扳手紧至标准力矩值。紧固时注意保持止动垫圈的位置，紧固后止动垫圈长支向下弯折与压块侧平面贴紧，短支向上弯折与螺栓头六方侧平面贴紧。

5. 中锚线夹安装

（1）在腕臂中心向两侧分别量出 200 mm，在量出位置清洁线夹接触部位的杂物和氧化层。

（2）安装中心锚结线夹，松开长、短螺栓，短螺栓旋离下夹板，长螺栓松开足够距离但保持三夹板仍然连接在一起。

（3）向上抽动短螺栓，露出线夹一侧，将线夹本体上夹板挂在承力索上，锚结绳置于中夹板和下夹板之间。螺栓由线路侧穿向田野侧，长螺栓在上，短螺栓在下，安装方法如图 4-4-6 所示。

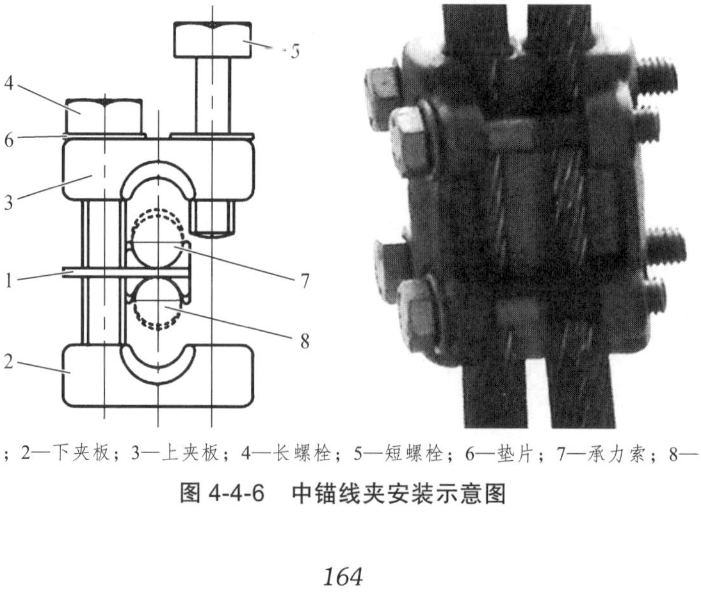

1—中夹板；2—下夹板；3—上夹板；4—长螺栓；5—短螺栓；6—垫片；7—承力索；8—中锚绳。

图 4-4-6　中锚线夹安装示意图

（4）用同样的方法安装另一侧线夹，调整两个线夹至量出的位置，用力矩扳手交替紧固四个螺栓，保证四个螺栓上的紧固力矩均达到设计值（紧固时螺栓旋停位置需涂抹螺纹锁固胶，涂抹长度约 8 mm）。安装方法如图 4-4-7 所示。

图 4-4-7　力矩扳手交替紧固方法与安装固定后的承力索中锚实例图

（5）用同样的方法紧固另一侧线夹螺栓，检查无误后，作业车驶向承力索起锚侧锚柱，将承力索起锚侧补偿与底座固定的铁线解除，承力索中锚安装完成。

6. 施工结束

完成当天施工任务后，收回工具，降下作业台，施工负责人填写施工记录，在封闭时间内作业车返回停车站。

7. 安装质量控制

（1）承力索中锚张力应严格按照承力索中心锚节安装设计给定的张力弛度控制，使用加挂张力计进行控制，安装后两侧张力一致。

（2）承力索中锚应在架设承力索后尽快安装，防止补偿装置工作不正常导致张力偏向一侧。

（3）承力索中心锚结辅助绳应安装在承力索座靠近支柱一侧的槽内。

（4）承力索中心锚结线夹紧固时，按对角依次用力矩扳手交替紧固四个螺栓，保证四个螺栓上的紧固力矩均达到设计值。

8. 质量检验

（1）线材运达现场应进行检查，承力索质量应符合铁道行业现行标准《电气化铁道用铜及铜合金绞线》（TB/T 3111）的规定，且不得有腐蚀、断股、交叉、折叠、硬弯、松散等缺陷，如有缺陷应按规定进行处理。接触线质量应符合铁道行业现行标准《电气化铁道用铜及铜合金接触线》（TB/T 2809）的规定。

（2）中心锚结应安装在设计指定位置上。中心锚结线夹应端正、牢固可靠，螺栓紧固力矩应符合设计要求。

（3）承力索中心锚结绳张力应符合设计规定。应严格按中心锚结安装设计图表中的张力安装。

（4）全补偿链形悬挂承力索中心锚结线夹两边锚结绳张力相等。安装形式应符合设计要求。

三、任务考核

（1）人员：以作业组为单位。

（2）操作时间：规定时间为 30 min。在规定时间内完成，不加分也不扣分；每超时 1 min，从总分中扣 2 分；超时 10 min，停止作业。

（3）考核标准，见表 4-4-4。

表 4-4-4　考核记录表

考核项目	分值	序号	考核要求及评分标准	分值	扣分情况	得分
工具准备	20 分	1	作业车、倒链葫芦、尼龙套力矩扳手、紧线器、安全防护用具	10 分		
		2	承力索中心锚结绳、U 形线夹、螺栓、双孔连接板、复合绝缘子、锥套式承力索终端线夹、承力索中心锚结线夹	10 分		
操作技能	60 分	3	检查	10 分		
		4	测量预制	15 分		
		5	双孔连接板、复合绝缘子安装	15 分		
		6	承力索中心锚结线夹安装	10 分		
		7	技术要求	10 分		
安全及其他	20 分	8	按规定设置防护	5 分		
		9	安全	10 分		
		10	动作、语言文明	5 分		
规定时间	30 min		操作时间			
合计	100 分			100 分		

任务二　接触线中心锚结安装

【任务描述】

接触线中心锚结是在接触线超拉完毕后进行的将承力索中心锚结绳和接触线相连接的施工，本任务重点要掌握接触线端中心锚结固定方法与线夹的安装方法。

一、理论部分

中心锚结的安装要求：

（1）中心锚结线夹两侧辅助绳长度应相等，安装后两侧张力均匀不出现弛度。

（2）辅助绳两端与承力索连接处，各通过一正一反两个钢线卡子紧固在承力索上，两钢线卡子间距为 100 mm，剩余中心锚结辅助绳头用同材质小绑线绑扎在承力索上，绑扎长度为

100 mm，最外端留出约 200 mm 的绳头。距邻近弹性吊弦线夹不小于 1 m。

（3）中心锚结线夹处接触线高度比设计高度高 20 ~ 30 mm，避免线夹处出现硬点，但不能形成明显的负弛度。

（4）中心锚结线夹安装后不得偏斜。

（5）中心锚结结构内不得安设普通吊弦，中心锚结结构也不得侵入邻近弹性吊弦内。

（6）中心锚结所在跨距长度比设计规定跨距缩短 10%。

二、任务实施

（一）施工工艺流程（见图 4-4-8）

图 4-4-8　施工工艺流程

（二）施工组织准备

1. 施工人员组织（见表 4-4-5）

表 4-4-5　施工人员组织

序号	项　目	单位	数量	备　注
1	施工负责人	人	1	全面负责指挥施工
2	作业人员	人	3	
3	安装作业车司机	人	2	正、副司机各一人
4	防护人员	人	3	车站 1 人，现场 2 人

2. 施工工机具准备（见表 4-4-6）

表 4-4-6　施工工机具

序号	名　称	规　格	单位	数量	备　注
1	安装作业车		台	1	
2	手扳葫芦	3 t	个	1	
3	尼龙套	3 t	条	2	
4	梅花扳手	M17、M12、M30	把	各 2	
5	力矩扳手		把	1	
6	紧线器		个	1	
7	拉力计	3 t	套	1	
8	安全帽		顶	若干	人均 1 顶
9	安全带		条	2	
10	脚　扣		副	2	
11	防护用具		套	3	

（三）施工方法及步骤

1. 施工准备

（1）承力索中心锚结安装、承力索固定、接触线架设均已完成。

（2）中心锚结中心柱及两侧相邻支柱定位器已安装，且中心柱相邻 3 跨的吊弦均已安装。

（3）检查起、下锚补偿坠砣 *b* 值，并确认其基本达标。

2. 测量预制

（1）事先用多功能激光测量仪测量承力索与接触线间中心锚结中心柱两跨安装处的高度 *h*。

（2）将接触线中心锚结线夹回头处的套管用液压钳按设计要求压接牢靠，如图 4-4-9 所示。再按 5 倍的 *h* 值加上与承力索连接线夹的长度，再加外露 30 mm 的长度预制好接触线中心锚结绳。

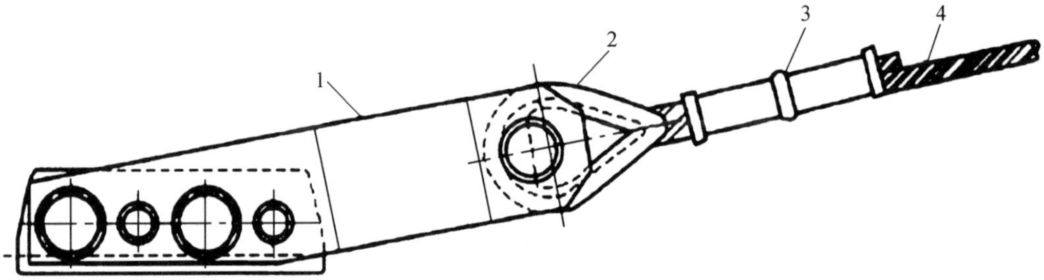

1—接触线中心锚结线夹；2—心形护环；3—压接套管；4—接触线中心锚结绳。

图 4-4-9　接触线中心锚结线夹回头处压接图

（3）重复上述程序预制好另一跨的中心锚结绳。

（4）将预制好的中心锚结绳及材料、工具装在作业车上。

3. 安装中心锚结

（1）作业车司机听从施工负责人指挥，启动作业车运行到施工地点。

（2）在安装处停车对位，升作业平台，作业人员先用棕绳将承力索与接触线在上下垂直方向捆住，即减小一点 *h* 值。

（3）先安装与接触线连接的接触线中心锚结线夹，将连接螺栓循环拧紧，力矩应符合设计要求，如图 4-4-10 所示。

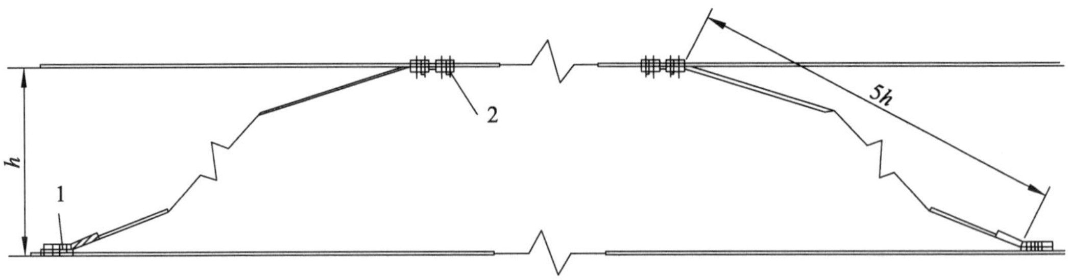

1—接触线中心锚结线夹；2—承力索中心锚结线夹。

图 4-4-10　中心锚结安装图

（4）托住锚结绳，作业车缓缓行至承力索线夹安装位置停车，扶起作业凳，一人预安装承力索中心锚结线夹，把中锚绳从线夹穿过，在中锚绳头装一吊弦线夹。一人用力拉中锚绳，并预拧紧连接螺栓，松开棕绳。一人用多功能激光检测仪检测接触线中心锚结线夹处接触线高度，符合要求时，可按设计要求，循环拧紧连接螺栓。如达不到设计要求，调整与承力索连接的中心锚结线夹位置直至达标，达标后拧紧连接螺栓。卸下吊弦线夹，装好另一个承力索中心锚结线夹。

（5）按（2）~（4）的步骤安装另一跨接触线中心锚结绳。

4. 技术要求

（1）中心锚结绳长度为正线 10 m、站线 5 m。

（2）回头外露 30 mm。

（3）压接后滑动力应符合产品要求。

（4）接触线中心锚结线夹螺栓相反方向安装，紧固力矩为 100 N · m。

（5）承力索中心锚结线夹螺栓紧固力矩为 46 N · m。

（6）严禁踩踏导线，不得给导线施加任何外力。

（7）中心锚结绳范围内不得有吊弦。

三、任务考核

（1）人员：以作业组为单位。

（2）操作时间：规定时间为 30 min。在规定时间内完成，不加分也不扣分；每超时 1 min，从总分中扣 2 分；超时 10 min，停止作业。

（3）考核标准：见表 4-4-7。

表 4-4-7　考核记录表

考核项目	分值	序号	考核要求及评分标准	分值	扣分情况	得分
料具准备	12 分	1	作业车、激光测量仪、液压钳、梅花扳手、力矩扳手、棕绳、钢卷尺、安全用具、防护用具	8 分		
		2	接触线中心锚结绳、接触线中心锚结线夹、承力索中心锚结线夹、吊弦线夹	4 分		
操作技能	68 分	4	测量预制	20 分		
		5	接触线中心锚 结线夹安装	15 分		
		6	承力索中心锚结线夹安 装	15 分		
		7	技术要求	18 分		
安全及其他	20 分	8	按规定设置防护	5 分		
		9	安全	10 分		
		10	动作、语言文明	5 分		
规定时间	30 min		操作时间			
合计	100 分			100 分		

项目五　定位装置安装与调整

【导　读】

为了使电力机车受电弓滑板在运行中与接触线始终良好地接触取流，需要将接触线按受电弓运行要求进行定位，这种确定接触线平面位置的装置称为定位装置。本项目的主要任务是定位装置的安装和拉出值的调整。

【学习目标】

(1)掌握定位方式和定位器的作用，了解定位装置的安装方法，具备定位装置的安装能力。

(2) 掌握拉出值的概念及作用，了解拉出值的调整方法，具备拉出值的调整能力。

【思政目标】

(1) 通过对先进事迹的学习，深钻工匠精神和劳模精神，“不忘初心，牢记使命”，为我国铁路事业奉献青春与热血。

(2)培养学生对于技术的敬畏之心，鼓励他们不断钻研，追求卓越，成为技艺精湛的工匠。

(3) 强调在定位装置安装与调整过程中，要讲求精益求精。通过课程学习，让学生明白只有细致入微、追求卓越，才能确保定位装置的高精度和稳定性。

任务一　定位装置安装

【任务描述】

定位装置是将接触线固定在空间一定的位置，依据线路区段不同定位方法也不同，本任务就是要根据接触网线路的设计要求完成定位装置的安装，在安装中重点掌握安装的方法。

一、理论部分

(一) 定位方式

1. 正定位

在直线区段中间柱和大半径曲线区段曲线外侧中间柱采用正定位的定位方式。即对接触线硬固定的定位形式，它只能承受较小的拉力，如图 4-5-1 所示。

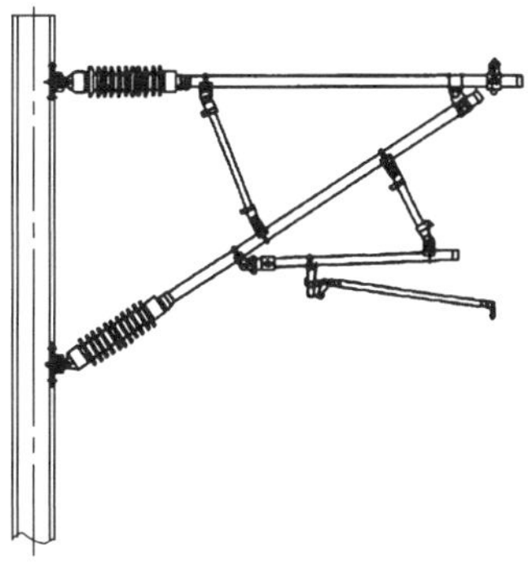

图 4-5-1　正定位

2. 反定位

反定位多用于大半径曲线内侧支柱上和直线区段“之”字值方向与支柱位置相反的支柱上，如图 4-5-2 所示。

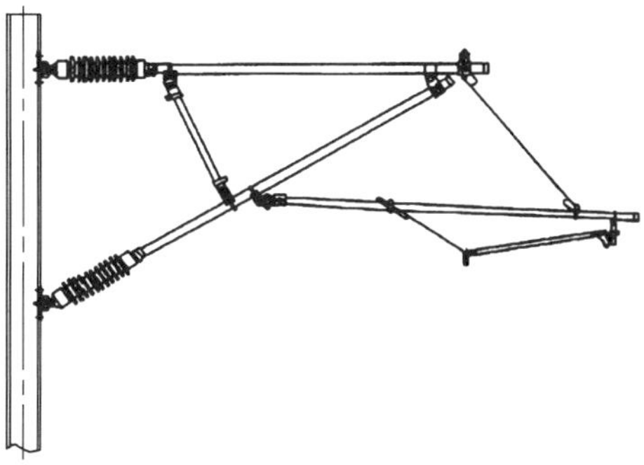

图 4-5-2　反定位

3. 双定位

双定位用于锚段关节中的转换柱、中心柱站场线岔处的道岔柱、站场线岔处的软横跨及特殊定位中的定位，如图 4-5-3 所示。

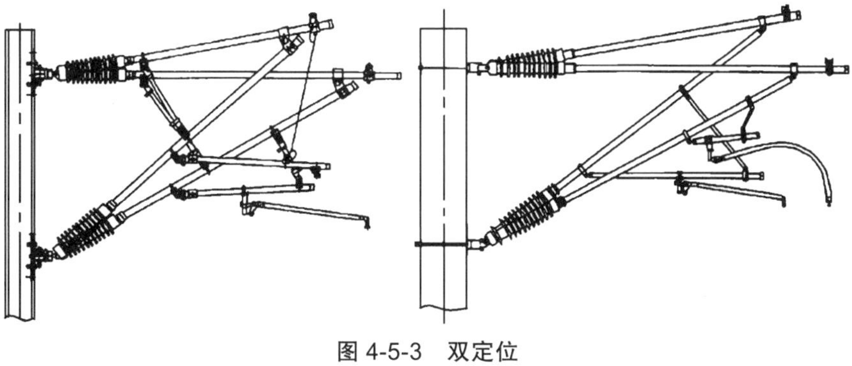

图 4-5-3　双定位

4. 软定位

软定位用于小半径曲线支柱上，由弯管定位器通过两股 ϕ 4.0 mm 镀锌铁线拧成的“软尾巴”固定在绝缘腕臂上的定位环上，如图 4-5-4 所示。

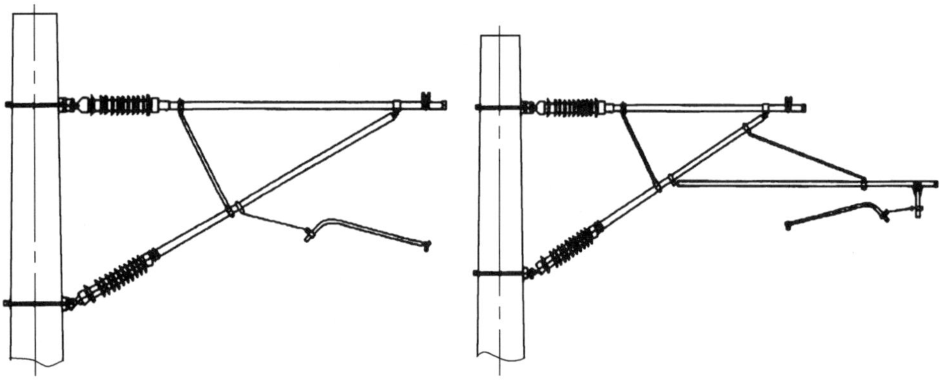

图 4-5-4　软定位

（二）定位器坡度

为了防止定位器碰撞受电弓，要求定位器安装后应有一定的倾斜度（现场称定位坡度），即定位器根部在安装后要适当抬高一些，其倾斜度要求为 1∶10 至 1∶5。

（三）技术要求

（1）定位器安装型号符合设计要求及腕臂计算给定的型号。定位管长度、定位器长度符合设计要求。

（2）定位器安装应符合设计要求，在平均温度时应垂直线路中心线，温度变化时，偏移量与接触线在该点的伸缩量应一致。

（3）限位定位器倾斜度与定位管的坡度应符合设计要求，限位间隙允许偏差为 ± 1 mm。非限位定位器的根部与接触线高度之差允许偏差为 ± 10 mm。并应保证定位线夹处接触线工作面与轨面连线平行。

（4）设计无明确要求时定位管应水平，在平均温度时应垂直于线路中心线，并与腕臂在同一垂面内。转换支柱处两定位器应能分别随温度变化自由移动、不卡滞，接触线非工作支和工作支定位器、管之间的间隙不小于 100 mm。

（5）使用直角定位器时，定位管正定位抬头、反定位低头量应符合设计要求。

（6）上、下行两定位管间的绝缘距离不应小于 2 000 mm，困难时不小于 1 600 mm。

（7）锚支定位卡子线夹荷载方向与设计要求受力一致。拉出值施工允许偏差为 ± 30 mm。定位器的定位线夹相对线路安装位置与腕臂顺线路安装位置偏移的角度相同。

（8）定位器不应处在受压状态下，其倾斜度应符合实际受力平衡状态。

（9）电气连接线安装的弧度不应与定位器底座相互摩擦，铜铝复合垫片安装正确，铝面与定位器和底座接触，铜面与电气连接线鼻子接触。电气连接线统一安装在来车方向，水平穿向螺栓穿向来车方向。

（10）防风拉线短环在定位器侧，长环在定位管侧，且方向相反，朝向符合设计要求。防风拉线定位环安装在来车方向，水平安装。

（11）定位线夹及其他零部件有止动垫片的应拧（扳）到位，螺栓、销钉穿向，连接螺栓紧固力矩应符合产品要求。

二、施工组织准备

（一）施工工艺流程（见图 4-5-5）

图 4-5-5　施工工艺流程

（二）施工组织准备

1. 施工人员组织（见表 4−5−1）

表 4-5-1　施工人员组织

序号	项　目	单位	数量	备　注
1	施工负责人	人	1	全面负责
2	作业人员	人	3	
3	作业车司机	人	2	正、副司机各 1 人
4	防护人员	人	3	车站 1 人，现场 2 人

2. 施工工机具准备（见表 4−5−2）

表 4-5-2　施工工机具

序号	名　称	规　格	单位	数量	备　注
1	作业车		台	1	
2	梯车		台	2	人工安装
3	梅花扳手		套	1	
4	力矩扳手		套	1	
5	作业凳	0.9 m 高	个	1	
6	钢卷尺	2 m	把	1	
7	接触网激光测量仪		套	1	
8	温度计		个	1	
9	塞棒		把	1	限位间隙检测
10	坡度尺		把	1	
11	线坠		个	1	
12	电工工具		套	1	
13	安全帽		顶	若干	人均 1 顶
14	安全带		条	若干	
15	工具袋		个	若干	

3. 施工材料准备（见表 4-5-3）

表 4-5-3　施工材料

序号	名称	规格	单位	数量	备注
1	定位管	BJL031001C	套	若干	
2	定位支座	BJL030201D	套	若干	
3	限位定位器	BJL030202	套	若干	
4	定位线夹	BJL0301F	套	若干	
5	定位管支撑	BJL010501	套	若干	
6	螺纹锁固胶		kg	若干	
7	电力复合脂		支	若干	

（三）施工方法步骤

1. 施工前准备

（1）定位装置均预制完成，定位管一般已在腕臂安装时与斜腕臂捆在一起，定位器在预配车间与定位线夹组配在一起，U 形销已固定并向上折弯 60°。

（2）需根据施工计划，从料库按所需型号、数量领取材料，并对领取的材料进行外观质量检查，标识核对无误后，装在作业车上。

（3）安装定位装置应在接触线架设后由另一组作业车或梯车在架线当天完成中心锚结后安装（48 h 内）完成。

2. 定位管安装

（1）作业车行至中心锚结后，由中锚柱向起、落锚方向分别安装。

（2）按腕臂偏移表复核腕臂偏移量，未达标者，调整使其达标。

（3）平台上作业人员将临时固定在斜腕臂上的定位管拆下，如果定位管在腕臂安装时没有与定位环连接，就将定位管一端的双耳连接到定位环上。然后将定位管支撑与腕臂连接，或将定位管斜拉线下端连接在定位管上的定位钩上，并将斜拉线载流环线鼻子固定在定位勾螺栓上，拧紧螺栓，用力矩扳手检测是否达标。

3. 定位器安装

（1）定位管安装后，将定位器钩向上，将开口套进定位支座的凹槽，转动定位器将定位器连接到限位支座上。

（2）再将接触线安装在定位器的定位线夹里，如果线面不正，可用专用的线面夹持器夹住线槽将接触线扳正，把定位线夹夹板牙形部分放入接触线线槽内，注意有环夹板（备母侧）始终在外侧（远离定位支座），用梅花扳手预紧螺栓，如图 4-5-6 所示。

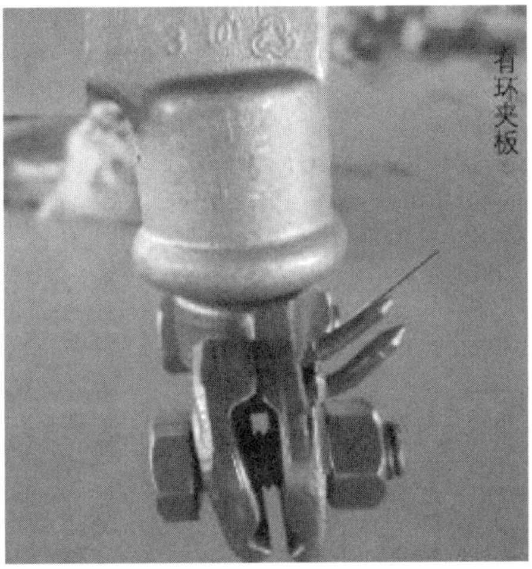

图 4-5-6　定位线夹安装方向

（3）按设计要求预留顺线路的偏移量，平均气温时，定位器垂直于线路中心，温度变化时定位器顺线路偏移量与腕臂安装偏移角度一致。注意在定位线夹与接触线的接触面应涂电力脂，定位器与接触线安装方法如图 4-5-7 所示。

图 4-5-7　定位器与接触线安装与紧固

（4）用扭矩扳手交替紧固螺母至标准值，再拧紧背母至标准值；防松止动垫片长支掰向线夹本体，短支掰向螺母上部六方平面。

（5）安装检查无误后作业车移出悬挂点，向下锚方向进行下一支柱的定位装置安装。

4. 锚支定位卡子安装

（1）应确保非支接触线的受力方向处在线夹荷载方向。

（2）检查无误后作业车移出悬挂点，向下锚方向进行下一支柱的定位装置安装。

5. 电气连接线安装及限位调整

（1）电气连接线安装及限位间隙调整应与整体吊弦安装及弹性吊索调整一并完成。

（2）先将螺栓螺母卸下，将螺栓装入定位器支座背部的螺栓孔中，依次穿入铜铝复合垫片、电气连接线一端的线鼻子，注意安装后铝面朝上（与支座接触），铜面朝下（与线鼻子接触），装入弹簧垫，预紧螺母，安装方法如图 4-5-8 所示。

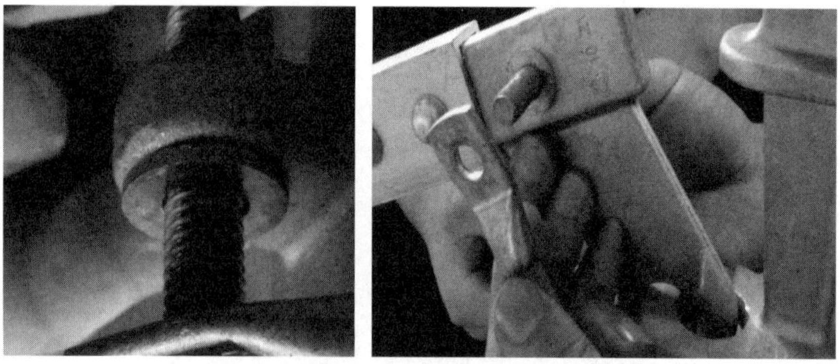

图 4-5-8　电气连接线铜铝复合衬垫安装方向

（3）在定位器尾部的孔中穿入螺栓，依次放入铜铝复合垫片、线鼻子，注意安装后铝面朝内（与定位器接触），铜面朝外（与线鼻子接触），装入弹簧垫，预紧螺母，安装方法如图 4-5-9 所示。

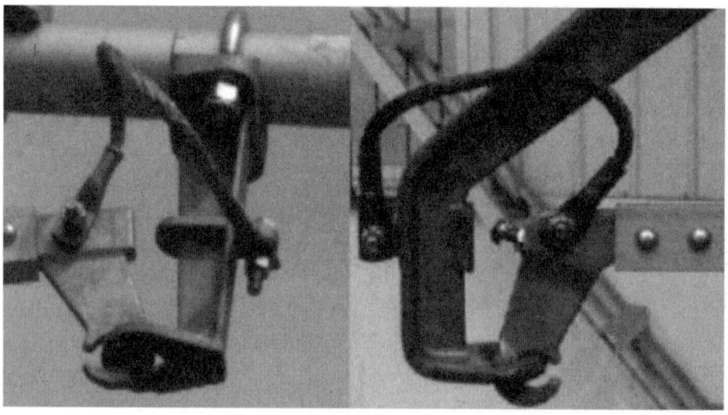

图 4-5-9　线鼻子安装实例

（4）调整电气连接线弯曲弧度，安装的弧度不应与定位器底座和限位止钉相互摩擦，检查螺栓、垫片方向有无装错，电气连接线统一安装在来车方向，水平穿向螺栓穿向来车方向。检查无误后用力矩扳手紧固至设计值。

（5）在弹性吊索及接触悬挂调整时，调整定位器限位间隙，使用专用塞棒检测限位间隙，限位间隙测量实例如图 4-5-10 所示。

图 4-5-10　限位间隙检测与定位器坡度检测

（6）结合接触线高度、拉出值检测，对不符合设计要求的定位器限位间隙、坡度进行调整，采取调整定位管的方法。只允许调整定位管斜吊线或支撑与坡度。

（7）调整正确后进行定位器防风拉线的安装。

6. 防风拉线安装

（1）防风拉线应与电气连接线安装一起进行，在整体吊弦安装及弹性吊索安装调整时一并完成。

（2）防风拉线安装如图 4-5-11 所示。

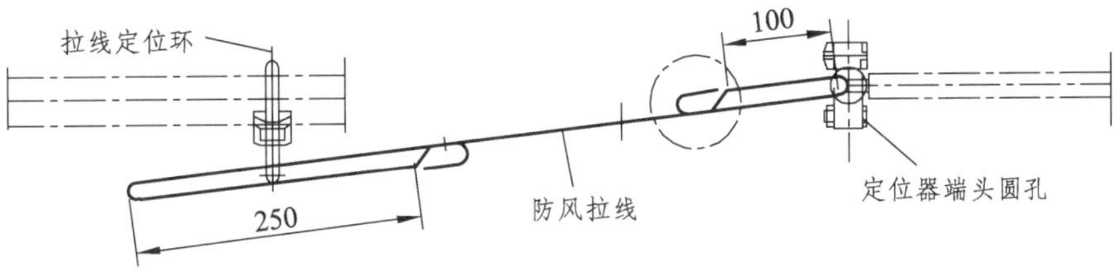

图 4-5-11　防风拉线安装示意图

（3）将预制好的防风拉线短环一端穿入定位器端头圆孔，把防风拉线上的圆环套进回头上，用钳子把回头拧（扳）成圆弧状。

再将防风拉线长环端穿入定位管上的拉线定位环，把防风拉线上的圆环套进回头上，用钳子把回头拧（扳）成圆弧状。

防风拉线定位环统一在来车方向安装，防风拉线的本体一侧靠近定位管。安装后短环与长环两端方向相反，长环在定位管端，短环在定位器端，定位器方法拉线安装如图 4-5-12 所示。

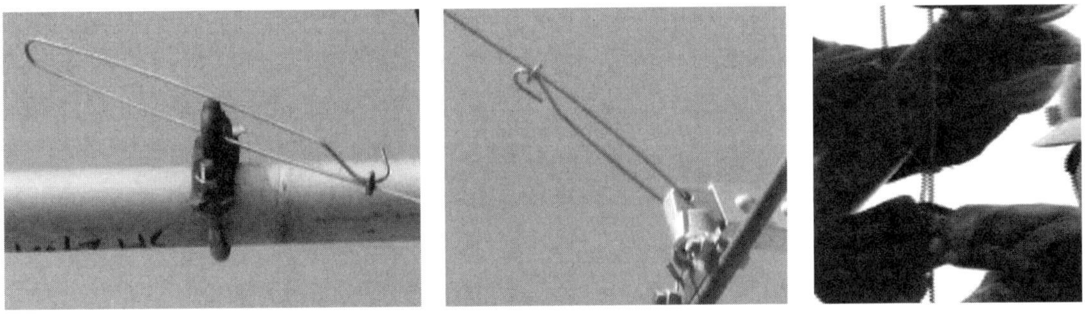

图 4-5-12　定位器防风拉线安装

7. 施工结束

（1）完成当日施工任务后，收回工具、材料，放倒作业凳，降作业平台，在封闭点内，作业车返回停放地点。

（2）施工负责人填写施工记录。

8. 质量控制

（1）定位器安装应符合设计要求，在平均温度时应垂直于线路中心线，温度变化时，偏移量与接触线在该点的伸缩量应一致。限位定位器倾斜度与定位管的坡度应符合设计要求，限位间隙允许偏差为 ± 1 mm。

（2）定位器安装选用型号应符合设计要求及腕臂计算给定的型号。

（3）转换支柱处两定位器应能分别随温度变化自由移动、不卡滞，接触线非工作支和工作支定位器、管之间的间隙不小于 100 mm，螺栓紧固力矩值应符合设计要求。

（4）定位器应处于受拉状态，禁止受压。同时，定位支座对受电弓动态包络线不能小于 100 mm。

（5）作业过程严禁踩踏接触线或给接触线施加外力，以保证接触线的平直度和良好的高速弓网受流质量。

（6）定位器应在接触线架设后及时安装，以免出现接触线扭面现象。

三、任务考核

（1）人员：以作业组为单位。

（2）操作时间：规定时间为 30 min。在规定时间内完成，不加分也不扣分；每超时 1 min，从总分中扣 2 分；超时 10 min，停止作业。

（3）考核标准：见表 4-5-4。

表 4-5-4　考核记录表

考核项目	分值	序号	考核要求及评分标准	分值	扣分情况	得分
工具准备	20 分	1	作业车、作业凳、激光测量仪、力矩扳手、钢卷尺、安全防护用具	10 分		
		2	定位管、定位器、线夹、防风拉线、润滑脂、螺纹锁固胶	10 分		
操作技能	60 分	3	施工准备	10 分		
		4	定位管预制	15 分		
		5	定位管安装	15 分		
		6	锚支定位卡子安装	10 分		
		7	技术要求	10 分		
安全及其他	20 分	8	按规定设置防护	5 分		
		9	安全	10 分		
		10	动作、语言文明	5 分		
规定时间	30 min		操作时间			
合计	100 分			100 分		

任务二　拉出值调整

【任务描述】

拉出值是接触网中一个重要的参数，它决定电力机车受电弓与接触线的磨耗是否均匀，甚至影响到受电弓的使用寿命。本任务就是在定位装置安装完成后进行接触线参数的调整，重点要掌握参数调整的方法。

直线段拉出值调整作业

一、理论部分

（一）拉出值的概念

在定位点处接触线与电力机车受电弓滑板中心有一定的距离，这个距离在直线区段叫作接触线的“之”字值，在曲线区段称为拉出值。

（二）拉出值的作用

主要是使运行中的电力机车受电弓滑板工作面与接触线摩擦均匀，保证接触线与受电弓接触，不发生脱弓，避免因脱弓造成的弓网事故。

二、任务实施

（一）施工工艺流程（见图 4-5-13）

图 4-5-13　施工工艺流程

（二）施工组织准备

1. 施工人员组织（见表 4–5–5）

表 4-5-5　施工人员组织

序号	项　目	单位	数量	备　注
1	施工负责人	人	1	全面负责
2	作业人员	人	2	测量调整
3	作业车司机	人	2	正、副司机各 1 人
4	防护人员	人	3	车站 1 人，现场 2 人

2. 施工工机具准备（见表 4-5-6）

表 4-5-6　施工工机具

序号	名 称	规 格	单位	数量	备 注
1	作业车		台	1	
2	梯车		台	2	人工安装
3	梅花扳手		套	1	
4	力矩扳手		套	1	
5	作业凳	0.9 m 高	个	1	
6	钢卷尺	2 m	把	1	
7	接触网激光测量仪		套	1	
8	坡度尺		把	1	
9	线坠		个	1	
10	电工工具		套	1	
11	安全帽		顶	若干	人均 1 顶
12	安全带		条	若干	
13	工具袋		个	若干	

（三）施工方法及步骤

1. 施工准备

承力索、接触线、中心锚结、补偿装置、整体吊弦、定位装置已安装完毕。

2. 拉出值调整

（1）作业车司机听从施工负责人指挥，作业车运行到定位点处。

（2）地面辅助人员用激光检测仪测量该定位点拉出值，即为 $m_{实}$。

（3）施工负责人依据测量数据 $m_{实}$与标准值 $m_{标}$进行比较，确定调整量Δm 的大小及方向。

（4）作业人员登上支柱将单滑轮或滑轮组通过钢丝套挂在支柱适当位置处，将棕绳穿过滑轮。

（5）将棕绳头绑在定位线夹处接触线上，或将动滑轮钩与定位线夹处接触线连接。

（6）拉动棕绳，定位装置卸载松弛后，作业车工作台上作业人员松动定位管上的定位环螺栓，然后用木槌敲打定位环按确定的方向移动Δm 值。

（7）紧固定位环螺栓，缓慢松动棕绳使定位装置受载，复测拉出值直至符合要求。

（8）确认各部受力状态良好后，撤除工具，铁件涂油。

三、任务考核

（1）人员：以作业组为单位。

（2）操作时间：规定时间为 20 min。在规定时间内完成，不加分也不扣分；每超时 1 min，从总分中扣 2 分；超时 5 min，停止作业。

（3）考核标准：见表 4-5-7。

表 4-5-7 考核记录表

考核项目	分值	序号	考核要求及评分标准	分值	扣分情况	得分
工具准备	20 分	1	作业车、作业凳、激光测量仪、滑轮、力矩扳手、棕绳、钢卷尺、安全防护用具	12 分		
		2	定位环、定位线夹、开口销、销钉	8 分		
操作技能	60 分	3	拉出值测量	10 分		
		4	拉出值计算	15 分		
		5	确定调整量及方向	15 分		
		6	定位装置卸载、调整	15 分		
		7	复测	5 分		
安全及其他	20 分	8	按规定设置防护	5 分		
		9	安全	10 分		
		10	动作、语言文明	5 分		
规定时间	30 min		操作时间			
合计	100 分			100 分		

项目六　吊弦安装

【导　读】

吊弦是接触悬挂的组成部分，是链型悬挂的重要组成部件之一，用吊弦将接触线悬吊在承力索下面，承力索和接触线安装后，即可进行吊弦的安装。本项目的主要任务是载流吊弦和弹性吊弦的安装。

【学习目标】

（1）掌握吊弦的作用和类型，了解载流吊弦的安装方法，具备载流吊弦的安装能力。

（2）掌握吊弦偏移和弹性吊弦安装的技术要求，了解弹性吊弦的安装方法，具备弹性吊弦的安装能力。

【思政目标】

（1）强化安全意识和风险防控能力：充分认识到在吊弦安装过程中存在的安全风险，学会识别和评估风险，并采取有效的预防措施。通过吊弦安装，培养学生的风险防控能力，让他们能够在工作中自觉遵守安全操作规程，确保自身和他人的安全。

（2）培养学生的职业责任感和使命感，在工作中始终保持高度的职业标准

任务一　载流吊弦安装

【任务描述】

在接触网中，吊弦是将接触悬挂的重力传给承力索的重要部件，本任务是在承力索和接触线均安装完成后进行的施工项目。重点要掌握吊弦的测量和安装方法。

环节吊弦制作

一、理论部分

（一）吊弦的作用

接触线通过吊弦挂在承力索上，调节吊弦的长度可以保证接触悬挂的结构高度和接触线距轨面的工作高度。吊弦增加了接触线的悬挂点，提高了电力机车受电弓的取流质量。

（二）吊弦的类型

（1）载流吊弦。采用 10 mm^2 的青铜绞线，安设在承力索和接触线之间。

（2）弹性吊弦。采用 25 mm^2 的青铜绞线。

弹性吊弦用在全补偿链型接触悬挂中悬吊接触线，有 Y 形和π形两种结构形式。

弹性吊索用整体吊弦分可调整体吊弦和不可调整体吊弦，具体组成如下：接触线吊弦线夹、弹性吊索吊弦线夹、心形环、钳压管、线鼻子、吊弦线及吊弦线固定螺栓等。吊弦结构采用心形环结构，吊弦线在接触线端的连接采用钳压管压接连接。安装于 $R\geqslant 1\ 200$ m 的线路区段。在区间，定位采用正定位时，弹性吊索为 18 m，定位采用反定位时，弹性吊索为 14 m。在站场，当软横跨跨距≥50 m 时，弹性吊索为 18 m；跨距<50 m 时，弹性吊索为 14 m。

（3）软横跨直吊弦。安设在软横跨横向承力索与上部固定绳之间采用 4.0 mm 两股镀锌铁线拧合而成，最短不小于 0.4 m。

（4）隧道内滑动吊弦。安设在隧道内，为防止电流灼伤吊弦，吊弦线与弹性吊索、接触线之间有可靠的电气连接和防护措施。

（三）吊弦安装质量要求

（1）吊弦的布置应根据悬挂类型及跨距大小决定，跨中吊弦均匀布置，间距一般为 8 ~ 12 m，其施工误差为 ± 0.5 m。站场内几股道同类型悬挂的吊弦，应尽可能布置在同一断面内。

（2）每根吊弦不得少于两节，吊弦线夹必须安装端正、牢固，吊弦要顺直。

（3）半补偿链型悬挂的吊弦应按计算偏移值进行安装，顺线路方向对垂直线的偏斜角度不得大于 30°，否则，应改为滑动吊弦。横线路方向对垂直线的偏斜角不得大于 20°，全补偿链型悬挂的吊弦一般应垂直安装。

（4）中心锚结范围内不设吊弦，隧道内中心锚结所在跨距内不设吊弦，距中心锚结 450 m 外承力索上的吊弦线夹应改为夹环。

二、任务实施

（一）施工工艺流程（见图 4-6-1）

图 4-6-1　施工工艺流程

（二）施工组织准备

1. 施工人员组织（见表 4-6-1）

表 4-6-1　施工人员组织

序号	项　目	单位	数量	备　注
1	施工负责人	人	1	全面负责
2	作业人员	人	4	测量、安装各 2 人
3	司机	人	2	正、副司机各 1 人

2. 施工工机具准备（见表 4-6-2）

表 4-6-2 施工工机具

序号	名 称	规格或型号	单位	数量	备 注
1	作业车		台	1	
2	作业凳	0.9 m 高	台	1	
3	梅花扳手	M17	把	2	
4	力矩扳手		套	1	人均 1 套
5	吊弦间距测量仪		台	1	
6	粉笔		支	若干	
7	毛刷		把	1	
8	接触线线面校正器		把	1	
9	安全帽		顶	5	作业人员人均 1 顶
10	电工工具		套	5	作业人员人均 1 套

3. 施工材料准备（见表 4-6-3）

表 4-6-3 施工材料

序号	名 称	规格或型号	单位	数量	备 注
1	吊弦	按施工表	根		
2	吊弦线夹	按施工表	套		
3	U 形卡钉	按施工表	个		
4	电力脂		kg	若干	

（三）施工方法及步骤

1. 测 量

1）测量悬挂点承力索高度

将多功能接触网检测仪放置在悬挂点下方轨面上，如图 4-6-2 所示，操作检测仪，测出承力索距钢轨水平面的距离值报记录人。

2）测量跨距

一人拉尺头，一人拿尺尾，还有一人中间扶钢尺，手持平面图或事先将当天测量跨距记录在一张纸上，向拿钢尺的人报设计跨距数，一般每跨分两次测完（曲线地段分三次），如与实际不符，将测得的值进行加减后报记录人。

图 4-6-2　用多功能测量仪测量悬挂点承力索高度

2. 吊弦预制

（1）根据计算，确定吊弦长度。

（2）预制第一个心形环。

① 将吊弦线穿过压接套环，在线的终端形成一个环后，再将线头穿回压接套环并拉出。

② 在预制台上测量压接套环外的直线长度（300 mm），如图 4-6-3 所示。

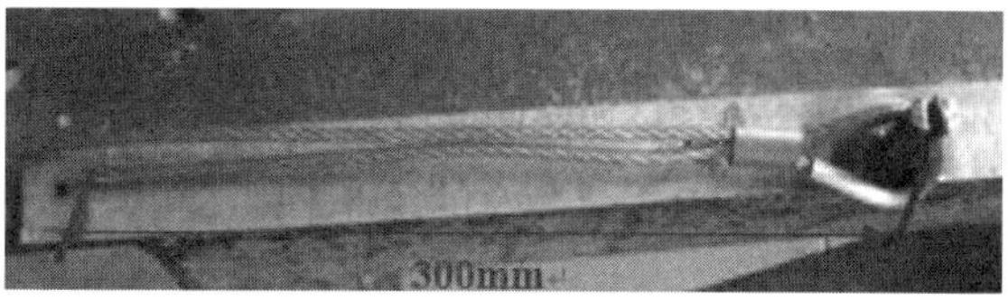

图 4-6-3　测量压接套环外直线长度

③ 在这个位置上，轻 压压接套环的回头侧，将压接套环固定在该位置。

④ 将一个心形环固定在载流环弯曲处，将线和压接套环置于压接槽内，压接套环紧靠导向板，并处于压模相对中心的位置，如图 4-6-4 所示。

图 4-6-4　心形环的压接

⑤ 拉紧线尾，使线套按顺时针方向紧固在心形环上，在此过程中，导向板起着终点挡板的作用。压接套环两端应对称。

⑥ 检查两线在压接套环中是否互相密贴，确认无误后，启动冲压设备。

⑦ 使用液压设备时，启动控制阀门，取出心形环。

（3）测量切割长度，预制第二个心形环。

① 压接完一个心形环后，在预制台上测量吊弦线切割的长度。

② 取带心形环的线头，将环固定在预制平台的销钉处，按上述测量切割长度，在切割处两边缠捆胶带，以防吊弦线散股，再用断线钳切断吊弦线。

③ 按上述第一个心形环制作程序制作第二个心形环。

（4）复核吊弦长度。

在预制平台上检查吊弦长度，用销钉 A 钩住一个心形环，用刻度尺读取另一个套环内缘的尺寸，可将测得值与计算表中的值进行对比，确定预制的精确度。

（5）压接吊弦线鼻子。

① 在载流环线头上安装线鼻子，心形环和线鼻子的排列方向如图 4-6-5 所示。

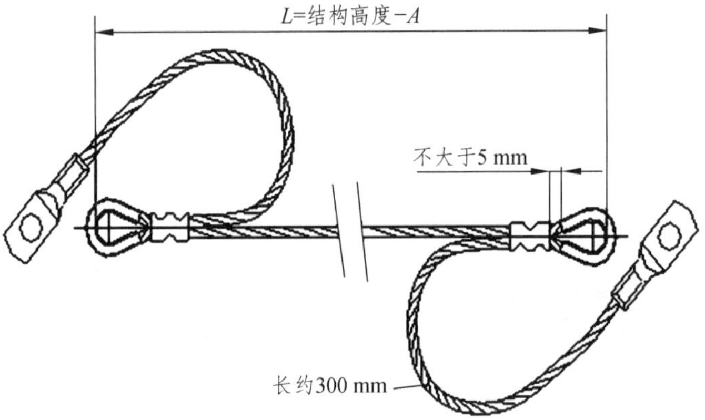

图 4-6-5　心形环和线鼻子的排列图

② 合模压接必须保证压接模具上下模合拢，无间隙，一次压接到位，压接后尺寸应符合要求。

③ 重复步骤②，固定压接另一头的线鼻子，并注意线鼻子的相对位置。

（6）标识包装。

① 预制完一根后，用不干胶标签注明锚段号、× ×—× × 支柱第 × 根吊弦，并贴在承力索吊弦线夹一端的压接套环上，以确保对号入座、准确安装。

② 一个锚段为一个大单元，即为 2 ~ 3 捆，一个跨距为一个小单元（用铁线串在一起），为避免吊弦变形，在中间加一方木（与吊弦长相等），外包尼龙编织袋，均匀地用铁线捆紧 3 道，并加标签，注明 × ×—× × 区间或车站 × × 锚段 × ×—× × 支柱，以便运输和安装。

3. 吊弦安装

（1）测量人员带测量工具下车，按计算表，开始测量吊弦安装位置，用粉笔在钢轨上做出标志，或采取沿线索测量的方法（一端使用夹子）。

（2）作业车对位，升作业台，作业台上安装人员扶起作业凳，上凳系好安全带，一人将需安装的吊弦传递给安装人员。

（3）施工负责人用线坠对准钢轨上的安装位置，反引到承力索上，安装人员配合，并标记安装位置。先安装承力索上的吊弦线夹，再安装接触线上的吊弦线夹。承力索上吊弦线夹安装如图 4-6-6 所示。

图 4-6-6　承力索上吊弦线夹安装图

（4）先用刷子清除掉承力索、接触线安装吊弦线夹部位的灰尘和氧化物层，并在安装位置涂一层电力复合脂。

（5）拆开吊弦线夹，先将吊弦线夹的线夹箍固定在承力索上，将吊弦穿过吊弦心形环。将六角螺栓穿过线鼻子及防松垫片的孔，吊环推过线夹箍，六角螺栓穿入吊环和线夹箍及防松垫片，带上六角螺母。

（6）将 U 形销钉从六角螺栓和承力索之间插入。

（7）用梅花扳手拧紧螺栓与螺母，用力矩扳手检测紧固力矩并达标，然后再按要求将防松垫片的长短折弯，止动垫片拧（扳）到位。

（8）拆开接触线吊弦线夹，以便安装。将吊环穿过吊弦心形环，六角螺栓穿过线鼻子的孔及防松垫片的孔，把吊环推过线夹箍，抬住接触线。将线夹箍放置在接触线的凹槽里，把带线鼻子的六角螺栓推进吊环和线夹箍及防松垫片，带上螺母。安装人员用线坠检测吊弦垂直度，并调整达标。再用梅花扳手紧固，并用力矩扳手检测紧固力矩是否符合设计要求。按要求将防松垫片的长短片折弯，如图 4-6-7 所示，将止动垫片拧（扳）到位。

图 4-6-7　止动垫片位置图

4. 复测接触线高度

（1）一个锚段吊弦安装全部完成后，应逐悬挂点、吊弦点检测接触线下缘距轨面连线的高度。

（2）记录人员如实记录，并将记录交技术负责人，技术负责人根据检测结果判定吊弦长度是否合格，并出具处理意见，安装人员根据意见处理达标。

（3）接触线高度变化的坡度及预留弛度均为0。相邻两根吊弦间的接触线高差不大于10 mm（通常不大于5 mm）。

5. 技术要求

（1）吊弦间距按计算值布置，安装应从中心锚结向下锚侧进行。

（2）每跨吊弦间距累计测量偏差小于150 mm时，应将误差布置在跨中。如累计测量偏差大于150 mm，应上报技术负责人，不得安装。

（3）吊弦的导线环安装应符合要求。接触线端朝向行车前进方向侧，承力索端朝向行车前进方向的反侧。

（4）吊弦应端正、垂直偏差不得大于20 mm。顺线路安装位置应符合设计要求，施工允许偏差为±50 mm。

（5）吊弦线夹连接螺栓紧固力矩为25 N·m，止动垫片应拧（扳）到位。

（6）吊弦间距测量的起测点与闭合点均以悬挂点为准。

（7）安装线夹位置的承力索、接触线及线夹与承力索、接触线的接触面均应把灰尘、氧化物等清除干净，并涂一层电力复合脂。

三、任务考核

（1）人员：以作业组为单位。

（2）操作时间：规定时间为20 min，在规定时间内完成，不加分也不扣分；每超时1 min，从总分中扣2分；超时10 min，停止作业。

（3）考核标准：见表4-6-4。

表4-6-4 考核记录表

考核项目	分值	序号	考核要求及评分标准	分值	扣分情况	得分
工具准备	20分	1	作业车、作业凳、力矩扳手、钢卷尺、粉笔、毛刷、线坠、激光测量仪、防护用具	15分		
		2	吊弦、吊弦线夹、U形销钉、润滑脂	5分		
操作技能	60分	3	测量吊弦安装位置	15分		
		4	安装	15分		
		5	复测接触线高度	15分		
		6	技术要求	15分		
安全及其他	20分	7	按规定设置防护	5分		
		8	安全	10分		
		9	动作、语言文明	5分		
规定时间	20 min		操作时间			
合计	100分			100分		

任务二　弹性吊弦安装

【任务描述】

弹性吊弦应用在高速电气化铁道接触网中以增强接触网的弹性，使整个锚段内的弹性趋于一致，本任务重点掌握弹性吊弦的安装方法。

整体吊弦安装与调整

一、理论部分

（一）吊弦的偏移要求

在设有补偿装置的链形悬挂中，当气温变化时，线索因热胀冷缩的物理特性，顺线路方向产生移动，使吊弦出现偏移。接触网检修规程规定，吊弦偏移后与其垂直方向的夹角，顺线路不得超过30°，横线路方向不得超过20°。

（二）安装技术要求

（1）弹性吊索必须从中心锚结向下锚方向安装。半个锚段范围内只能允许一个作业组进行调整。

（2）吊索绳设计长度为18 m。

（3）跨中第一吊弦与相邻弹性吊索吊弦的高度差必须小于10 mm；弹性吊索吊弦与定位线夹高度差为零。

（4）吊索线夹紧固力矩为23 N·m。

（5）安装线夹位置的承力索、接触线及线夹与承力索、接触线的接触面均应把灰尘、氧化物等清除干净，并涂一层无酸锂基润滑脂。

（6）弹性吊索张力和定位装置调整应同时进行，同时达标。

（7）弹性吊索张力调整时，不得对悬挂产生附加外力。

（8）作业过程严禁踩踏接触线或给接触线施加外力，以保证接触线的平直度。

（9）悬挂点与两边第一吊弦区段的接触线高度应符合设计要求。

二、任务实施

（一）施工工艺流程（见图4-6-8）

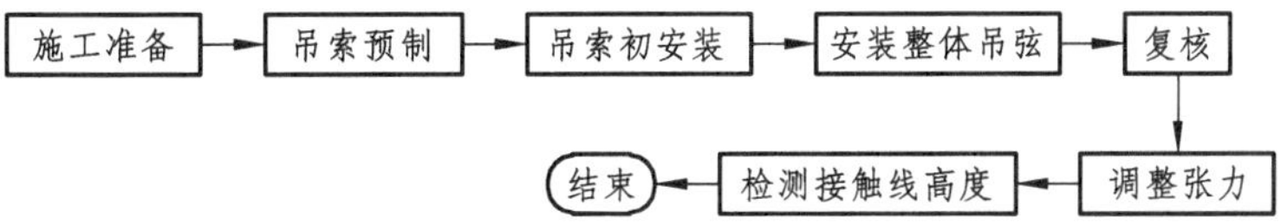

图4-6-8　施工工艺流程

（二）施工组织准备

1. 施工人员组织（见表 4-6-5）

表 4-6-5　施工人员组织

序号	项　目	单位	数量	备　注
1	施工负责人	人	1	全面负责
2	作业人员	人	4	测量、安装各 2 人
3	司机	人	2	正、副司机各 1 人

2. 施工工机具准备（见表 4-6-6）

表 4-6-6　施工工机具

序号	名　称	规格或型号	单位	数量	备　注
1	作业车		台	1	
2	作业凳	0.9 m 高	台	1	
3	梅花扳手	M17	把	2	
4	力矩扳手		套	1	人均 1 套
5	吊弦间距测量仪		台	1	
6	粉笔		支	若干	
7	毛刷		把	1	
8	接触线线面校正器		把	1	
9	安全帽		顶	5	作业人员人均 1 顶
10	电工工具		套	5	作业人员人均 1 套
11	弹性吊弦紧张仪	3 t	套	1	紧吊索用

（三）施工方法及步骤

1. 预　制

（1）按 18 m 截取弹性吊索绳，弹性吊索绳为 35 mm^2 青铜绞线。

（2）在弹性吊索绳（18 m）的中间做标记，端头及标记处用胶带绑扎。

2. 弹性吊索初安装

（1）作业车行至悬挂点处，升起作业架。

（2）把弹性吊索的中心临时固定在承力索座的中点。

（3）向中心锚结方向展放弹性吊索，用弹性吊索线夹把承力索和弹性吊索紧固在一起。

（4）再从悬挂点向承力索补偿方向展放弹性吊索，尽量拉紧，使用线夹临时紧固，张力为 2.5 kN。

3. 安装整体吊弦

吊索安装完成后，按设计要求，将预制好的弹性吊索上的整体吊弦安装到位，如图 4-6-9 所示。

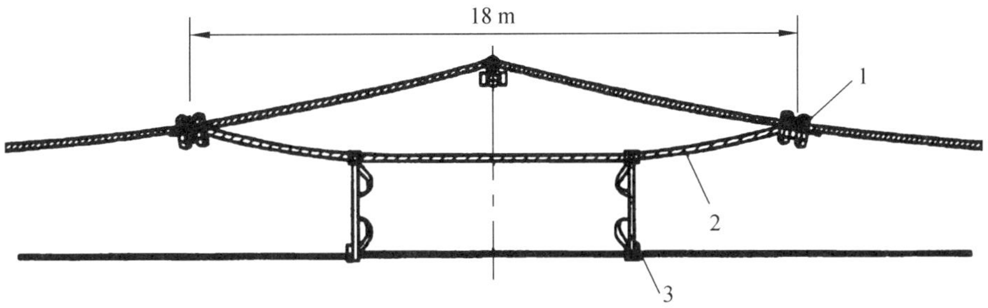

1—弹性吊索线夹；2—弹性吊索；3—弹性吊弦。

图 4-6-9　整体吊索安装图

4. 复查腕臂偏移和补偿装置

腕臂偏移复核后才能安装弹性吊索，补偿坠砣符合额定张力要求。

5. 调整弹性吊索张力

（1）在安装之前，所有螺栓紧固的接触线和承力索线夹均需涂抹无酸锂基润滑脂。

（2）按正常张力 3.5 kN 固定弹性吊索。

（3）跨中第一吊弦与相邻弹性吊索吊弦的高度差必须小于 10 mm；弹性吊索吊弦与定位线夹高度差为零。

（4）检查定位器限位范围。通过改变定位环位置和定位管坡度，调整定位器限位。

6. 安装质量要求

（1）辅助绳在悬挂点两端应平均分配，施工误差为 ± 0.5 m。

（2）弹性吊弦辅助绳两端分别用两个上下相互倒置的钢线卡子固定，钢线卡子间距 100 mm，绳头距卡子 20 ~ 30 mm 并用 ϕ1.2 ~ ϕ2.0 镀锌铁线绑扎。

（3）弹性吊弦辅助绳松紧适当，辅助绳不得有破损、断股等现象。

（4）采用Ⅱ型弹性吊弦时，两环节吊弦要受力均匀。

7. 检测接触线高度

作业车移出，施工负责人用接触网激光测量仪检测悬挂点及靠近中心锚结跨距中间处的接触线高度，并做好记录，交技术负责人。技术负责人根据检测结果判定是否达标，如未达标，技术负责人提供整治方案，作业人员据此整治达标。

三、任务考核

（1）人员：以作业组为单位。

（2）操作时间：规定时间为 30 min。在规定时间内完成，不加分也不扣分；每超时 1 min，从总分中扣 2 分；超时 10 min，停止作业。

（3）考核标准：见表 4-6-7。

表 4-6-7　考核记录表

考核项目	分值	序号	考核要求及评分标准	分值	扣分情况	得分
工具准备	20 分	1	作业车、作业凳、力矩扳手、钢卷尺、粉笔、毛刷、线坠、激光测量仪、防护用具	15 分		
		2	吊弦、吊弦线夹、U 形销钉、润滑脂	5 分		
操作技能	60 分	3	测量吊弦安装位置	15 分		
		4	承力索吊弦线夹安装	15 分		
		5	接触线吊弦线夹安装	15 分		
		6	U 形销钉、放松垫片安装	15 分		
安全及其他	20 分	7	按规定设置防护	5 分		
		8	安全	10 分		
		9	动作、语言文明	5 分		
规定时间	30 min		操作时间			
合计	100 分			100 分		

★ **思政链接**

那个淳朴的接触网工人

——记中国中铁电气化局集团一公司高级技师巨晓林

巨晓林是中国中铁电气化局集团一公司高级技师，参加工作 28 年来，他总计研发和革新工艺工法 98 项，创造经济效益 900 多万元。他主编的《接触网施工经验和方法》，也成为铁路一线接触网工的教科书。一名普通的农民合同工，现已成长为国家级技能大师、全国劳动模范，当选为党的十八大代表、第十二届全国人大代表。

1. 坚守工地　奋斗在一线

1987 年 3 月，24 岁的关中汉子巨晓林离开家乡，成为中国中铁电气化局集团一公司的一名普通农民合同工，从事接触网施工工作。

当年，中国中铁电气化局集团的接触网作业内容多以体力劳动为主，个子不高的巨晓林很不占优势。此外，接触网作业集多种专业知识于一身，对员工的技术水平有很高的要求，就连当时的许多大学生也未必能够胜任，这让只有高中学历的巨晓林感到了压力。

面对重重困难，巨晓林并没有低头。他不断给自己鼓劲：农民工也要懂技术，技术好就不会被淘汰！白天，他认真总结技术要点与施工心得，遇到不明白的地方，便追着师傅与技术人员问，直到彻底搞清楚为止；晚上，他会将当天学习的知识记录在笔记本上，进行巩固与消化。就这样，巨晓林在短短两年时间内，就成长为一名合格的接触网工人，也为他日后成为一名高技能人才奠定了坚实基础。

2010 年 5 月，巨晓林被选调到京沪高铁参加施工技术攻关。初到京沪高铁的施工现场，巨晓林每天连走路、吃饭时都会拿着笔记本。很快，各种施工标准与技术规范便在他心里扎下了根。

2013 年 9 月，巨晓林和工友们又转战到合福高铁。在这里，胸有成竹的巨晓林每天奔走在现场，对每道工序都认真思考，并带领攻关团队成员一起进行改进试验。

公司领导也多次表态，希望他不要“逞强”，多从事更加适合的教学工作。但巨晓林始终把工地当作第二个家，不管被书记和队长“训”多少次，只要一有时间，他就会返回工地。

2. 巧干创新　实现人生价值

1989 年夏天，巨晓林参与北同蒲铁路施工接触网架线作业。这项工作每到一个悬挂点，都要有人肩扛电线爬上爬下。为节省工时，他尝试用一个铁丝套挂住滑轮，获得成功。从那时起，他迷上了工艺改进与创新。

如今的高铁施工与以往的普通铁路施工相比，在工艺和标准的要求上有很大区别。为提高效率，巨晓林习惯性地琢磨起了工艺改进。

2011 年，在京沪高铁施工中，面对接触网毫米级误差的极高施工要求，巨晓林带领 QC（质量控制）课题小组，先是解决了 H 型钢柱基础下部调整螺母的问题，接着又探索研发了导线精调一次到位施工工艺。他主持发布的《提高京沪高铁腕臂数据测量一次合格率》的革新成果，获得全国工程建设 QC 成果发布会一等奖。

2012 年，“巨晓林接触网工国家级技能大师”工作室成立，主要任务是进行技术创新与人才培养。如今，工作室共完成项目合理化建议 15 个，工艺工法改进 21 项，QC 成果 2 项，国家专利 1 项，实现科技成果转化 500 余万元。

3. 不忘初心　保持淳朴本色

“全国劳动模范”“全国五一劳动奖章”获得者、“国家级技能大师”“全国创先争优优秀共产党员”……不熟识巨晓林的人，往往会惊叹于他身上的诸多荣誉光环。但只有巨晓林身边的工友知道，走下领奖台，回到施工工地，他还是那个淳朴的接触网工人。

全国两会刚刚闭幕，作为全国人大代表的巨晓林便急忙乘坐火车回到合福高铁的工地。第二天，当穿着工装的巨晓林出现在施工现场时，队长还责怪他为什么不休息几天，他说：“班组的兄弟们都在忙活，我哪好意思啊！”

不忘初心，方得始终。生活中的巨晓林也始终坚持着关中汉子的那份淳朴。但凡参加公务活动，他都乘坐公交或者地铁。在合福高铁施工的两年多时间，他多次去北京参加会议和活动，几乎每次买的都是普通列车硬座票。

项目七　锚段关节调整

【导　读】

通过对锚段关节的调整，使锚段关节内各线索的水平间距和垂直间距均符合规定，各部连接牢固，定位管转动灵活，偏移符合规定。主要任务是线索和定位装置的调整。

【学习目标】

（1）掌握锚段、锚段关节的概念及作用，了解接触线、承力索的调整方法，具备接触线、承力索的调整能力。

（2）掌握锚段关节的技术标准，了解定位装置的调整及模拟冷滑方法，具备定位装置的调整能力。

【思政目标】

（1）锚段关节调整需要高度专业技能和精确操作，通过对该项目的学习，培养学生精益求精的工匠精神，不断追求更高的技术水平和更精确的操作方法，提高专业素养，培养敬业精神和对铁路工作的热爱。

（2）树立主人翁责任感、事业心，追求崇高的职业理想；培养认真踏实、恪尽职守、精益求精的工作态度；力求干一行爱一行专一行，努力成为本行业的行家里手。

任务一　线索调整

【任务描述】

锚段关节式接触网锚段之间重叠部分的结构较为复杂，线索悬挂较大，故在接触网施工中线索调整就显得尤为重要。本任务重点掌握线索调整的方法。

一、理论部分

锚段关节的讲解

（一）锚段及锚段关节的概念

为满足供电和机械受力方面的需要，将接触网分成若干一定长度且相互独立的分段，这种独立的分段称为锚段。两个相邻锚段的衔接部分称锚段关节。

（二）锚段的作用

（1）可以限制事故范围。

（2）便于设置补偿装置，以调整线索的弛度与张力。

（3）有利于供电分段，可实现一定范围内的停电检修作业。

（三）锚段长度的确定

锚段长度一般采用两种方法确定：经验取值法和计算法。经验取值法如表 4-7-1 所示；计算法则通过对线索张力差的计算，确定锚段长度。

隧道内一般不分锚段，但隧道长度超过 2 000 m 时，应划分锚段，方法同上。

表 4-7-1　锚段长度经验取值表

悬挂类型	锚段所在线路情况	锚段长度/m
半补偿链形悬挂	直线区段（一般）	1 600
	直线区段（困难）	1 800
	直线和曲线各占一半时	1 300
	曲线占 70%以上时	1 100
全补偿链形悬挂	直线区段（一般）	1 800
	直线区段（困难）	2 000
	曲线占 70%以上时	≤1 500

（四）锚段关节的类型

（1）按用途分：非绝缘锚段关节和绝缘锚段关节。图 4-7-1 所示为四跨绝缘锚段关节。

（2）按衔接长度分：二跨、三跨、四跨、五跨等锚段关节。现场已有七跨、八跨锚段关节的应用，图 4-7-2 所示为七跨电分相锚段关节。

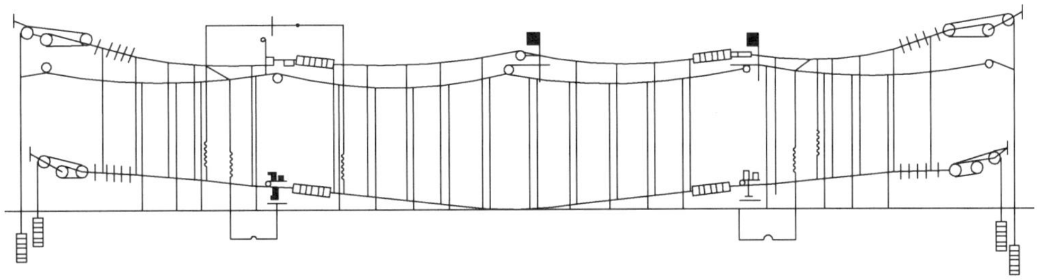

（a）直线

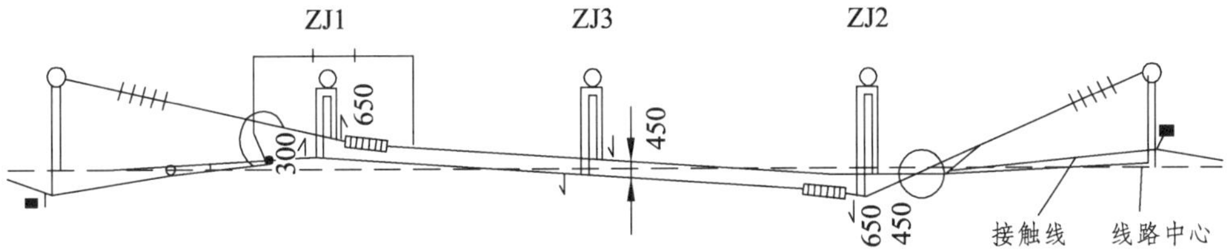

（b）曲线外侧

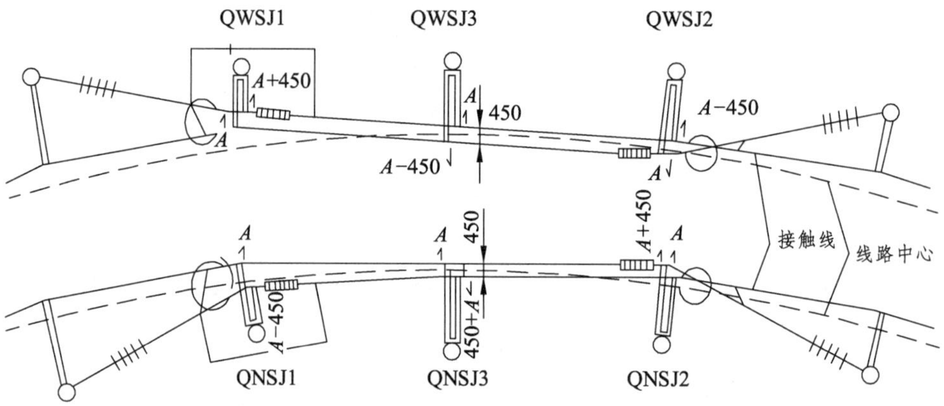

（c）曲线内侧

图 4-7-1　四跨绝缘锚段关节

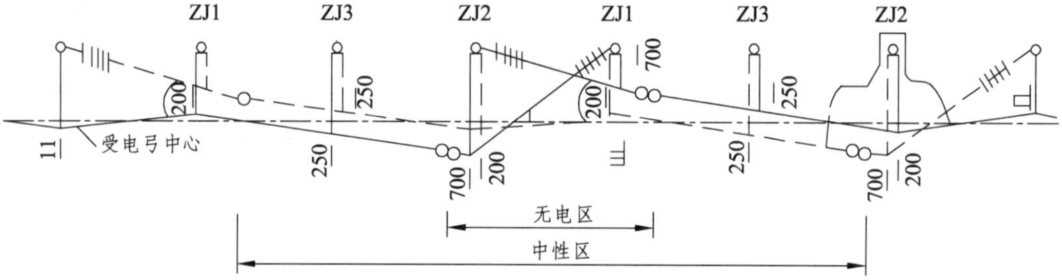

图 4-7-2　七跨绝缘锚段关节

（五）锚段关节的作用

（1）三跨（常用非绝缘）锚段关节：只起机械分段的作用，不进行电分段。

（2）四跨（常用绝缘）锚段关节：除机械分段外，主要用于同相电分段。

二、任务实施

（一）施工工艺流程（见图 4-7-3）

图 4-7-3　施工工艺流程

（二）施工组织准备

1. 施工人员组织（见表 4-7-2）

表 4-7-2　施工人员组织

序号	项目	单位	数量	备注
1	施工负责人	人	1	
2	技术工人	人	4	如采用梯车作业，技术工人增加到 6 人
3	防护员	人	1	

2. 施工工机具组织（见表 4-7-3）

表 4-7-3　施工工机具

序号	名称	规格	单位	数量	备注
1	作业车		台	1	带有检测接触线高度拉出值的检测弓
2	紧线器		台	2	根据线型选用
3	钢丝套子		件	2	
4	导线扭面器		件	2	按导线选用
5	钢卷尺	10 m	把	1	
6	钢卷尺	5 m	把	1	
7	大绳	10 m	条	1	ϕ22 mm
8	小绳	10 m	条	1	ϕ12 mm
9	激光测量仪		台	1	
10	安全带		条	若干	每人 1 条
11	工具袋		套	若干	每人 1 套
12	力矩扳手	25～100 N·m	套	2	
13	梅花扳手		套	2	
14	木槌		把	1	
15	防护旗		面	2	
16	倒链葫芦	3 t	台	1	

（三）施工方法及步骤

1. 检调腕臂顺线路方向偏移值

（1）司机听从施工负责人指挥，启动作业车运行至施工地点。

（2）停车后，测量人员下车，用激光测量仪逐个测量锚段关节处每个腕臂顺线路的偏移值，负责人做好记录，并根据环境温度和设计要求，通过计算，判定检测值是否符合设计要求。

（3）施工负责人根据判定结果，指挥作业车司机对位，升作业台，作业台上人员扶起作业凳，上凳，系好安全带，逐个松开承力索支撑线夹螺栓，将腕臂偏移值调整至达标后，将螺栓用梅花扳手拧紧，并用力矩扳手检测是否达标。

2. 检调承力索高度及间距

（1）测量人员用激光测量仪检测锚段关节处两转换柱和中心柱腕臂上承力索距轨面的高度，尤其是抬高腕臂时的高度，施工负责人做好记录，并根据设计要求计算需要调整的工作量。

（2）施工负责人根据调整工作量指挥作业车司机对位，升作业台，作业台上人员扶起作业凳，上凳，系好安全带，高腕臂承力索需降低时，先在水平腕臂与斜腕臂连接的套管单耳外，即平腕臂合适位置，装好一个防滑的套管单耳，再将水平腕臂与斜腕臂连接的套管单耳的螺栓慢慢松动，其他人员配合，向上抬住线索和腕臂，将套管单耳线夹向支柱对侧移动（移动量应提前计算好），并在平腕臂上做上标记。到达标准位置后，用梅花扳手将螺栓拧紧，再用力矩扳手检测是否达标。拆除防滑套管单耳。曲线段可采取挂滑轮，用大绳提吊承力索的方法配合移动。如低腕臂承力索需升高，可采用上述降低的方法，但套管单耳移动方向应相反（即向支柱侧）。

（3）双腕臂两承力索的间距调整可采用上述（2）的方法实现。

3. 检调接触线高度

（1）测量人员用激光测量仪对锚段关节两接触线高度进行一次全面检测，并做好记录。施工负责人根据检测结果和设计标准，判定是否符合设计要求，确定精调项目和工作量。

（2）施工负责人根据确定精调项目，指挥作业车司机对位，升作业台。作业台上人员扶起作业凳，上凳，系好安全带，测量个别需更换既有吊弦的总长度。地面人员根据测量长度再加减接触线高度与标准的差值，制作新的吊弦。作业车人员拆除既有吊弦，按吊弦安装要求，在原位置安装新吊弦。安装后，作业车移出，检测人员应对新安装吊弦处的接触线高度进行复测确认。

三、任务考核

（1）人员：以作业组为单位。

（2）操作时间：规定时间为 40 min。在规定时间内完成，不加分也不扣分；每超时 1 min，从总分中扣 2 分；超时 5 min，停止作业。

（3）考核标准，见表 4-7-4。

表 4-7-4　考核记录表

考核项目	分值	序号	考核要求及评分标准		分值	扣分情况	得分
工具准备	20 分	1	作业车、作业凳、力矩扳手、钢卷尺、粉笔、毛刷、线坠、激光测量仪、防护用具、单滑轮、大绳、计算器、温度计		15 分		
		2	套管单耳、线鼻子、吊弦线、吊弦线夹、心形环、压接管、ϕ4.0 mm 铁线		5 分		
操作技能	60 分	3	腕臂偏移值检调		20 分		
		4	承力索高度检调		10 分		
		5	承力索间距检调		20 分		
		6	接触线高度检调		10 分		
安全及其他	20 分	7	按规定设置防护		5 分		
		8	安全		10 分		
		9	动作、语言文明		5 分		
规定时间	20 min		操作时间				
合计	100 分				100 分		

任务二　定位装置调整

【任务描述】

定位装置安装完成后，对接触网定位装置进行调整以达到接触网设计的参数要求，本任务重点要掌握定位装置相关参数的调整方法。

一、理论部分

（一）三跨（常用绝缘）锚段关节的技术标准

（1）锚段关节内，两转换柱间的两条接触线在水平面上的投影应平行，线间的距离为100 mm），误差不超过30 mm。在立面图中，两接触线的立体交叉点应在该跨距中心处。

（2）转换柱处，非工作支接触线比工作支接触线抬高200～250 mm。下锚处非工作支抬高500 mm。

（3）下锚支接触悬挂在转换柱水平面处改变方向时，其偏角一般不应大于6°，困难情况下不得超过12°。

（4）两转换柱与锚柱间，在距转换柱10 m处应安装电连接线。

（二）四跨（常用绝缘）锚段关节的技术标准

（1）在两转换柱间，两接触线的投影应保持平行，线间距离为（500 ± 50）mm。

（2）在转换柱处，非工作支接触线比工作支接触线抬高（500 ± 50）mm。

（3）在中心柱处，两接触线距轨面等高，允许误差为 ± 10 mm。

（4）非工作支接触线和下锚支承力索在转换柱靠中心柱处加装一串（4片）悬式绝缘子。

（5）在两转换柱与锚柱间距转换柱10 m处，设电连接各一组。

（6）两个锚段的电路连通或断开由隔离开关控制。

二、任务实施

（一）施工工艺流程（见图4-7-4）

图4-7-4　施工工艺流程

（二）施工组织准备

1. 施工人员组织（见表4–7–5）

表4-7-5　施工人员组织

序号	项目	单位	数量	备　注
1	施工负责人	人	1	
2	技术工人	人	4	如采用梯车作业，技术工人增加到6人
3	防护员	人	1	

2. 施工工机具准备（见表 4-7-6）

表 4-7-6　施工应用工机具

序号	名称	规格	单位	数量	备　注
1	作业车		台	1	带有检测接触线高度拉出值的检测弓
2	紧线器		台	2	根据线型选用
3	钢丝套子		件	2	
4	水平尺		件	1	测量定位器坡度
5	钢卷尺	10 m	把	1	
6	角度仪		把	1	定位器角度测量
7	塞尺		套	1	定位间隙测量
8	小绳	10 m	条	1	ϕ12 mm
9	激光测量仪		台	1	
10	安全带		条	若干	每人一条
11	工具袋		套	若干	每人一套
12	力矩扳手	25 ~ 100 N · m	套	2	
13	木槌		把	1	
14	防护旗		面	2	
15	倒链葫芦	3 t	台	1	

（三）施工方法及步骤

1. 检调拉出值及定位装置

（1）测量人员对锚段关节拉出值全面检测一次，并做好记录。施工负责人根据测量结果与设计值比较，确定调整值。

（2）施工负责人指挥作业车司机对位，命令作业人员按确定的调整值，逐个调整达标。作业台作业人员系好安全带，松定位支座螺栓，将拉出值调整到位，调整后，检测人员复检确认。

（3）作业人员听从施工负责人指挥，用塞尺检测限位定位器的限位间隙，并调整达标。方法是用钢尺检测两接触线水平、垂直距离，并调整达标。

2. 模拟冷滑

检调工作完成后，用带受电弓的作业车升弓，以 40 km/h 的车速对锚段关节进行来回两次模拟冷滑检测，如有缺陷，应立即调整，使其达标。

3. 技术要求

（1）腕臂顺线路偏移值应符合设计要求，施工允许偏差为 ± 50 mm（注意双腕臂的偏移值方向是相反的，不要调错）。

（2）悬挂点接触线高度的偏差为 ± 20 mm，结构高度的偏差为 ± 100 mm（如有偏差时，两支悬挂的误差方向应相同）。

（3）悬挂点承力索与接触线应在同一垂直面上，施工允许偏差为 20 mm。

（4）拉出值应符合设计要求，施工允许偏差为 ± 20 mm。

（5）转换柱处，当非工作支接触线位于工作支定位管上面时，其间隙不应小于 50 mm。

（6）限位定位器的间隙应符合设计要求，施工允许偏差为 ± 1 mm。

（7）四跨锚段关节转换柱处两接触线间垂直、水平距离应符合设计要求。垂直间距施工允许偏差为 ± 10 mm，等高点（段）位置应符合设计要求；水平间距施工允许偏差为 ± 20 mm。

三、任务考核

（1）人员：以作业组为单位。

（2）操作时间：规定时间为 40 min。在规定时间内完成，不加分也不扣分；每超时 1 min，从总分中扣 2 分；超时 5 min，停止作业。

（3）考核标准：见表 4-7-7。

表 4-7-7　考核记录表

考核项目	分值	序号	考核要求及评分标准	分值	扣分情况	得分
工具准备	20 分	1	作业车、作业凳、力矩扳手、钢卷尺、粉笔、毛刷、线坠、激光测量仪、防护用具、单滑轮、大绳、计算器、温度计	15 分		
		2	套管单耳、线鼻子、吊弦线、吊弦线夹、心形环、压接管、ϕ4.0 mm 铁线	5 分		
操作技能	60 分	3	拉出值检调	20 分		
		4	定位装置检调	10 分		
		5	模拟冷滑	20 分		
		6	技术要求	10 分		
安全及其他	20 分	7	按规定设置防护	5 分		
		8	安全	10 分		
		9	动作、语言文明	5 分		
规定时间	20 min		操作时间			
合计	100 分			100 分		

项目八　线岔安装

【导　读】

两股道接触网在道岔上方交叉形成线岔。本项目的主要任务是进行线岔的安装及调整。

【学习目标】

（1）掌握交叉线岔的结构和定位要求，了解交叉线岔的安装方法，具备交叉线岔的安装能力。

（2）掌握无交叉线岔的主要特点，了解无交叉线岔的安装方法，具备无交叉线岔的安装能力。

【思政目标】

（1）学习“宝成线上女子带电作业班”的传奇故事，培养巾帼不让须眉、不畏艰险、不怕吃苦的精神。

（2）培养学生的团结协作精神，一个人的能力十分有限，“一个篱笆三个桩，一个好汉三个帮”，一个团队的力量远大于一个人的力量。团队不仅强调个人的工作成果，更强调团队的整体业绩。团队所依赖的不仅是集体讨论和决策，它同时也强调成员的共同贡献。

任务一　交叉线岔安装

【任务描述】

交叉线岔是接触网在有股道交叉的区段上空将接触线进行交叉布置的装置，本任务重点要掌握线岔安装的方法及安装要求。

接触网线岔的维护

一、理论部分

（一）交叉线岔的结构及作用

在两接触线交叉处用限制管固定，并限制两相交接触线位置的设备，称为接触网线岔，如图 4-8-1 所示。线岔的作用是保证电力机车受电弓安全平滑地由一条接触线过渡到另一条接触线，达到转换线路的目的。接触网线岔由两相交接触线、一根限制管和固定限制管的线夹、螺栓组成。

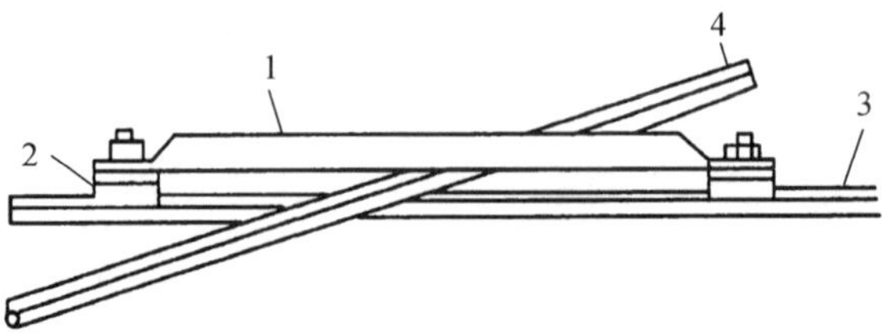

1—限制管；2—定位线夹；3—工作支接触线；4—非工作支接触线。

图 4-8-1　接触网线岔结构图

限制管用 3/8 inch 镀锌钢管加工制成，两端扁平有圆孔，分为 500 型（长度 1 300 mm）和 700 型（长度 1550 mm）两种。根据安装接触线处至中心锚结的距离确定，当距离不超过 500 m 时，采用 500 型；超过 500 m 时，采用 700 型。

（二）定位要求

线岔定位是指两导线交叉点的投影点在线岔导曲线两内轨轨距的位置。

（1）线岔定位柱的拉出值应为 375 mm，最大不得超过 400 mm。

（2）线岔处两接触线交叉点的垂直投影，在标准定位时，应位于线岔导曲线两内轨轨距 630 ~ 760 mm 的横向中心处，相对中点处的误差不超过 20 mm；在非标准定位时，应在导曲线两内轨轨距 735 ~ 935 mm 横向中点处，且应尽量靠近标准定位。

（3）线岔一侧两接触线均为工作支时，在两接触线相距 500 mm 处为受电弓始触点，要求此点两接触线对轨面等高，误差为 10 mm。线岔的另一侧，当两接触线有一条是非工作支时，在两线间距为 500 mm 处，非工作支接触线比工作支接触线抬高不小于 50 mm。

（4）凡是安装线岔的地方，均应安设电连接线，电连接线安装在距线岔 1.5 ~ 2 m 处。

（5）线岔处两组接触悬挂应自然相交，正线位于侧线下方，如同为侧线时，距中心锚结近者在下面。

二、任务实施

（一）施工工艺流程（见图 4-8-2）

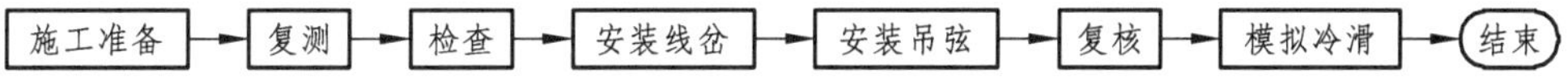

图 4-8-2　施工工艺流程

（二）施工组织准备

1. 施工人员组织（见表 4-8-1）

表 4-8-1　施工人员组织

序号	人员	单位	数量	备注
1	施工负责人	人	1	由工班长担任
2	技术负责人	人	1	负责现场技术及测量
3	安全员	人	1	负责现场安全
4	作业车司机	人	2	正、副司机各 1 人
5	作业人员	人	4	技术工人
6	防护人员	人	4	车站联络员 1 人

2. 施工工机具准备（见表 4-8-2）

表 4-8-2　施工应用工机具

序号	名称	规格	单位	数量	备注
1	接触网作业车		组	1	
2	激光测量仪	DJJ-8	台	1	测量接触网参数
3	水平尺	500 mm	把	4	测量
4	钢卷尺	10 m	把	1	测量
5	安全带		条	若干	作业人均 1 条
6	温度计		个	1	测量现场温度
7	记号笔		个	1	
8	报话机		部	5	通信
9	压接钳		把	1	制作吊弦
10	断线钳		把	1	制作吊弦
11	单滑轮	0.5 t	个	1	曲线处备用
12	大绳		条	1	
13	小绳		条	1	
14	梅花扳手		把	3	1 把线岔专用扳手
15	力矩扳手		把	2	紧固螺栓
16	安全帽		顶	若干	人均 1 顶
17	电动工具		套	若干	人均 1 套
18	防护用品		套	2	防护旗、喇叭

（三）施工方法及步骤

1. 施工准备

（1）线岔开口侧前方的接触网悬挂已安装完毕并达标。

（2）线岔处定位装置及吊弦已安装且基本到位。

2. 复检精调腕臂及承力索

（1）司机听从施工负责人指挥，启动作业车运行至施工地点。

（2）停车后，作业人员下车，用激光测量仪检查腕臂顺线路偏移是否符合设计要求。如未达标，作业车对位，升作业台，扶起作业凳，上凳，松开承力索支撑线夹螺栓，调整腕臂达标。达标后，将螺栓用梅花扳手拧紧，并用力矩扳手检测达标。

（3）作业车上作业人员检查工作支与非工作支承力索间距，检查交叉处是否有摩擦现象，必要时调整使其分开。

3. 复测精调接触线高度和拉出值

作业车移出定位点，地面作业人员用激光测量仪检测定位柱处两接触线高度和拉出值是否符合设计要求，并利用作业车精调达标。

4. 检查无线夹区、精调交叉吊弦（见图 4-8-3）

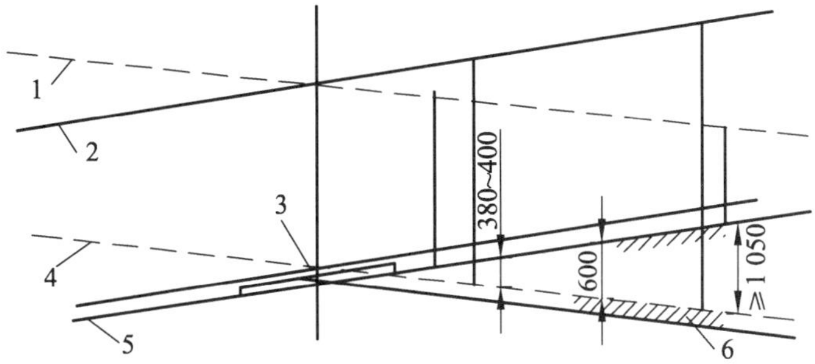

1—侧线承力索；2—正线承力索；3—线岔固定筋条；
4—侧线接触线；5—正线接触线；6—无线夹区。

图 4-8-3　无线夹区检查

（1）用激光测量仪检测无线夹区是否符合设计要求，并调整使其达标。

（2）用激光测量仪检测交叉吊弦处的接触线高度并精调至达标。个别不合适的吊弦先拆除，暂时用铝线调整到位，并测取吊弦长度，以便预制更换。

5. 安装线岔及固定筋条

（1）根据环境温度，复测正、侧两线接触线交叉点是否符合设计要求，并精调达标。

（2）确认后，依据图 4-8-4 交叉式线岔安装图，将作业车对位，升作业台，扶起作业凳，准备安装。

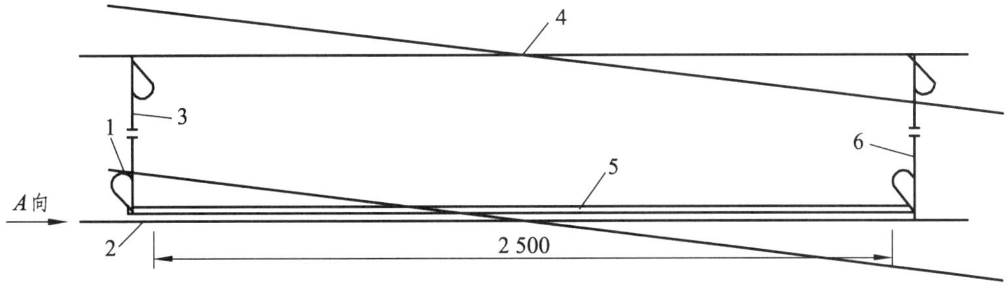

1—侧线接触线；2—正线接触线；3—线岔吊弦 A；4—两承力索间距离为 5 mm；
5—线岔固定筋条；6—线岔吊弦 B。

图 4-8-4　交叉式线岔安装图

（3）先将固定筋条中心对准两接触线交叉点，一头一个作业人员按图 4-8-5 所示尺寸连接固定筋条与导线连接线夹，用梅花扳手拧紧，再用力矩扳手紧固达标。

（4）作业人员扶起作业凳，上凳，系好安全带，用ϕ2.0 mm 镀锌铁线模拟 A、B 吊弦，在 A、B 吊弦安装位置将交叉式线夹吊起，用钢卷尺测量 A、B 吊弦的长度，作业人员拆开安全带，下凳，并放倒作业凳，作业车移出，用激光测量仪检测交叉式线夹两端的接触线高度。

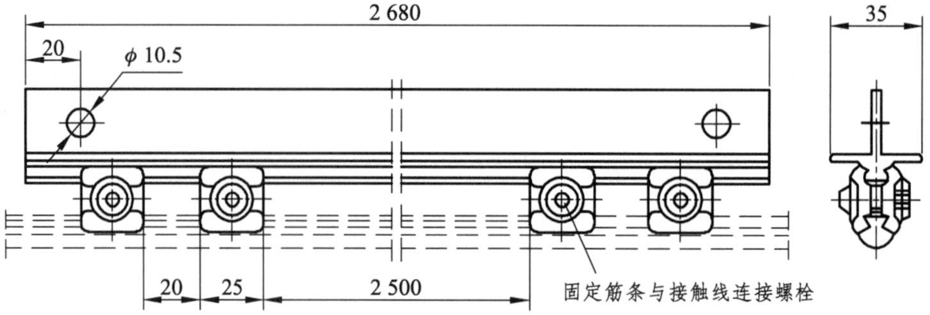

图 4-8-5　连接紧固筋尺寸示意图

（5）根据检测结果和 A、B 吊弦的测量长度，确定 A、B 吊弦的预制长度。

（6）根据确定好的 A、B 吊弦长度，按吊弦预制工艺，用压接钳压接预制好的 A、B 吊弦（A、B 吊弦长度也可根据安装处承力索、接触线间距，提前测量预制）。

6. 安装 A、B 吊弦

（1）作业车返回，作业人员扶起作业凳，上凳，系好安全带，安装预制好的线岔吊弦 A 和 B，用梅花扳手拧紧螺栓，再用力矩扳手紧固达标，并将止动垫片扳到位。

（2）完成后作业车移出，用激光测量仪检测线岔安装处的接触线高度，如不符合设计要求，作业车返回，调整达到设计高度，并测出线岔吊弦 A、B 的长度差，把不符合要求的线岔吊弦重新预制后更换上。

（3）更换后，应复测接触线高度。

7. 模拟冷滑检测

全部完成达标后，用带模拟受电弓的作业车升弓，以 30 km/h 的车速在岔区模拟冷滑检测，如有缺陷，立即调整，使其达标。

8. 技术要求

（1）交叉式线岔定位柱位置及拉出值应保证两接触线交叉点位于设计规定的范围内，交叉点处拉出值应符合设计要求。非工作支抬升量应符合设计要求。

（2）腕臂顺线路偏移应符合设计要求，施工允许偏差为土 90 mm。

（3）两承力索交叉点处间距不应小于 20 mm。

（4）拉出值、接触线高度应符合设计要求，拉出值施工允许偏差为 ± 20 mm，接触线高度施工允许偏差为 5 mm。

（5）两接触线间距 600 ~ 1 050 mm 为无线夹区（始触区），无线夹区不得安装任何线夹。

三、任务考核

（1）人员：以作业组为单位。

（2）操作时间：规定时间为 30 min。在规定时间内完成，不加分也不扣分；每超时 1 min，从总分中扣 2 分；超时 5 min，停止作业。

（3）考核标准：见表 4-8-3。

表 4-8-3　考核记录表

考核项目	分值	序号	考核要求及评分标准		分值	扣分情况	得分
工具准备	20 分	1	作业车、作业凳、力矩扳手、钢卷尺、粉笔、毛刷、线坠、激光测量仪、防护用具、单滑轮、大绳、计算器、温度计		15 分		
		2	线岔固定筋条、筋条连接线夹、载流吊弦、ϕ4.0 mm 铁线		5 分		
操作技能	60 分	3	腕臂及承力索复测调整		15 分		
		4	接触线高度和拉出值复测调整		10 分		
		5	交叉吊弦安装调整		15 分		
		6	线岔和固定筋条安装		10 分		
		7	A、B 吊弦安装、接触线高度测量		10 分		
安全及其他	20 分	8	按规定设置防护		5 分		
		9	安全		10 分		
		10	动作、语 言文明		5 分		
规定时间	20 min		操作时间				
合计	100 分				100 分		

任务二　无交叉线岔安装

【任务描述】

无交叉线岔是高速铁路接触网中位于线岔上方的线路转换装置，特点是线路转换时没有交点，结构相对于交叉线岔复杂。本任务重点要掌握无交叉线岔安装的方法及安装要求。

一、理论部分

（一）无交叉线岔概述

无交叉线岔的主要特点：当电力机车从正线上通过线岔时，其受电弓在任何情况下均不与侧线的接触线相接触（这在高速情况下尤为重要），避免了交叉线岔的不足（即产生打弓现象）；而电力机车从侧线进入正线或从正线进入侧线时，受电弓能在侧线与正线接触线之间实现平稳过渡，不发生刮弓现象。对于接触悬挂的结构而言，无交叉线岔主要表现为：线岔处两支悬挂线在空间是分开的，不像普通线岔那样有交叉点，如图 4-8-6 所示。

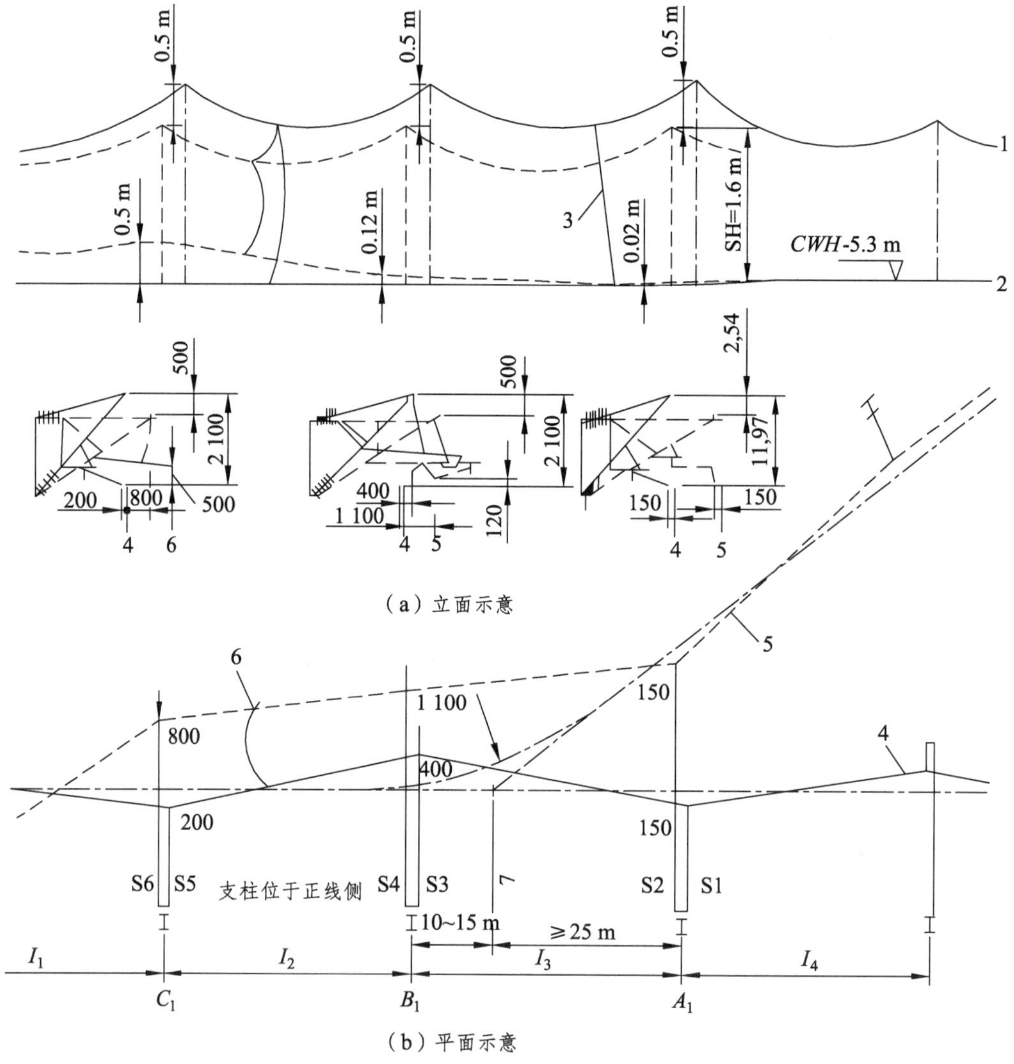

1—承力索；2—接触线；3—交叉吊弦；4—正线；5—侧线；6—电连接；7—理论岔心。

图 4-8-6　18 号线岔无交叉线岔示意图

相对于交叉线岔，无交叉线岔的安装调整比较麻烦，但它能够满足高速电气化铁路的要求，机车经过线岔时平稳良好的受流优越性是其他结构无法替代的。

（二）无交叉线岔的布置方式

图 4-8-6 为哈大线（哈尔滨—大连）18 号线岔平面布置，其定位柱 A1 位于距离岔心不小于 25 m 且距线岔开口小于 1 320 mm 处，B1 支柱距离岔心 10 ~ 15 m 可调，接触线拉出值为 400 mm，侧线拉出值 1 050 ~ 1 150 mm 可调，C1 支柱满足相邻跨距差和抬高要求，正线拉出值 200 mm，侧线拉出值 600 ~ 800 mm 可调。

接触线的导高在 A1 柱处侧线相对于正线抬高 20 mm，在 B1 柱处侧线相对于正线抬高 120 mm，在 C1 柱处相对于正线抬高 500 mm。当正线高速行车时，侧线接触线始终位于受电弓正常动态抬升量以外，受电弓只能与正线接触线接触，而不与站线发生任何关系，因此正线行车具有绝对的安全性。当列车由侧线驶入正线时，在 A1 点以前受电弓能与侧线接触线接触。通过 A1 点后大约在 AB 段的中部附近位置，受电弓在与侧线接触线接触的同时，其一侧倒角将开始触及正线接触线，并随着列车的前行，受电弓滑板脱离侧线接触线而转入正线接触线取流，直至完全驶入正线。当列车由正线驶入侧线时，B1 点以前受电弓均从正线接触线取流，当受电弓达到 AB 段的中部附近时，受电弓将脱离正线接触线，在其静态压力下与抬高的侧线相接触，进而转入侧线接触线取流。

（三）关节式无交叉线岔布置方式

如图 4-8-7 所示，2 条正线间的渡线线岔采用错段关节式线岔的典型接触网布置图。渡线电分段采用了四跨绝缘锚段关节形式（3 号关节），以避免采用分段绝缘器产生的硬点影响。1 号关节与 5 号关节为四跨非绝缘锚段关节，（相邻 2 支悬挂各形成一个锚段关节）。图中的导向支接触悬挂相对于另一正线而言又为侧线支接触悬挂，侧线支接触悬挂相对于另一正线而言又为导向支接触悬挂，从 B 柱到 C 柱的区域为正线和侧线之间的转换区域（五跨关节的中心跨）。

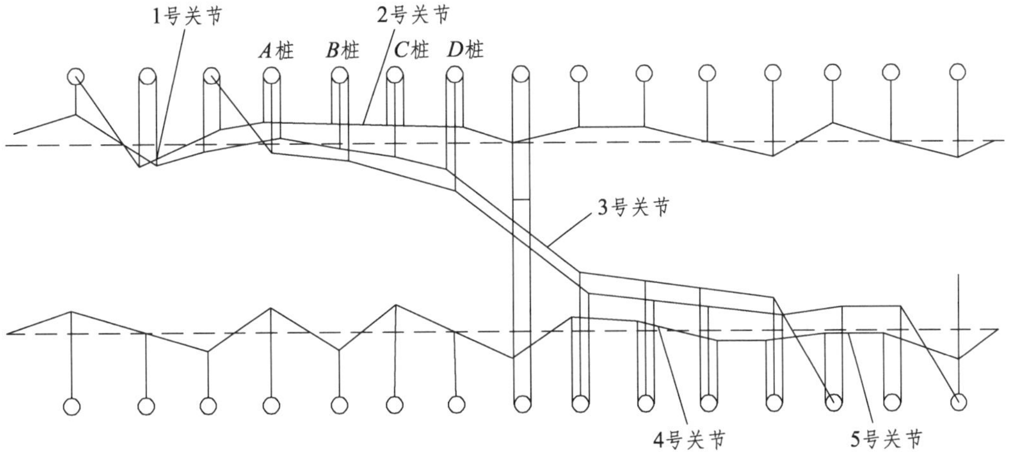

图 4-8-7　关节式无交叉线岔平面布置

当列车在正线上运行时，受电弓不与侧线支接触线接触，但在 1 号关节和 2 号关节处与导向支接触线存在转换过渡关系。当列车由正线驶入侧线时。受电弓首先在 1 号关节处由正线接触线过渡到导向支接触线，然后在 2 号关节外（B 柱、C 柱之间）由导向支接触线过渡到侧线支接触线，经过 C 柱以后完全驶离线岔进入侧线运行。当列车由侧线驶入正线时，受电弓首先在 2 号关节处（C 柱、B 柱之间）由侧线支接触线过渡到导向支接触线，经过 A 柱以后在 1 号关节处再由导向支接触线过渡到线接触线，进而完全转入线运行。

二、任务实施

（一）施工工艺流程（见图 4-8-8）

图 4-8-8　施工工艺流程

（二）施工组织准备

1. 施工人员组织（见表 4-8-4）

表 4-8-4　施工人员组织

序号	人员	单位	数量	备注
1	施工负责人	人	1	由工班长担任
2	技术负责人	人	1	负责现场技术及测量
3	安全员	人	1	负责现场安全
4	作业车司机	人	2	正、副司机各 1 人
5	测量、安装技术员	人	4	技术工人
6	防护人员	人	4	车站联络员 1 人

2. 施工工机具准备（见表 4-8-5）

表 4-8-5　施工工机具

序号	名称	规格或型号	单位	数量	备注
1	梯车	4.8 ~ 5.8 m	台	1	根据导高选用
2	激光测量仪		台	1	测量导高、拉出值
3	钢卷尺	5 m	把	1	
4	水平尺	L>500 mm	把	1	
5	温度计		把	1	

（三）施工方法及步骤

1. 施工准备

（1）线岔开口侧前方的接触网悬挂已安装完毕并达标。

（2）线岔处定位装置及吊弦已安装且基本到位。

2. 复检精调腕臂及承力索

（1）司机听从施工负责人指挥，启动作业车运行至施工地点。

（2）停车后，作业人员下车，用激光测量仪检查腕臂顺线路偏移是否符合设计要求。如未达标，作业车对位，升作业台，扶起作业凳，上凳，松开承力索支撑线夹螺栓，调整腕臂达标。达标后，将螺栓用梅花扳手拧紧，并用力矩扳手检测达标。

（3）作业车上作业人员检查工作支与非工作支承力索间距，检查装配处斜拉线、弹性吊索和非工作支线索是否有间隙过小、摩擦现象，如有必要，调整使其分开。

3. 复检精调接触线高度和拉出值

作业车移出定位点，地面作业人员用激光测量仪检测定位柱处两接触线的高度和拉出值是否符合设计要求，并利用作业车精调达标。

4. 检查无线夹区和精调交叉吊弦

（1）用激光测量仪检测无线夹区是否符合设计要求，并调整达标。

（2）用激光测量仪检测交叉吊弦处的接触线高度，并精调达标。个别不合适的吊弦先拆除，暂时用铝线调整到位，并测取吊弦长度，以便预制更换。

5. 模拟冷滑检测

（1）全部完成达标后，用带模拟受电弓的作业车升弓，以 30 km/h 的车速在岔区模拟冷滑检测，模拟三种冷滑工况：正线通过、正线进入站线、站线进入正线，如有缺陷，立即调整，使其达标。

（2）接触悬挂安装调整完毕后，应根据设计给定的电力机车受电弓外形尺寸和受电弓最大限位抬升量（225 mm）及最大左右摆动量（直线区段 250 mm，曲线区段 350 mm）制作受电弓动态限界（包络线）检查尺，安装在作业车上，模拟受电弓检测定位装置、岔区接触悬挂，模拟三种冷滑工况：正线通过、正线进入站线、站线进入正线。

6. 技术要求

（1）腕臂顺线路偏移应符合设计要求，设置允许偏差为 ± 20 mm。

（2）斜拉线、弹性吊弦、吊弦和悬挂等非接触间隙不应小于 80 mm。

（3）拉出值、接触线高度应符合设计要求，拉出值施工允许偏差为 ± 20 mm，接触线施工允许偏差为 5 mm。

（4）受电弓中心距相邻接触线 600 ~ 1 050 mm 的距离为无线夹区（始触区），无线夹区不得安装任何线夹。

三、任务考核

（1）人员：以作业组为单位。

（2）操作时间：规定时间为 30 min。在规定时间内完成，不加分也不扣分；每超时 1 min，从总分中扣 2 分；超时 5 min，停止作业。

（3）考核标准：见表 4-8-6。

表 4-8-6　考核记录表

考核项目	分值	序号	考核要求及评分标准	分值	扣分情况	得分
工具准备	15 分	1	作业车、作业凳、力矩扳手、钢卷尺、粉笔、毛刷、线坠、激光测量仪、防护用具、单滑轮、大绳、计算器、温度计	10 分		
		2	载流吊弦、ϕ4.0 mm 铁线	5 分		
操作技能	65 分	3	复测精调腕臂及承力索	15 分		
		4	测量精调接触线高度和拉出值	10 分		
		5	精调交叉吊弦	20 分		
		6	模拟冷滑检测	10 分		
		7	技术要求	10 分		
安全及其他	20 分	8	按规定设置防护	5 分		
		9	安全	10 分		
		10	动作、语言文明	5 分		
规定时间	30 min		操作时间			
合计	100 分			100 分		

项目九　电连接安装

【导　读】

电连接线是用导电性能好的材料制成，为了减少电连接线与接触线连接处的硬点，保持接触网弹性，要求电连接线做成螺旋弹簧状。本项目的主要任务是电连接的预制及安装调整。

【学习目标】

（1）掌握电连接的作用、类型及结构，了解电连接的安装方法，具备电连接的安装能力。

（2）掌握电连接线夹压接的技术要求，了解电连接线夹的压接方法，具备电连接线夹的压接能力。

【思政目标】

（1）深刻认识电连接安装对接触网供电和列车运行的重要作用，从而以严谨认真的态度对待每一个安装步骤与环节。

（2）鼓励学生的创新思维和进取精神，培养学生探索更可靠更高效的电连接安装方法和技术，为铁路行业的发展贡献力量。

任务一　电连接线安装

【任务描述】

电连接是接触网的重要组成部分，其作用是保证接触网各导线、各分段或各股道悬挂之间的电流通畅。本任务重点掌握电连接的类型和安装方法。

柔性电连接的制作与安装

一、理论部分

（一）电连接的作用

电连接将接触悬挂各供电分段间的电路连接起来，保证电路的畅通，通过电连接可实现并联供电，减少电能损耗，提高供电质量。

（二）电连接的分类

电连接按其使用位置不同，分为横向电连接和纵向电连接。

1. 横向电连接

横向电连接的主要作用是能实现并联供电。主要安设在隧道口、站场各股道之间等处，如图 4-9-1 所示。

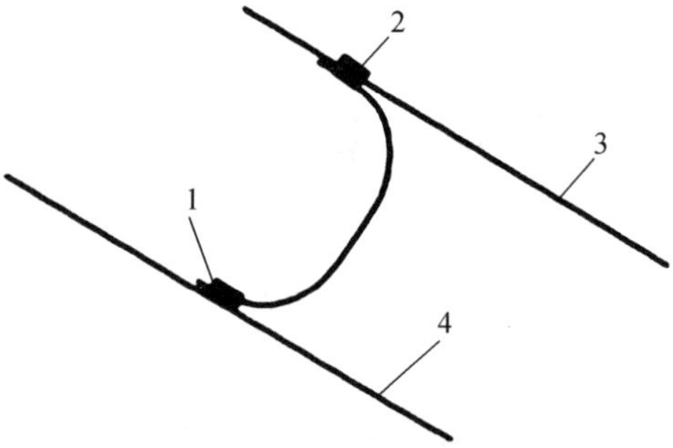

1—接触线电连接线夹；2—承力索电连接线夹；3—承力索；4—接触线。

图 4-9-1　横向电连接安装示意图

2. 纵向电连接

纵向电连接的主要作用是使供电分段或机械分段处两侧接触悬挂实现电的连通，在检修和事故处理时，可通过隔离开关达到电分段的目的。主要安设在锚段关节、线岔等处，如图 4-9-2 所示。

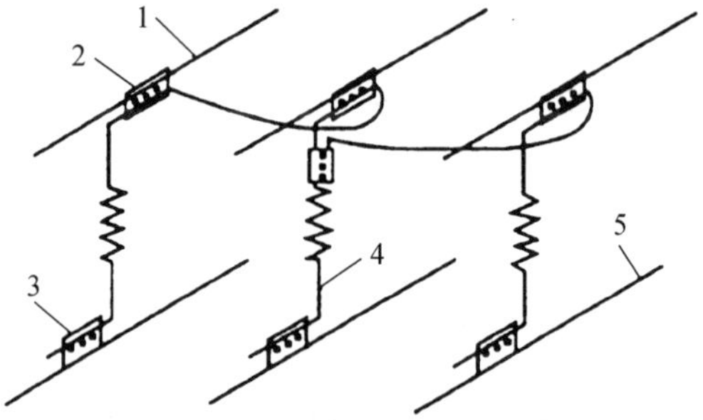

1—承力索；2—电连接线夹；3—接触线电连接线夹；4—电连接线；5—接触线。

图 4-9-2　纵向电连接

（三）电连接的结构

电连接应做成弹簧状，一般绕 3～5 圈，圈距 50 mm，圈内径为电连接线径的 3～5 倍（铜线）或 5～8 倍（铝线）。

二、任务实施

（一）施工人员组织（见表 4-9-1）

表 4-9-1　施工人员组织

序号	人员	单位	数量	备注
1	施工负责人	人	1	负责现场施工
2	技术负责人	人	1	负责现场施工技术
3	安全员	人	1	负责现场安全
4	安装作业人员	人	3	经过培训，掌握压接技术
5	司机	人	3	
6	防护人员	人	4	其中车站联络员 1 人

（二）施工工机具组织（见表 4-9-2）

表 4-9-2　施工工机具

序号	名称	规格型号	单位	数量	备注
1	作业车		台	1	
2	断线钳		把	1	
3	压接钳	液压	把	1	配模具 1 套
4	小绳	ϕ12 mm	条	2	上下吊装使用
5	安全带		条	2	
6	防护旗		付	2	红黄各 1
7	防护喇叭		个	1	
8	扭矩扳手		把	1	
9	皮尺	15 m	盒	1	

（三）施工方法及步骤

1. 施工准备

根据施工计划表，领取施工安装材料，对所安装的承力索、接触线电连接线夹及电连接线进行外观质量及规格检查。

2. 测　量

1）横向电连接

在安装吊弦的同时，用钢卷尺测量电连接安装处承力索与接触线铅垂方向的距离，并在该处安装一吊弦线夹，做出标记，为预制安装提供依据。

2）股道电连接

在安装站内吊弦的同时，用钢卷尺在安装处测量各股道承力索与接触线铅垂方向的间距及股道间距，并在该处安装一吊弦线夹作为标记并做好记录，并以此作为预制依据。

3）线岔电连接

在安装线岔调整的同时，用钢卷尺在安装线岔电连接处测量两股道承力索与接触线及两承力索的水平间距，并在该处安装一吊弦线夹作为标记并做好记录，并以此作为预制的依据。

4）锚段关节电连接

在安装、调整锚段关节的同时，用钢卷尺在安装位置测量非工作支、工作支承力索与接触线的间距及两承力索的水平间距，并在该处安装一吊弦线夹作为标记，做好记录，并以此作为预制的依据。

3. 预　制

1）横向电连接

根据实测数据，计算出电连接线所需的总长度，截取软铜绞电连接线，计算时对于结构高度不超过 1 m 的地方，电连接长度按承力索与接触线呈 C 形计算，如图 4-9-3 所示；结构高度大于 1 m 的地方，电连接长度按承力索与接触线呈 S 形计算，如图 4-9-4 所示。

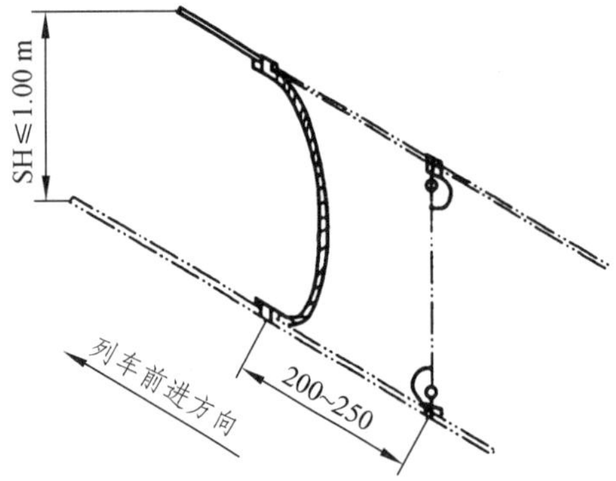

图 4-9-3　承力索与接触线 C 形

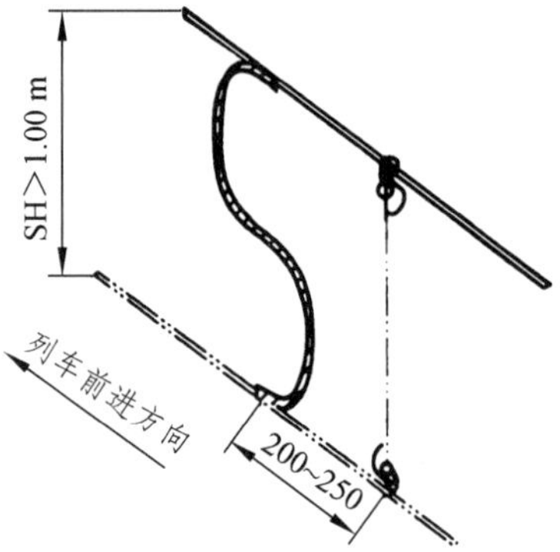

图 4-9-4　承力索与接触线 S 形

2）股道电连接

预制人员根据技术人员计算的长度测出所需电连接线的长度，做出标记，在标记两边用绑线绑扎牢固后，用断线钳剪取，并盘成盘捆紧，贴上××车站××-××股道标签，以防安装错误。

3）线岔电连接

预制人员根据技术人员计算的长度测出所需电连接线的长度，做上标记，在标记两边用绑线绑扎牢固后，用断线钳剪取并盘成盘捆紧，贴上××车站××线岔标签，以防安装错误。

4）锚段关节电连接

预制人员根据技术人员计算的长度测出所需电连接线的长度，做上标记，在标记两边用绑线绑扎牢固后，用断线钳剪取并盘成盘捆紧，贴上××车站（或区间）××杆号标签，以防安装错误。

4. 安　装

（1）司机听从施工负责人指挥，启动作业车运行至施工地点。

（2）作业车行至安装位置停车对位，升作业平台，扶起作业凳，一人上凳，另一人配合复测确认安装位置及预制长度。

（3）确认后，先用刷子清除承力索、接触线电连接线夹安装位置处的灰尘和氧化物，并在安装位置涂一层电力复合脂，再用专用液压钳严格按工艺要求逐个压接好电连接线夹（先压承力索，后压接触线）。

（4）完成后，用激光测量仪检测接触线电连接线夹处的导高，并调整达标。

5. 技术要求

（1）S 形和 C 形电连接线的确定：承力索与接触线间距不超过 1 m 时，采用 C 形，大于 1 m 时，采用 S 形。预制长度由技术人员根据实测（或吊弦计算资料）数据，通过计算提供给预配人员，预配人员依据其数据剪取电连接线所用长度，剪切处两边应绑扎牢固以防散股。

（2）股道电连接在任何温度下均应垂直安装，股道电连接应在同一断面内。

（3）线岔电连接应安装在接触区以外。

（4）凡与线索的接触面均应涂电力复合脂。

（5）承力索、接触线电连接线夹应垂直安装，且上、下行基本对齐。

（6）承力索、接触线电连接线夹压接应严格执行工艺要求。

（7）不符合设计要求的材料严禁使用。

（8）测量时不要给承力索、接触线施加外力，以免影响测量精度。

（9）安装时严禁踩踏接触线或给接触线施加外力，以保证接触线的平直度。

（10）横向电连接的间距以设计要求为准，施工允许偏差为 ± 300 mm。

（11）横向电连接线安装在跨距的 1/3 且电连接线夹距最近吊弦约 250 mm 处为宜。

（12）股道电连接安装位置应符合设计要求，施工允许偏差为 ± 100 mm。

（13）接触线电连接线夹处的接触线高度应不低于最近吊弦处的接触线高度（锚段关节电连接以工作支接触线高度为准），施工允许偏差为 0 ~ 3 mm。

三、任务考核

（1）人员：以作业组为单位。

（2）操作时间：规定时间为 30 min。在规定时间内完成，不加分也不扣分；每超时 1 min，从总分中扣 2 分；超时 5 min，停止作业。

（3）考核标准：见表 4-9-3。

表 4-9-3 考核记录表

考核项目	分值	序号	考核要求及评分标准	分值	扣分情况	得分
工具准备	15 分	1	作业车、作业凳、力矩扳手、钢卷尺、粉笔、毛刷、线坠、激光测量仪、防护用具、单滑轮、大绳、计算器、温度计	8 分		
		2	电连接线、接触线电连接线夹、承力索电连接线夹、电力复合脂、ϕ1.6 mm 铁线	7 分		
操作技能	65 分	3	施工准备	15 分		
		4	测量	10 分		
		5	预制	15 分		
		6	安装	15 分		
		7	技术要求	10		
安全及其他	20 分	8	按规定设置防护	5 分		
		9	安全	10 分		
		10	动作、语言文明	5 分		
规定时间	30 min		操作时间			
合计	100 分			100 分		

任务二　电连接线夹压接

【任务描述】

本任务是接触网电连接安装的一个重要环节，重点掌握电连接线夹压接的技术要求和线夹压接的工艺方法。

一、理论部分

电连接线夹压接技术要求如下：

（1）线夹与线材穿合后，应在安装位置前后稍做移动，使用线夹中的导电膏将压接处的线索表面涂抹均匀。

（2）压接前，必须确认所压接线夹与压接模具型号是相互匹配的。

（3）复核压接位置及各部尺寸，确认后方可压接。

（4）电连接线露出线夹长度为 5 ~ 10 mm。

二、任务实施

（一）施工工艺流程（见图 4-9-5）

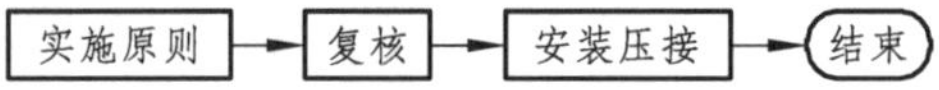

图 4-9-5　施工工艺

（二）施工组织准备

1. 施工人员组织（见表 4-9-4）

表 4-9-4　施工人员组织

序号	人员	单位	数量	备注
1	施工负责人	人	1	负责现场施工
2	技术负责人	人	1	负责现场施工技术
3	安全员	人	1	负责现场安全
4	安装作业人员	人	3	经过培训，掌握压接技术
5	司机	人	3	
6	防护人员	人	4	其中车站联络员 1 人

2. 施工工机具准备（见表 4-9-5）

表 4-9-5　施工工机具

序号	名称	规格型号	单位	数量	备注
1	作业车		台	1	
2	断线钳		把	1	
3	压接钳	液压	把	1	配模具 1 套
4	小绳	ϕ12 mm	条	2	上下吊装使用
5	安全带		条	2	
6	防护旗		面	2	红黄各 1 面
7	防护喇叭		个	1	
8	扭矩扳手		把	1	
9	皮尺	15 m	盒	1	

（三）施工方法及步骤

1. 施工准备

（1）根据施工计划，从库房领取压接材料，并进行外观、质量及规格型号检查核对，确认后，提前装在作业车上。

（2）将电动液压泵及压接模具（图 4-9-6）提前装作业车上。

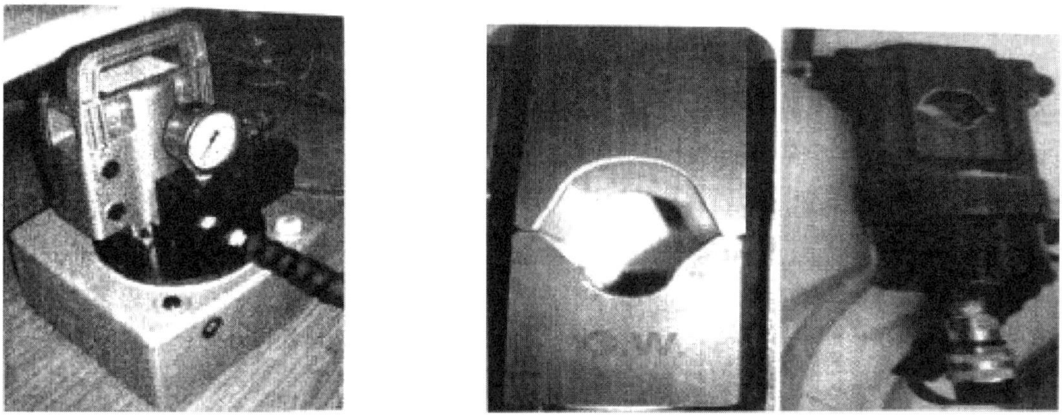

图 4-9-6　电动液压泵及压接模具

2. 安装压接

（1）由于线夹采用压接型，必须采用现场压接方法施工。因此，压接作业人员在施工实施时，是同一作业组相互配合，共同完成。

（2）在封闭线路施工点内，电连接安装作业人员复核安装位置后，压接人员在承力索电连接位置安装压接型电连接线夹。

3. 安装压接

（1）由于线夹采用压接型，必须采用现场压接方法施工。因此，压接作业人员在施工实施时，是同一作业组相互配合，共同完成。

（2）在封闭线路施工点内，电连接安装作业人员复核安装位置后，压接人员在承力索电连接位置安装压接型电连接线夹。

具体操作方法如图 4-9-7 所示，将设计要求的 C 形线夹本体套在承力索上，按图中箭头方向将中间块推入两线之间。完成后，用液压压接工具和型号相对应的模具进行压接。承力索和电连接线分两次压接，压接前，应将承力索和电连接线夹端面与模具端面对齐，并注意按设计长度将电连接线长度预留准确。先压无电连接线的一端，再压接有电连接的一端。

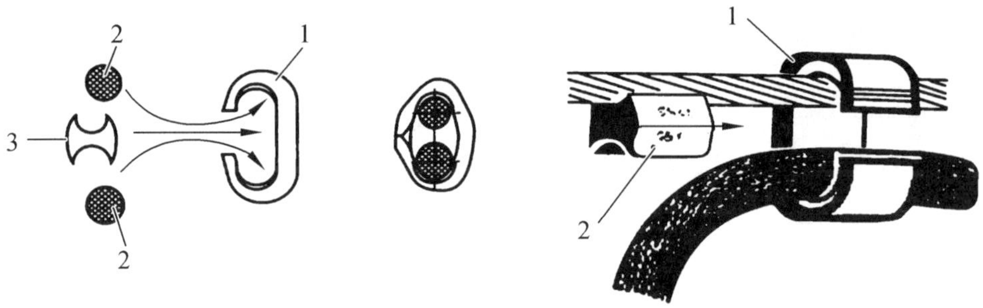

1—C 形线夹本体；2—承力索和电连接线；3—衬板。

图 4-9-7　电连接线夹安装方法

（3）压接好承力索电连接线夹，将电连接线夹穿入接触线压接式电连接线夹内，使电连接线露出线夹 5 ~ 10 mm，将接触线电连接线夹与接触线连接，并将 U 形扣环扣在压接处的接触线沟槽上，并扣牢靠，如图 4-9-8 所示。完成后，用液力压接工具和型号相对应的模具进行压接，一次压接到位达标。

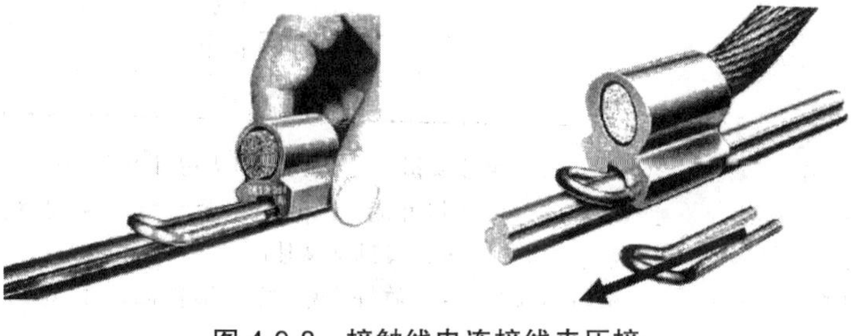

图 4-9-8　接触线电连接线夹压接

三、任务考核

（1）人员：以作业组为单位。

（2）操作时间：规定时间为 20 min。在规定时间内完成，不加分也不扣分；每超时 1 min，从总分中扣 2 分；超时 10 min，停止作业。

（3）考核标准：见表 4-9-6。

表 4-9-6 考核记录表

考核项目	分值	序号	考核要求及评分标准	分值	扣分情况	得分
工具准备	15 分	1	手动压接钳、承力索压接模具、接触线压接模具、电工工具、防护工具	9 分		
		2	电连接线、承力索压接线夹、接触线压接线夹、$\phi 1.6$ 镀锌铁线	6 分		
操作技能	65 分	3	复核	10 分		
		4	承力索线夹压接	20 分		
		5	接触线线夹压接	20 分		
		6	技术要求	15 分		
安全及其他	20 分	7	按规定设置防护	5 分		
		8	安全	10 分		
		9	动作、语言文明	5 分		
规定时间	20 min		操作时间			
合计	100 分			100 分		

项目十　地线安装

【导　读】

接触网的地线是起保护作用的。当绝缘子发生闪络、击穿或其他事故时，产生的电流将由地线直接接入钢轨，使牵引变电所的保护装置动作，保证了设备及人身安全。本项目的主要任务是接地极与接地线的安装。

【学习目标】

（1）掌握接地极的安设地点及形式，了解接地极的安装方法，具备接地极的安装能力。
（2）掌握地线的种类及地线的安设要求，了解地线的安装方法，具备地线的安装能力。

【思政目标】

（1）树立“安全重于泰山”的施工安全意识。一切作业程序都必须建立在安全的基础之上，接地线是筑牢接触网安全运行的牢固防线，必须筑牢施工防线，保障作业安全。

（2）以“京沪高铁为例”，了解我国高速铁路在技术水平、服务质量、国际合作、绿色发展等方面所做出的卓越贡献，提升劳动自信心和民族自豪感。

任务一　接地极安装

【任务描述】

本任务是接触网电连接安装的重要一个环节，重点掌握电连接线夹压接的技术要求以及线夹压接的工艺方法。

一、理论部分

（一）接地极安设地点

安装隔离开关、避雷器、吸流变压器的支柱；位于行人较多的站台上的支柱；需要进行双接地的支柱以及远离钢轨的支柱等。

（二）接地极的形式

接地极根据使用材料不同可分为角钢接地体、钢管接地体、圆钢接地体等，如图 4-10-1 所示。

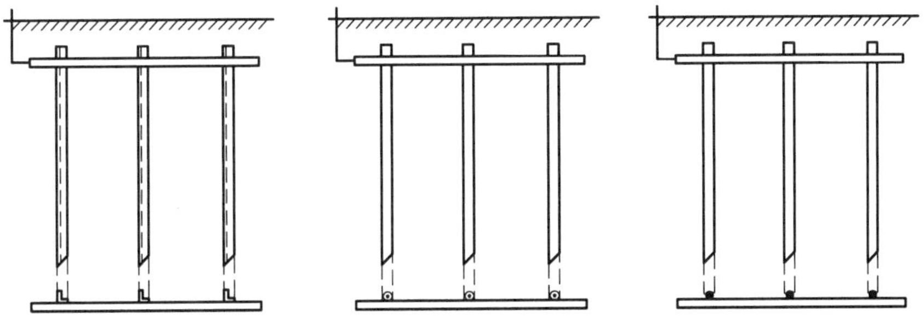

（a）角钢接地　　（b）钢管接地　　（c）圆钢接地

图 4-10-1　接地极的形式

二、任务实施

（一）施工工艺流程（见图 4-10-2）

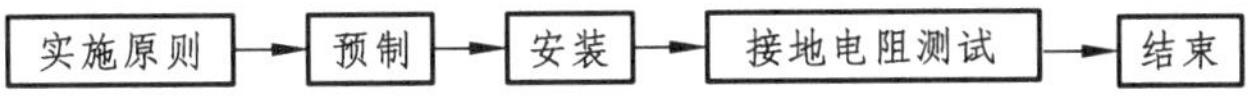

图 4-10-2　任务实施流程

（二）施工组织准备

1. 施工人员组织（见表 4-10-1）

表 4-10-1　施工人员组织

序号	人员	单位	数量	备注
1	施工负责人	人	1	负责全面工作
2	技术负责人	人	1	负责测量技术
3	作业人员	人	1	掌握安装技术
4	安全员	人	1	负责现场安全
5	防护员	人	3	其中驻站 1 人

2. 施工工机具准备（见表 4-10-2）

表 4-10-2　施工工机具

序号	名称	规格	单位	数量	备注
1	液压钳		套	1	压接用
2	钢卷尺	10 m	个	1	测量用
3	平面布置图		套	2	全线
4	安全带		条	若干	上杆作业人员人均 1 条
5	安全帽		顶	若干	现场人员人均 1 顶
6	记录本		本	2	记录资料
7	手电筒		把	2	隧道照明
8	报话机		台	4	防护及负责人各 1 台

（三）施工方法步骤

1. 施工准备

将角钢、扁钢、圆钢、接地线线夹等材料以及测量仪器和工具准备完毕。

2. 预　制

以角钢材料为例。

（1）将 50 mm × 50 mm × 5 mm 角钢切成长度为 2.5 m 的一段，并将一头做成尖形，切下的角钢焊在另一头的内侧，接地体角钢就制成了。

（2）将 50 mm × 4 mm 的扁钢焊成长度为 7.5 m、12.5 m 和 17.5 m 的不同规格的水平接地体，接地体角钢焊在水平接地体上，其间距为 5 m，三种规格的接地极焊接接地角钢的数量为：7.5 m 的焊 2 块、12.5 m 的焊 3 块、17.5 m 的焊 4 块。

（3）将长度为 1.5 m 的 ϕ12 mm 圆钢焊在水平接地体端部，供安装时与支柱上地线相连。

3. 安　装

（1）挖地沟，沟深 0.8 m，底宽 0.5 m，从支柱开始，一字形开挖。

（2）将接地极扁钢整理顺直，摆在沟边。然后依次将接地体角钢竖直打入沟底正中，扁钢贴沟底，角钢露出 50 ~ 60 mm。

（3）回填土应夯实，ϕ12 mm 圆钢露出地面部分应能与支柱上地线相连。

（4）将接地极 ϕ12 mm 圆钢与支柱上地线用接地线线夹连接起来，接触面涂凡士林。

4. 接地电阻测试

接触网中的各种接地装置是保证接触网设备安全运行、维护人员及行人的人身安全的重要设施，各种接地电阻值要越小越好，不得超过设计规定值。支柱接地装置的电阻值应在 10 Ω左右，最大不超过 30 Ω。一般采用接地电阻测量仪测试。

接地电阻属于分布电阻，在接地点附近比较大，在接地点 20 m 以外的电阻不再增加，为了消除探测电极的影响，通常探测电极 P 埋在距接地点 10 m 以外，位于接地点与辅助电极 E 之间。

三、任务考核

（1）人员：以作业组为单位。

（2）操作时间：规定时间 40 min。在规定时间内完成，不加分也不扣分；每超时 1 min，从总分中扣 2 分；超时 10 min，停止作业。

（3）考核标准，见表 4-10-3。

表 4-10-3　考核记录表

考核项目	分值	序号	考核要求及评分标准		分值	扣分情况	得分
工具准备	15 分	1	铁锹、铁镐、电焊机、手锤、钢锯、钢卷尺、接地电阻测量仪、防护工具		8 分		
		2	角钢、扁钢、圆钢、接地线线夹		7 分		
操作技能	65 分	3	施工准备		15 分		
		4	预制		15 分		
		5	安装		20 分		
		6	接地电阻测试		15 分		
安全及其他	20 分	7	按规定设置防护		5 分		
		8	安全		10 分		
		9	动作、语 言文明		5 分		
规定时间	40 min		操作时间				
合计	100 分				100 分		

任务二　地线安装

【任务描述】

本任务要求掌握接触网地线的种类及安装技术要求；重点掌握接地线的预制和安装方法。

一、理论部分

《铁路技术管理规程》规定：接触网钢柱和金属支持结构及距接触网带电部分 5 m 范围内的所有金属结构均应接地。

（一）接地的种类

接地根据其作用不同可分为工作接地和保护接地。为保证设备安全运行而设置的接地称为工作接地，如混凝土柱、钢柱接地和避雷器接地侧接地等。以防护为目的而设置的接地称为防护接地，如桥的铁栏栅等。站台上钢柱双接地，一方面是工作接地，另一方面是出于防护目的。

（二）地线的安设及要求

在通常情况下，在无信号轨道回路区段，支柱的接地线直接接钢轨；在有信号轨道回路区段，支柱的接地装置应加设击穿电压不大于 800V 的火花间隙或保安器。在正常情况下，火花间隙可以保证支柱与钢轨之间的绝缘，使绝缘子因老化等原因形成的泄漏电流不能直接泄向轨道。一旦绝缘子击穿，火花间隙上出现高电压，间隙击穿，这样就把支柱和牵引轨接通。

钢筋混凝土支柱地线分上、中、下三部分。水平腕臂底座到腕臂底座为上部地线；腕臂底座至支柱底部为中部地线；支柱底部至钢轨为下部地线。对于钢柱，地线直接接在钢柱根部的螺栓孔上，另一端固定在钢轨或接地极上。与钢轨相连的地线不得采用焊接方式。

二、任务实施

（一）施工工艺流程（见图 4-10-3）

图 4-10-3　任务实施流程

（二）施工组织准备

1. 施工人员组织准备（见表 4-10-4）

表 4-10-4　施工人员组织

序号	人员	单位	数量	备注
1	施工负责人	人	1	负责全面工作
2	技术负责人	人	1	负责测量技术
3	作业人员	人	1	掌握安装技术
4	安全员	人	1	负责现场安全
5	防护员	人	3	其中驻站 1 人

2. 施工工机具准备（见表 4-10-5）

表 4-10-5　施工工机具

序号	名称	规格	单位	数量	备注
1	液压钳		套	1	压接用
2	钢卷尺	10 m	个	1	测量用
3	平面布置图		套	2	全线
4	安全带		条	若干	上杆作业人均 1 条
5	安全帽		顶	若干	现场人员人均 1 顶
6	记录本		本	2	记录资料
7	手电筒		把	2	隧道照明
8	报话机		台	4	防护及负责人各 1 台

（三）施工方法及步骤

1. 施工准备

现场测量地线长度，编号记录，为地线预制提供数据。

（1）回流电缆一端连接扼流线圈、回流线及综合地线，另一端连接回流母排。

（2）高架桥区段接地线一端连接接触网支柱地线孔，另一端连接桥梁在电缆槽内预留的接地端子。

（3）地面段接地线一端连接接触网支柱地线孔，另一端连接土建单位预留的接地端子或直接与综合地线连接。

（4）隧道内，接地线一端连接接触网吊柱地线孔，另一端连接土建单位在电缆槽内预留的接地端子。

2. 接地连接线预制

根据实测数据，计算出接地连接线所需的总长度，截取接地导通电缆，然后在两端或一端压接接线端子。

3. 接地线安装

（1）站台及行人较多的地方，挖深 100 ~ 500 mm 沟或掀起地线经过路线的站台水泥砖。

（2）按地形将下部地线偎弯。

（3）将螺栓穿入预留孔（地线孔）固定火花间隙固定角钢，并安装火花间隙。火花间隙再与地线用螺栓连接起来。各连接接触面上需涂一层凡士林。

（4）将地线在钢轨上除锈后用小扒钉固定在枕木上；整理地线使其顺直，回填土或盖水泥砖。

（5）将上部地线固定在各种底座角钢与预留孔间，上部地线要顺直、美观、密贴电杆、接触面涂凡士林。

4. 技术要求

（1）接地连接线所用材质、线夹规格型号及安装形式应符合设计要求，并预留因温度变化而产生的位移长度。

（2）接地连接的安装位置应符合设计要求。

三、任务考核

（1）人员：以作业组为单位。

（2）操作时间：规定时间为 30 min。在规定时间内完成，不加分也不扣分；每超时 1 min，从总分中扣 2 分；超时 5 min，停止作业。

（3）考核标准，见表 4-10-6。

表 4-10-6　考核记录表

考核项目	分值	序号	考核要求及评分标准		分值	扣分情况	得分
工具准备	15 分	1	液压钳、钢卷尺、安装图、扳手、安全用具、防护用具		10 分		
		2	接地线、接地线夹、接地线接头线夹、火花间隙		5 分		
操作技能	65 分	3	施工准备		10 分		
		4 4	连接线预制		10 分		
		5	上部安装		15 分		
		6	中部安装		15 分		
		7	下部安装		15 分		
安全及其他	20 分	8	按规定设置防护		5 分		
		9	安全		10 分		
		10	动作、语言文明		5 分		
规定时间	20 min		操作时间				
合计	100 分				100 分		

项目十一　附加导线架设

【导　读】

接触网的附加导线包括馈电线、捷接线、并联线、加强线、正馈线、回流线、保护线、接地跳线和架空地线等，它们有一个共同点，即都由肩架固定或悬挂在支柱上。本项目的主要任务是肩架的安装和附加导线的架设。

【学习目标】

（1）掌握附加导线肩架的种类，了解肩架的安装方法，具备肩架安装的能力。
（2）掌握附加导线的种类，会附加导线的架设方法，具备附加导线的架设能力。

【思政目标】

（1）培养学生崇尚劳动、热爱劳动、辛勤劳动、诚实劳动，树立“劳动最光荣、劳动最伟大”的观念。
（2）使学生具有人文社会科学素养，能够在工程实践中理解并遵守工程职业道德和规范，履行责任。
（3）培养学生的团队精神和团队意识。个人的力量是有限的，团队的力量是无穷的，在项目任务执行过程中，团队成员只有心往一起想、劲往一处使，才能零失误的完成每一项任务。

任务一　肩架安装

【任务描述】

接触网支柱附加线肩架的安装重点要掌握肩架的预配、现场测量安装高度、肩架安装的方法，检查相关参数是否达到设计、规范要求。

一、理论部分

附加导线肩架的种类较多，从受力结构上分，常用的有直线横担式、上斜拉式、下斜撑式和增高式四种，如图 4-11-1 所示。从悬挂的形式上分，有单支悬挂和双支悬挂两种，如图 4-11-2 所示。

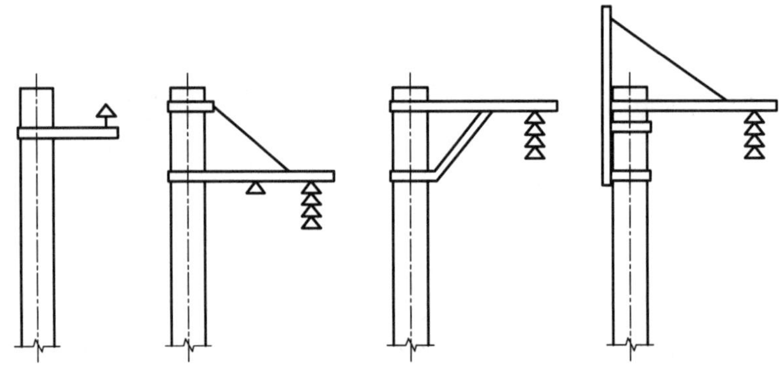

（a）直线横担式（b）上斜拉式　（c）下斜撑式　（d）增高式

图 4-11-1　附加导线肩架

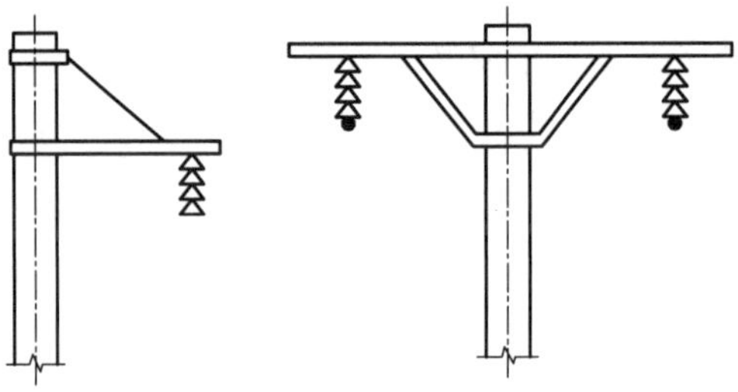

（a）单支悬挂　（b）双支悬挂

图 4-11-2　附加导线肩架

二、任务实施

（一）施工工艺流程（见图 4-11-3）

图 4-11-3　施工工艺流程

（二）施工组织准备

1. 施工人员组织（见表 4-11-1）

表 4-11-1　施工人员组织

序号	人员	单位	数量	备注
1	施工负责人	人	1	全面负责
2	预配人员	人	3	负责领料 1 人，预配 2 人
3	安装人员	人	若干	备料、安装每组 4 人
4	安全防护员	人	1	负责安全防护

2. 施工工机具准备（见表 4-11-2）

表 4-11-2 施工工机具

序号	名称	规格	单位	数量	备注
1	梅花扳手		把	2	安装人员人均 1 把
2	力矩扳手		把	1	检测紧固力矩
3	电动工具		套	若干	人均 1 套
4	记号笔		支	1	预配、安装用，每组 1 支
5	安全帽		顶	若干	每人 1 顶
6	安全带		条	若干	人均 1 条
7	钢卷尺	10 m	把	1	测量、预配用
8	尼龙套		个	若干	每组 1 个
9	闭口滑轮	0.5 t	个	若干	每组 1 个
10	小绳	ϕ10 mm，15 m	根	2	起吊肩架、做晃绳各 1 根
11	工具袋		个	1	每组 1 个
12	脚扣		副	2	每组 2 副
13	汽车	5 t	辆	1	送工

（三）施工方法及步骤

1. 肩架预配

（1）根据平面图和安装图对每根支柱的肩架各部尺寸进行组配，不便组配的可用铁线捆绑在一起，将安装支柱号用记号笔标注在肩架上。

（2）对照平面图核对肩架及螺栓连接型号是否符合设计要求，螺母垫圈是否齐全。

2. 测量安装高度

（1）孔内安装的直接安装在预留孔内。

（2）孔外安装根据施工图安装高度尺寸，一人系安全带上到安装位置，系好安全带，放下钢卷尺，地面人员配合测出安装位置，支柱上人员用记号笔做出标记。

（3）确认测量安装高度（复核）。

3. 肩架安装

（1）根据预制编号，安装人员将肩架运到所安装支柱下面，并将肩架组装好。

（2）一人上支柱至安装位置，套好尼龙套，挂上滑轮，穿吊绳，地面人员绑好肩架和晃绳，支柱上人员配合，地面人员拉绳，将肩架吊至安装处。

（3）支柱上人员扶起肩架，两人顺线路方向面对面配合，按测量高度共同安装好肩架，并用力矩扳手检测连接螺栓紧固力矩并达标。

4. 技术要求

（1）绝缘子应经电气试验合格，零配件应齐全，规格型号应符合设计要求。

（2）肩架预配应在料库进行。

（3）区间 AF、PW 线一般设于田野侧，在车站多股道的地方通过硬横梁转换至正线股道，安在正线支柱上正线侧。JQ 线设于支柱上方。

（4）安装高度：保护线安装在上、下腕臂底座之间，在田野侧的孔内。

（5）AF 线肩架与支柱连接的水平螺栓穿向支柱里侧，螺帽在支柱内。

（6）AF 线肩架顺线路的螺栓，穿向来车方向，即螺母在来车方向。

（7）在 PW 线下锚和正线去补偿下锚柱上要安装 PW 线跳线肩架，PW 线跳线肩架有缺口侧朝向来车方向，PW 线支座的螺栓穿向支柱里侧，螺帽在支柱内。PW 线支座应安装在靠来车方向的孔里。

（8）PW 线支座（或 PW 线跳线肩架）与支柱连接螺栓处不应有油漆，安装前应先涂一层电力复合脂。

（9）紧固力矩应符合产品安装使用说明要求（设计要求力矩），无明确说明的按：M16 螺栓 60～70 N·m；M20 螺栓 120～135 N·m。

（10）肩架安装应呈水平状态，施工允许偏差为 $^{+50}_{-0}$ mm。

三、任务考核

（1）人员：4～6 人。

（2）操作时间：规定时间为 40 min。在规定时间内完成，不加分也不扣分；每超时 1 min，从总分中扣 2 分；超时 10 min，停止作业。

（3）考核标准：见表 4-11-3。

表 4-11-3　考核记录表

考核项目	分值	序号	测评要求及评分标准	分值	扣分情况	得分
料具准备	18 分	1	梅花扳手、力矩扳手、电工工具、记号笔、钢卷尺、尼龙套、闭口滑轮、小绳、防护工具	9 分		
		2	肩架、连接螺栓、挂板、球头挂板、悬式绝缘子、针式绝缘子、悬垂线夹、单联碗头挂板、PW 线支座	9 分		
操作技能	62 分	3	肩架预配	15 分		
		4	测量安装高度	15 分		
		5	肩架安装	15 分		
		6	技术要求	17 分		
安全及其他	20 分	7	按规定设置防护	5 分		
		8	安全	10 分		
		9	动作、语言文明	5 分		
规定时间	40 min		操作时间			
合计	100 分			100 分		

任务二　附加导线架设

【任务描述】

本任务中要了解接触网附加导线的种类、导线的类型，重点掌握附加导线的架设施工方法。

一、理论部分

（一）接触网附加悬挂的种类

1. 馈电线

馈电线有时又称供电线，在现场也称为上网线，用 F 表示，它是牵引变电所、分区亭、开闭所与接触网连接的线路。其作用是将牵引变电所的电能送到接触网上，一般送至接触网电分相两侧。馈电线常用的线材为 LJ-150、LJ-185 铝绞线和 TJ-70、TJ-95 铜绞线等。

2. 捷接线

在多山地区和运输繁忙的电气化线路上，由于迂回曲线多，坡度大，造成接触网中通过的电流大，往往会增加电能损耗，造成经济上的损失，同时，由于供电臂的末端使接触网电压下降，会影响电力机车的牵引力和运行速度。为此，可在迂回线路相隔较近的区段上架设捷接线。捷接线可以提高接触网的电压，保证电力机车的正常运行。捷接线常用的线材为 LGJ-150、LGJ-185 钢芯铝绞线和 TJ-70、TJ-95 铜绞线等。

3. 并联线和加强线

在供电臂较长、坡道大、弯道迂回较多的线路上，可采用并联导线的办法，也可以称之为加强线。实际上，上面讲的捷接线就是一种局部范围内的并联线路。并联线和加强线的作用，是减少线路的电能损耗和线路的电压降，提高供电臂末端的电压。并联线和加强线常用的线材为 LGJ-150、LGJ-185 钢芯铝绞线和 TJ-70、TJ-95 铜绞线等。

4. 正馈线

正馈线用于 AT 供电区段，AT 供电方式的一个特点是有一根与接触网电压相同的正馈线（简称 AF 线）。常用的线材为 LGJ-150、LGJ-185 钢芯铝绞线和 TJ-70、TJ-95 铜绞线等。

5. 回流线

回流线是牵引电流流经电力机车后，返回牵引变电所的电流通路。回流线常用的线材为 LGJ-70 钢芯铝绞线等。

6. 保护线

保护线（PW 线）用于 AT 供电区段，保护线经保护跳线与接触网绝缘子接地端相连。因此当绝缘子发生闪络或击穿时，保护线会给短路电流提供一个良好的金属通路，使变电所继电保护装置迅速动作，达到及时反映和排除故障的目的。保护线常用的线材为 LGJ-70 钢芯铝绞线等。

7. 接地跳线

在 AT 供电方式中，每根支柱上安装跳线，用它将双重绝缘子靠支柱侧串接起来，再接到保护线上，当绝缘子闪络或击穿时，短路电流经跳线流进保护线。接地跳线常用的线材为 LGJ-70 钢芯铝绞线等。

8. 架空地线

在 AT 供电方式中，在基本站台或中间站台上，支柱顶部架设了一段架空地线（GW 线）。架空地线在站台的两侧下锚，并每端各打一个接地极，直接固定在支架上，并与钢柱相连，所以架空地线是保证站台上人身安全、使站台钢柱有双重保护的一根架空地线。架空地线常用的线材为 LGJ-70 钢芯铝绞线等。

（二）部分附加悬挂的柱上位置

在接触网的中间支柱上，我们可以看到接触网的某些附加悬挂。

1. 直供加回流、BT 供电方式中的附加悬挂

这两种供电方式的附加悬挂架设在接触网支柱的田野侧。

2. AT 供电方式中的附加悬挂

（1）绝缘 AT 保护方式。这种保护方式就是保护线（PW 线）悬挂在钢柱上时的闪络保护方式。

（2）不绝缘 AT 保护方式。这种保护方式用在钢筋混凝土支柱上，就是保护线不经悬式绝缘子而直接挂在悬吊零件上。

二、任务实施

（一）施工工艺流程（见图 4-11-4）

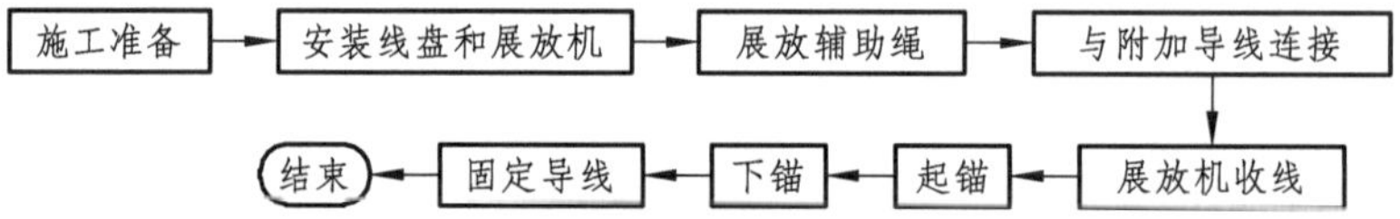

图 4-11-4　任务实施流程

（二）施工组织准备

1. 施工人员组织（见表 4-11-4）

表 4-11-4　施工人员组织

1	施工负责人	人	1	全面负责放线工作
2	辅助绳展放人员	人	2	将辅助绳从展放机向线盘展开
3	挂线组人员	人	6	将辅助绳放入滑轮，然后放线防护

续表

序号	人员	单位	数量	备注
4	看线盘人员	人	2	负责线盘安全、导线检查
5	看展放机人员	人	2	负责导线展放机的正常运转
6	防护员	人	1	观察、防护

2. 施工工机具准备（见表 4−11−5）

表 4-11-5　施工工机具

序号	名称	规格	单位	数量	备注
1	安装列车	5 t	辆	1	运输线盘和导线展放机
2	汽车吊	8 t	辆	1	吊装
3	放线轴	ϕ50 mm 圆钢	根	1	
4	放线架		对	1	支线盘
5	导线展放机		台	1	展放导线
6	网套连接器	WLQ-25	件	1	导线与辅助绳接头用
7	放线滑轮	双线	个	若干	闭口铝滑轮
8	下锚平滑轮		套	1	双支 AF 线下锚用
9	安全带		条	6	每人 1 条
10	手板葫芦	3 t	个	1	落锚用
11	紧线器		个	1	与附加导线匹配
12	棕绳	ϕ10 mm	根	6	固定展放机和线盘
13	钢钎	1.5 m	支	1	
14	安全帽		顶	若干	每人 1 顶
15	防护用具		套	3	

（三）施工方法及步骤

1. 安置线盘和导线展放机

（1）在下锚柱至另一锚段第一支柱跨中，*L*/2 处平整线盘放置场地，支好放线支架。

（2）将线轴穿入线盘，吊放在线盘支架上，支起线盘。

（3）将 4 根钢钎打入地下，用铁线固定好放线支架。

（4）在起锚柱至另一锚段第一支柱跨 *L*/2 处平整导线展放机场地，放置导线展放机，并用两根钢钎将其固定牢靠。

2. 展放辅助绳

（1）两人从导线展放机处拉出辅助线头向线盘方向展放，起锚柱上一人挂 1.5 t 铝滑轮，将辅助绳拉过 *L*/2 跨距时，用棕绳提吊起辅助绳，将辅助绳放入铝滑轮内。

（2）一人上支柱，将铁线套在肩架上，挂上滑轮，当辅助绳拉过 $L/2$ 跨时，用带钩棕绳将辅助绳提起放入滑轮内。采用同样方法，把辅助绳拉至线盘（下锚柱与起锚柱相同）。

3. 辅助绳与附加导线连接

（1）从线盘中拉出附加导线头将附加导线头套入网套连接线内，网套口处用 ϕ 1.6 mm 铁线绑扎牢固。

（2）将网套连接线通过旋转连接器与辅助绳连接好。

4. 导线展放机收线

（1）指挥人用对讲机通知导线展放机负责人开始收线。

（2）指挥人与旋转连接器同行，观察其通过滑轮时的运行情况。

（3）防护人员沿线分散观察防护。

（4）当接头收到起锚柱处附近适当位置停止收线。

5. 起　锚

（1）一人上支柱，在接头附加导线适当处绕铝包带安装耐张线夹。

（2）展放机慢慢收线，支柱上人员将耐张线夹与下锚件连接件连接上。

（3）缓缓打开展放机卷筒制动，使导线回窜。

（4）辅助绳无张力时打开网套连接线，展放机收回辅助线。收回滑轮、钢丝套及棕绳。

6. 下　锚

（1）在线盘处用人力拉导线，同时将导线回收。

（2）安装紧线器、拉力计，用倒链葫芦紧线。

（3）拉力计显示张力达到要求时，停止紧线。

（4）将连接件扶起，确定预绞式耐张线夹安装位置，安装好耐张线夹，连接下锚件。

（5）根据跳线要求，预留足够的导线长度，断线，将余线收起。收回滑轮、钢丝套及棕绳。

7. 固定导线

将导线从滑轮内提出安装在样座鞍子内，收回钢丝套和放线滑轮。

8. 技术要求

（1）附加导线肩架与支柱密贴，紧固牢靠，肩架呈水平状态，施工允许偏差应不大于 50 mm。

（2）放线速度一般为 2 km/h。

（3）展放附加导线过程中，防护人员应注意观察，不允许发生摩擦、打扣、断股等现象。如果发生上述现象，应立即停止展放，做好标记，以便处理。

（4）张力应严格按设计附加导线弛度表中的张力或弛度值施工。

（5）紧线时，应注意观察支柱顺线路的倾斜度，并整治达标。

（6）正馈线、保护线、架空线下锚时，按照温度、附加线锚段的当量跨距选出附加线的弛度或张力下锚。

（7）所有下锚连接零件的螺栓穿向都由田野侧穿向线路侧，螺帽在线路侧，以便今后检修。

（8）加强线保护条长度为 1 000 mm，其余为 650 mm；双支正馈线间每隔 1 520 m 安装一处预绞式等距线夹。

（9）安全距离。AF 线（正馈线）最大弛度时距地面安全距离：居民区及站台处不小于 7 m；非居民区不小于 6 m。PW 线（保护线）最大弛度时距地面安全距离：居民区及站台处不小于 6 m；非居民区不小于 5 m。不同分段的两正馈线水平排列时其悬挂点间距离不小于 2.4 m；最大弛度时同回路的正馈线带电体距接触悬挂的带电体间的空气绝缘间隙不小于 0.55 m。

（10）附加导线不得有断股、交叉、折叠、硬弯、松散等缺陷；如有缺陷应按规定进行处理；镀锌钢绞线表面镀锌良好，不得锈蚀；镀铝锌钢绞线镀层良好。

（11）附加导线弛度应符合设计要求，允许偏差 5% ~ 2.5%，悬式绝缘子串悬挂角度过大时应倒装。

（12）并沟线夹、电连接线夹等作为电连接线夹时，连接处导线不得包缠铝包带。并沟线夹、电连接线夹与导线连接面平整光洁，并涂有 一层电力复合脂，连接应密贴牢固，螺栓紧固力矩应符合设计要求。

三、任务考核

（1）人员：以作业组为单位。

（2）操作时间：规定时间为 30 min。在规定时间内完成，不加分也不扣分；每超时 1 min，从总分中扣 2 分；超时 10 min，停止作业。

（3）考核标准：见表 4-11-6。

表 4-11-6　考核记录表

考核项目	分值	序号	考核要求及评分标准	分值	扣分情况	得分
料具准备	14 分	1	作业车、导线展放机、旋转连接器、紧线器放线架、断线钳、倒链葫芦、滑轮、梅花扳手、克丝钳、棕绳、拉力计、对讲机、钢钎、垫木、木板、钢丝套、钢卷尺、安全用具、防护用具	10 分		
		2	双耳连接器、杵环杆、耐张线夹、单连碗头挂板、绝缘子、铝包带、预绞式保护条、预绞式距线夹	4 分		
操作技能	66 分	3	线盘和导线展放机安置	10 分		
		4	辅助绳展放	10 分		
		5	辅助绳与附加导线连接	10 分		
		6	起锚、下锚	20 分		
		7	导线固定	16 分		
安全及其他	20 分	8	按规定设置防护	5 分		
		9	安全	10 分		
		10	动作、语言文明	5 分		
规定时间	30 min		操作时间			
合计	100 分			100 分		

模块五　接触网设备安装

模块五课件

本模块包含分段绝缘器、避雷器安装和隔离开关安装两个项目。主要任务是分段绝缘器的装配与安装及避雷器的安装；隔离开关本体安装和引线安装。目的是培养学生具备分段绝缘器的装配能力和避雷器的安装能力、隔离开关的组装能力和引线的安装能力。

项目一　分段绝缘器、避雷器安装

【导　读】

分段绝缘器的安装是根据平面布置图、安装图和产品说明要求，在既保证供电分段，又能使受电弓平滑通过并连续取流的情况下，装配好各种零部件。避雷器的安装是根据平面布置图与安装图要求，在保证避雷器的安装位置、引线方式符合设计要求且引线连接正确可靠的情况下，装好各种零部件。

【学习目标】

（1）掌握分段绝缘器的作用、分类及要求，了解分段绝缘器的安装和调整方法；具备分段绝缘器的装配能力。

（2）掌握避雷器的作用、要求、组成及分类，了解避雷器本体和避雷器引线的安装方法，具备在现场安装避雷器的能力。

【思政目标】

（1）强化安全生产意识，培养安全生产技能。坚决贯彻二十大精神，坚持“安全第一、预防为主”，始终将安全放在首位。

（2）塑造责任担当，理解自身工作对铁路接触网稳定运行和铁路生产生活的重要意义。

任务一　分段绝缘器安装

【任务描述】

分段绝缘器是为了增加接触网供电的可靠性和灵活性，而在接触网锚段中串接的绝缘装置，本任务重点掌握分段绝缘器的安装方法。

一、理论部分

柔性接触网分段绝缘器安装与调整

（一）分段绝缘器的作用

分段绝缘器又称分区绝缘器，它安装在各车站装卸线、机车整备线、电力机车库线、专用线等处。分段绝缘器主要起同相电分段的作用。

（二）分段绝缘器的分类

1. 按接触网类型分

按接触网类型可分为刚性分段绝缘器和柔性分段绝缘器。其中柔性分段绝缘器又分为：简单悬挂单接触线分段绝缘器、链形悬挂单接触线分段绝缘器、链形悬挂双接触线分段绝缘器。

2. 按绝缘部件材质分

按绝缘部件材质可分为环氧树脂分段绝缘器、玻璃钢分段绝缘器、陶瓷分段绝缘器、高强度聚合材料分段绝缘器、硅橡胶分段绝缘器。如图 5-1-1 所示为环氧树脂分段绝缘器。

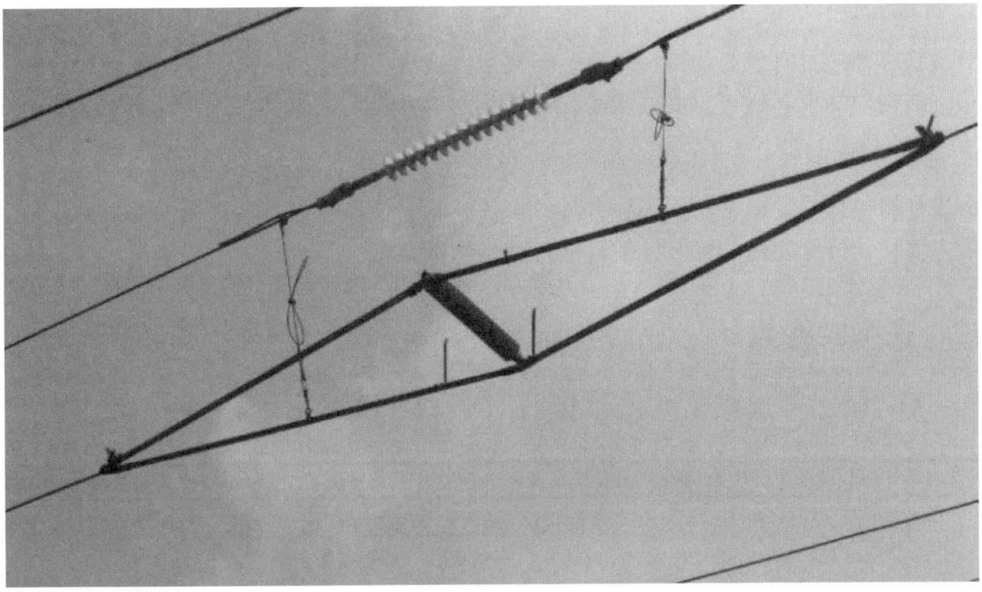

图 5-1-1　环氧树脂菱形分段绝缘器

（三）分段绝缘器的组成结构

分段绝缘器主要由分段绝缘器本体、悬挂装置、承力索绝缘元件及其连接等配套零件组成。硅橡胶分段绝缘器和高强度聚合材料轻型分段绝缘器由于其机械和电气性能优良，在市场上占据了主流地位，在地铁和国铁新建线路上被广泛采用。这里详细介绍硅橡胶分段绝缘器的组成结构（见图 5-1-2）。

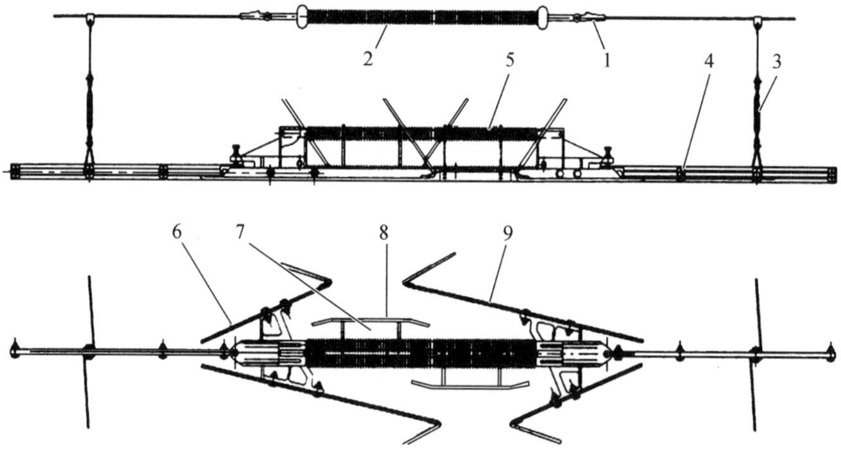

1—承力索终端线夹；2—承力索绝缘子；3—悬吊装置；4—并沟线夹；5—硅橡胶绝缘子；
6—短金属滑道；7—绝缘滑道托架；8—绝缘滑道；9—长金属滑道。

图 5-1-2 分段绝缘器的组成结构

（四）对分段绝缘器的要求

1. 机械方面

分段绝缘器应具有较高的机械强度，与接触线或承力索连接线夹不易发生线材与线夹之间的滑移，结构应简单、精巧，质量较小，滑板的耐磨性能良好。

2. 电气方面

分段绝缘器应使受电弓平滑通过并连续取流，具有消弧能力不会烧损内部部件，各部件的耐弧能力优良，绝缘元件的绝缘体的自洁性和憎水性良好。

二、任务实施

（一）施工工艺流程（见表 5-1-3）

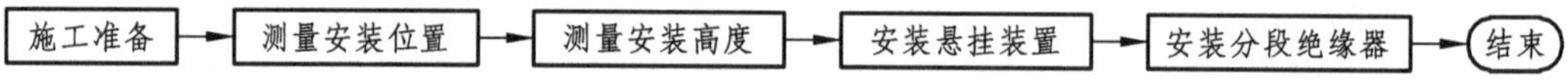

图 5-1-3 施工工艺流程

（二）施工组织准备

1. 施工人员组织（见表 5-1-1）

表 5-1-1 施工人员组织

序号	项目	单位	数量	备注
1	施工负责人	人	1	指导
2	技术工人	人	2	安装
3	防护人员	人	2	防护
4	轨道车司机	人	2	作业配合

2. 施工工机具准备（见表 5–1–2）

表 5-1-2　施工应用工机具

序号	名称	规格	单位	数量	备注
1	力矩扳手	20 ~ 100 N · m	把	2	紧固螺栓
2	内六方扳手		套	2	紧固螺栓
3	激光测量仪	JJ-8 激光测量仪	把	1	测量
4	水平尺		把	1	测量水平

（三）施工方法及步骤

分段绝缘器的种类较多，各种分段绝缘器的安装方法在细节上虽不尽相同，但安装原则和作业流程基本相同，这里将以高强度聚合材料轻型分段绝缘器的安装为例，介绍分段绝缘器的安装。

1. 施工准备

（1）接触网悬挂调整已经基本完成，安装分段绝缘器位置的接触网的状态已经趋于稳定。

（2）从库房领取所需安装材料，并进行外观质量及规格型号检查确认。

（3）将施工所需材料和工具提前装在安装作业车上。

2. 测量安装位置

（1）作业人员根据平面布置图，用激光测量仪先测出分段绝缘器安装中心点，并在接触线上做标识。

（2）施工负责人指挥作业车司机对位，升作业台，作业人员上作业台，扶起作业凳，上凳，系好安全带，施工负责人将分段绝缘器中心点用线坠从下引到承力索上，凳上人员在承力索上做标识。

（3）用弹簧秤挂在安装位置中心向上提拉接触线，模拟受电弓对接触线的抬升作用，另一人配合用钢尺测量抬升量，测出需抬高的值，并做好标记，如图 5-1-4 所示。

图 5-1-4　用弹簧秤在安装位置中心向上提拉接触线

3. 安装悬挂装置

（1）凳上作业人员用钢尺测出承力索锥套式终端锚固线夹安装位置，在两边适当位置安装承力索紧线器，串链条葫芦，连接牢靠后，开始紧链条葫芦，直至安装处承力索不受力为止。在断线处两边缠上胶带，以防止绞线散股。用弧口断线钳剪断承力索，注意预留好承力索锥套式终端锚固线夹安装尺寸，安装承力索锥套式终端锚固线夹。

（2）安装连接悬挂装置的绝缘棒、带吊环的滑轮，调整螺栓等悬挂装置。

（3）松链条葫芦，拆除紧线器。

4. 安装分段绝缘器

（1）测出分段绝缘器的中心，再从中心测出分段绝缘器的 1/2 长处，在外侧两边适当位置安装接触线紧线器。串链条葫芦，紧链条葫芦至安装处接触线不受力。将组装好的分段绝缘器吊上，放在导线上。把三角形吊索悬挂于悬挂支架中，再把分段绝缘器两端的终端线夹安装在接触线上，如图 5-1-5 所示。

图 5-1-5　分段绝缘器两端的终端线夹安装

（2）拧紧接触线终端线夹连接螺栓，用两个梅花扳手从外侧向内侧将终端线夹的螺母逐个拧紧。换用力矩扳手按力矩要求再次紧固滑接触线终端线夹，一共紧固 3 次，每次间隔时间 1 min 以上。

（3）把所有滑板外部附加装置的线夹安装在接触线上，拧紧滑板紧固线夹。换用力矩扳手按力矩要求再次紧固滑板连接线夹，一共紧固 3 次，每次间隔时间 1 min 以上。紧固完成后，锁闭滑板连接线夹的螺母。

（4）用断线钳在接触线终端后约 120 mm 处剪断接触线，如图 5-1-6 所示。

用专用工具套入接触线，接触线尾部向上弯曲几毫米，如图 5-1-7 所示。

图 5-1-6　用断线钳剪断接触线

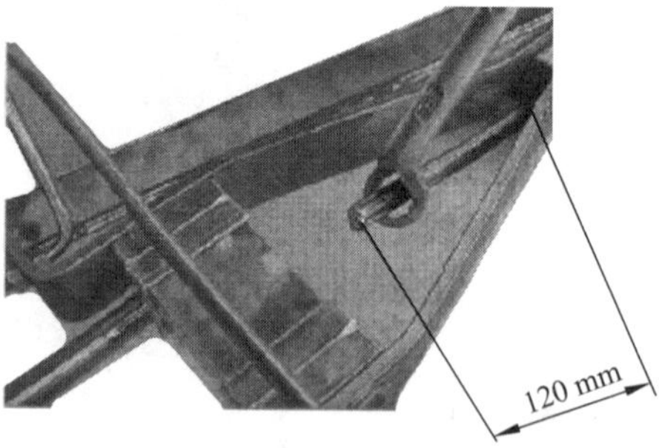

图 5-1-7　向上弯曲接触线尾部

（5）紧固接触线终端线夹的螺栓，并用力矩扳手加固滑板两次，如图 5-1-8 所示。

（6）可以作业台作为高度参考点，松开悬挂装置的吊索锁紧线夹，粗略调整分段绝缘器的高度，使高度基本达到设计要求值，调整后拧紧螺母，如图 5-1-9 所示。

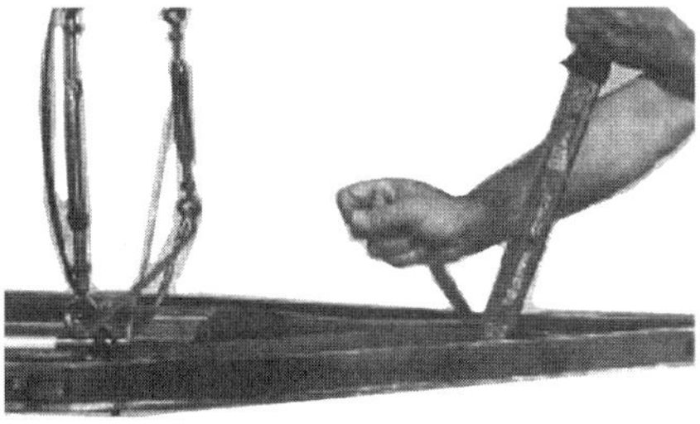

图 5-1-8　紧固接触线终端线夹的螺栓

图 5-1-9　粗略调整分段绝缘器的高度后拧紧螺母

（7）通过调整螺栓细调高度，并用水平尺测量滑板横向连线与轨面连线平行度，如图 5-1-10 所示。调整后，作业车移出，用激光测量仪检测高度，如不符合，应再调整，直至达标。

图 5-1-10　通过调整螺栓细调高度

（8）用水平尺测滑板与轨道平行度，如图 5-1-11 所示，调整滑板与轨道平行。用铅笔在长孔调节板的左右标记出其位置，旋松长孔调节板的螺栓并左右移动调节板，调整滑板高度。

图 5-1-11　用水平尺测滑板与轨道平行度

（9）调整滑板下缘，使其低于绝缘棒终端下缘 4 mm，以保证在受电弓通过时不会接触到绝缘棒，并且受电弓不会触碰到绝缘棒终端金具。

（10）用水平尺检测横向轨道的滑板位置，若未达标应再次调整滑板，确保其平行于轨平面。用力矩扳手拧紧长孔调节板的螺栓。全部调整到位达标后，锁紧调节螺栓的螺母，并用一根铜线锁定调整螺栓。调节分段绝缘器前后吊弦，使其受力，但不应改变分段绝缘器的高度。

（11）全部完成后，用带模拟受电弓的作业车升弓，对分段绝缘器进行来回两次模拟冷滑检测，受电弓应平稳地通过分段绝缘器，在滑板内及外端部均不得有打弓现象。通过受电弓冷滑检测分段绝缘器的行驶特性，如有个别打弓现象，应重新调整至达标。

三、任务考核

（1）人员：以作业组为单位。

（2）操作时间：规定时间为 60 min。在规定时间内完成，不加分也不扣分；每超时 1 min，从总分中扣 2 分；超时 10 min，停止作业。

（3）考核标准：见表 5-1-3。

表 5-1-3　考核记录表

考核项目	分值	序号	考核要求及评分标准	分值	扣分情况	得分
工具准备	15 分	1	作业车、作业凳、力矩扳手、紧线器、激光测量仪、水平尺、断线钳、弹簧秤、电工工具、硬方木	10 分		
		2	分段绝缘器、承力索终端锚固线夹、接触线终端锚固线夹、胶带	5 分		
操作技能	65 分	3	确认安装地点的接触网已趋于稳定，对安装材料进行外观质量及规格检查确认	20 分		
		4	用激光测量仪先测量出分段绝缘器安装中心点，并用弹簧秤测出分段绝缘器重力	20 分		
		5	在承力索上安装绝缘棒、带吊环的滑轮，调整螺栓等悬挂装置	10 分		
		6	安装分段绝缘器、调整分段绝缘器，确保在受电弓通过时无打弓现象	15 分		
安全及其他	20 分	7	按规定设置防护	5 分		
		8	安全	10 分		
		9	动作、语言文明	5 分		
规定时间	60 min		操作时间			
合计	100 分			100 分		

任务二　避雷器安装

【任务描述】

在中雷区或重雷区设置避雷器是为了保护接触网免受大气过电压冲击损坏，本任务重点掌握接触网中避雷器安装的施工方法。

一、理论部分

（一）避雷器的作用

用于对电气化铁道牵引网、接触网、机车的过电压保护，确保设备免受过电压的损害。

（二）对避雷器的要求

避雷器应具有质量小、耐污秽、阀片性能稳定等特点，对正常工作电压具有良好绝缘效果，易于施工安装和维修更换。

（三）避雷器的组成结构

接触网用独立避雷器主要由避雷器底座、避雷器本体、绝缘子、脱离器、计数器、绝缘导线和上网引线组成，如图 5-1-12 所示。

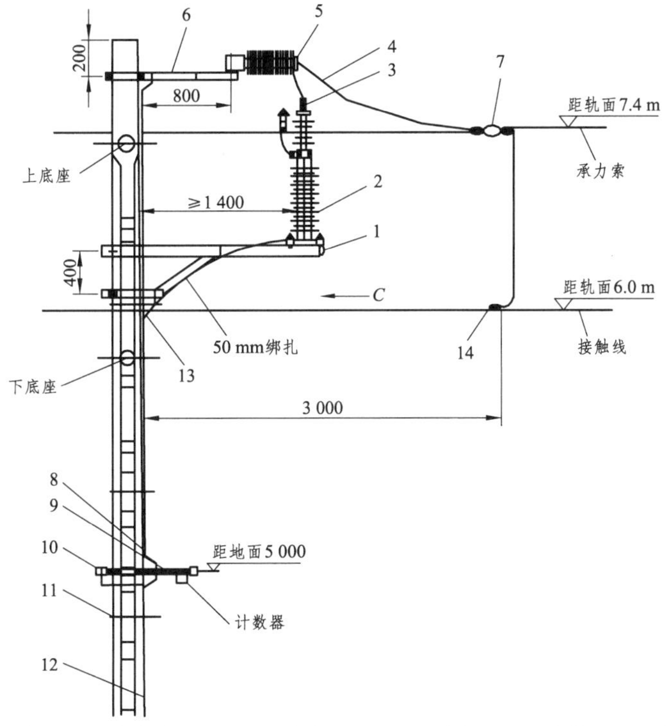

1—避雷器托架；2—氧化锌避雷器；3—设备线夹；4—电连接线夹；5—瓷横担；6—横担支架；7—承力索电连接线夹；8—计数器引线；9—计数器；10—计数器托架；11—接地卡子；12—接地连线；13—接地连线线夹；14—接触线电连接线夹。

图 5-1-12　避雷器组成与安装示意图

（四）避雷器的分类

避雷器按其外套材质可分为瓷外套避雷器（图 5-1-13）和复合外套避雷器（图 5-1-14）。

图 5-1-13　瓷外套避雷器

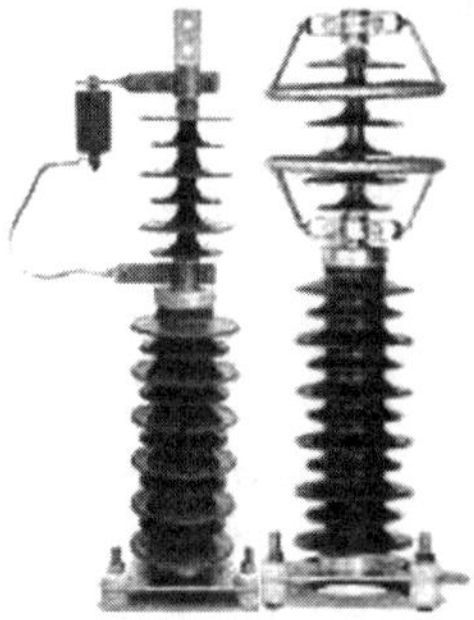

图 5-1-14　复合绝缘外套避雷器

二、任务实施

（一）施工工艺流程（见图 5-1-15）

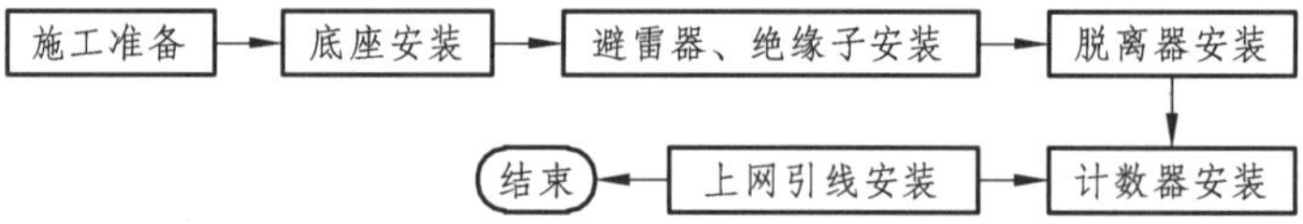

图 5-1-15　施工工艺流程

（二）施工组织准备

1. 施工人员组织（见表 5–1–4）

表 5-1-4　施工人员组织

序号	项目	单位	数量	备注
1	施工负责人	人	1	指导
2	技术工人	人	4	安装
3	防护人员	人	2	防护
4	技术员	人	1	作业配合

2. 施工工机具准备（见表 5–1–5）

表 5-1-5　施工工机具

序号	名称	单位	数量	备注
1	单滑轮	组	1	
2	钢卷尺	个	1	
3	水平尺	把	1	

续表

序号	名称	单位	数量	备注
4	记号笔	支	1	
5	大绳	条	1	20 m
6	钢丝套子	个	1	连接滑轮用
7	工具袋	个	2	
8	断线钳	把	2	断避雷器引线
9	力矩扳手	把	2	配与螺栓相符的力矩头
10	电动工具	套	4	
11	接地线	组	2	
12	验电笔	支	2	
13	报话机	台	4	
14	安全帽	顶	9	人均 1 顶
15	防护用品	套	2	

（三）施工方法及步骤

1. 施工准备

（1）检查待安装管形避雷器的外观。

（2）测试避雷器绝缘电阻值和泄漏电流值，合格后方可使用。

2. 底座安装

（1）一人带安全带、钢卷尺、ϕ10 棕绳攀上支柱，扎好安全带。

（2）上、下两人配合，测量避雷器底座在支柱上的安装位置，做好标记。

（3）一人从支柱另一面攀上去，扎好安全带。放下棕绳，下面一人将斜撑角钢和底座用棕绳拴牢。支柱上两人配合将斜撑角钢和底座提上来，并安装到支柱上标记好的位置，如图 5-1-16 所示。

（4）调整底座水平，调整底座孔距与避雷器和绝缘子相适应。

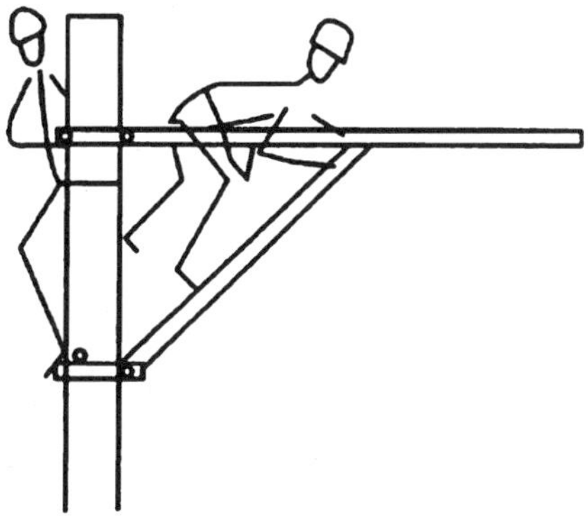

图 5-1-16　两人配合安装底座

3. 避雷器、绝缘子安装

（1）用ϕ10 mm 棕绳将钢丝套子、滑轮吊上来。在支柱上高于底座 1.5 m 处挂好滑轮。再用ϕ10 mm 棕绳将ϕ16 mm 棕绳吊上来，穿过滑轮放下去。

（2）地面人员将避雷器下节和底座连接好，用ϕ16 mm 棕绳拴牢，再在避雷器上系一条ϕ10 mm 棕绳作晃绳。经上面的人员同意，下面人员拉绳，将避雷器吊上去。

（3）将避雷器拉起高于托架角钢后，杆上一人将避雷器推向安装位置落下，杆上另一人配合穿螺栓、紧固，如图 5-1-17 所示。

（4）用同样方法安装绝缘子。

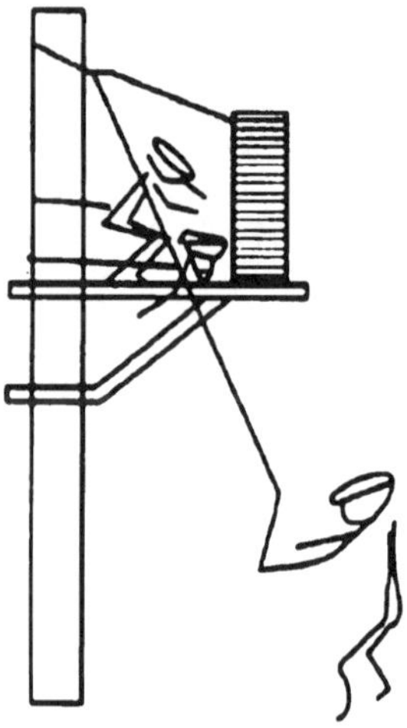

5-1-17　两人配合安装避雷器

4. 脱离器安装

（1）将脱离器安装到绝缘子上，并保证脱离器水平。

（2）用导线连接避雷器与脱离器。

5. 计数器安装

（1）用钢卷尺测量出计数器在支柱上的安装位置，并做好标记。

（2）安装计数器底座，并安装计数器，调整计数器至水平，如图 5-1-8 所示。

图 5-1-18　避雷器计数器安装实例

（3）用导线连接计数器和避雷器下端，并将避雷器通过计数器接地。

6. 安装上网引线

（1）实测绝缘子顶端至接触网安装避雷器电连接线位置之间的距离。

（2）按设计要求的线材裁好电连接线。在电连接线一端安装单孔设备线夹。

（3）支柱上人员把电连接线吊上来，用单孔设备线夹与棒式绝缘子相连接。

（4）安装上网引线，并注意预留弛度满足接触网线索随温度变化偏移值的要求。

三、任务考核

（1）人员；以作业组为单位。

（2）操作时间：规定时间为 30 min。在规定时间内完成不加分也不扣分；每超时 1 min，从总分中扣 2 分；超时 10 min，停止作业。

（3）考核标准：见表 5-1-6。

表 5-1-6 考核记录表

考核项目	分值	序号	考核要求及评分标准	分值	扣分情况	得分
工具准备	15 分	1	单滑轮、ϕ16 mm 棕绳、钢卷尺、水平尺、安全带、钢丝套、工具袋、脚扣、梯车、梅花扳手	10 分		
		2	避雷器、避雷器底座、绝缘子、计数器、脱离器、连接导线、上网引线、设备线夹、电连接线夹、钢垫片	5 分		
操作技能	65 分	3	安装避雷器底座、调整底座水平，并调整底座孔距与避雷器和绝缘子相适应	15 分		
		4	安装避雷器和绝缘子	15 分		
		5	安装脱离器及连接导线	10 分		
		6	安装计数器、连接导线和接地线	10 分		
		7	安装上网引线，并使预留弛度满足接触网线索随温度变化偏移的要求	15 分		
安全及其他	20 分	8	按规定设置防护	5 分		
		9	安全	10 分		
		10	动作、语言文明	5 分		
规定时间	30 min		操作时间			
合计	100 分			100 分		

项目二　隔离开关及其引线安装

【导　读】

隔离开关安装，是根据平面布置图、安装图和产品说明书要求，在保证隔离开关分合时动作平稳、噪音小、无卡阻、无冲击的情况下，装配好各种零部件。本项目的主要任务是隔离开关本体安装和引线安装。

【学习目标】

（1）掌握隔离开关的作用、组成结构及分类，能够读懂隔离开关安装图纸、具备隔离开关组装的能力。

（2）掌握隔离开关引线的作用及要求，能够读懂隔离开关引线安装图纸，具备上网隔离开关引线的安装能力。

【思政目标】

（1）学习我国铁路电气化专家曹建猷院士的先进事迹，深明大义，精忠报国，为我国电气化铁路事业做贡献。

（2）培育坚韧不拔的意志品质，面对设备安装过程中的困难与挑战，运用所学理论与实践知识，不断尝试与探索，克服困难。

任务一　隔离开关安装

【任务描述】

隔离开关安装在电分段处，根据运营及检修的需要，隔离开关可处于合闸或分闸位置，接触网线路上一般采用单极带地刀的隔离开关。本任务重点掌握隔离开关本体的安装方法。

一、理论部分

（一）隔离开关的作用

隔离开关是接触网的重要设备之一，在无负荷电流的情况下可实现接触网相邻分段供电部分间的分合，用于增加接触网供电的灵活性和可靠性。在供电上网点、绝缘锚段关节、装卸线、专用线、机车整备线等需要进行电分段的地方（除上、下行渡线）一般均需设置隔离开关。

（二）隔离开关的组成结构

1. 隔离开关整体结构

隔离开关主要由隔离开关本体和开关支架底座、传动杆、操动机构箱和操动机构箱底座组成，如图 5-2-1 所示。

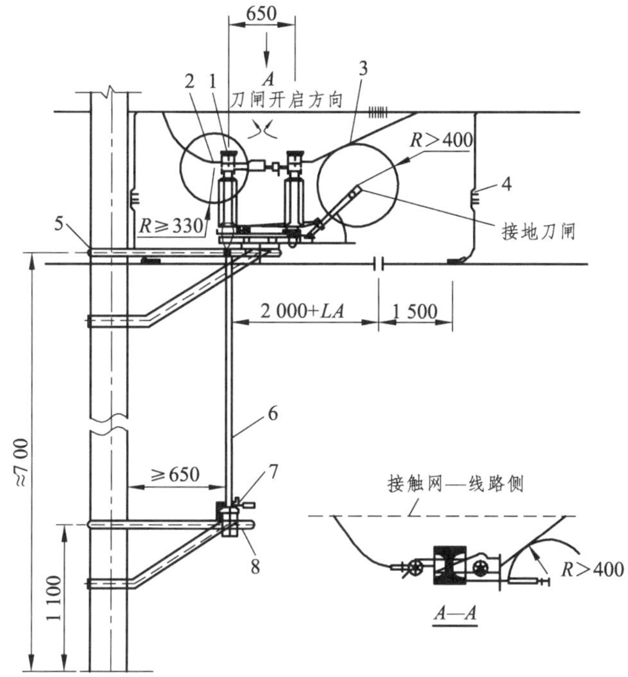

1—单极隔离开关；2—设备线夹；3—开关引线；4—横向电连接；5—开关托架；6—传动杆；7—操作机构；8—操作机构托盘。

图 5-2-1　带接地刀闸的隔离开关

2. 隔离开关本体结构

隔离开关本体主要由主触刀、支持绝缘子、静触座、拉杆绝缘子、底架、联动轴等主要部件 构成，如图 5-2-2 所示。

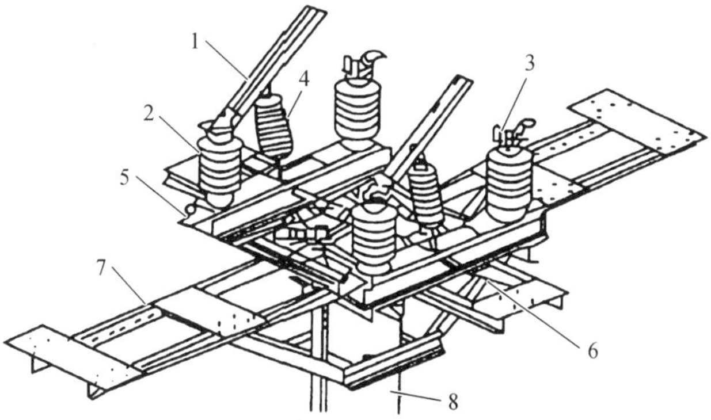

1—主触刀；2—支持绝缘子；3—静触座；4—拉杆绝缘子；5—底架；6—联动轴；7—开关支架底座；8—支柱。

图 5-2-2　隔离开关本体结构

（三）隔离开关的分类

（1）按触头的组数可分为单极隔离开关和双极隔离开关。单极隔离开关只能实现一个回路的分合，一般用在电气化铁道直供加回流供电系统和城市轨道交通直流供电系统中，如图 5-2-3 所示。双极隔离开关能够同时实现两个回路的分合，一般用在 AT 供电的系统中。

（2）按其断开后是否接地可分为接地刀闸和不带接地刀闸两种。安装在车站装卸线、机务段的机车整备线、电力机车入库线、洗车线等处，经常操作的隔离开关，一般采用带接地刀闸的隔离开关。安装在绝缘锚段关节处、分相处、供电上网处等，不经常操作的隔离开关，一般采用不带接地刀闸的隔离开关。

（3）按操动机构可分为电动隔离开关和手动隔离开关。电动隔离开关具备电动和手动两种可操作方式，电动操作时能实现远动控制。手动隔离开关仅具备手动操作方式，只能在当地操作，不能实现远动控制，如图 5-2-4 所示。

图 5-2-3　单极隔离开关实例图

图 5-2-4　手动操作方式隔离开关

二、任务实施

（一）施工工艺流程（见图 5-2-5）

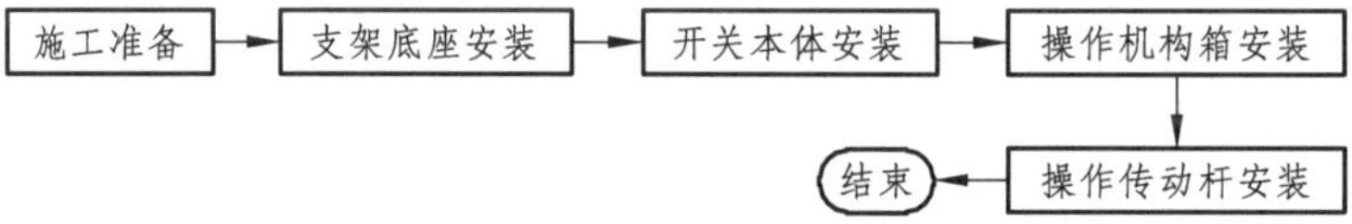

图 5-2-5　施工工艺流程

（二）施工组织准备

1. 施工人员组织（见表 5-2-1）

表 5-2-1　施工人员组织

序号	项目	单位	数量	备注
1	施工负责人	人	1	由正式职工担任
2	技术工人	人	4	有相关技术
3	防护人员	人	3	防护

2. 施工工机具准备（见表 5-2-2）

表 5-2-2　施工工机具

序号	名称	单位	数量	备注
1	单滑轮	组	1	
2	钢卷尺	个	1	
3	水平尺	把	1	
4	记号笔	支	1	
5	大绳	条	1	20 m
6	钢丝套子	个	1	连接滑轮用
7	工具袋	个	2	
8	断线钳	把	2	断避雷器引线
9	力矩扳手	把	2	配与螺栓相符的力矩头
10	电动工具	套	4	
11	接地线	组	2	
12	验电笔	支	2	
13	报话机	台	4	
14	安全帽	顶	9	人均 1 顶
15	防护用品	套	2	
16	小推车	辆	1	运送开关
17	吊装支架	个	1	

（三）施工方法及步骤

1. 施工准备

（1）支架底座和传动杆组配：在平地上根据安装支柱的型号及支柱高度先预配开关支架底座；根据支柱高度和产品说明书的要求，用砂轮切割机切取符合长度的操作传动杆。

（2）将开关本体、机构操作箱、操作传动杆连同安装工具等一起运送到施工现场。

2. 支架底座安装

1）人工安装

（1）底座安装人员下车，一人系安全带，带小绳上杆，扎好安全带，放下小绳，地面人员将底座扎牢。

（2）再上杆一人系好安全带，杆上一人拉绳，将支架底座提至安装位置。

（3）两人配合按设计要求将支架底座安装好，需要注意保证开关的安装位置和方向正确。

（4）调整支架底座表面使之水平，用水平尺在垂直的两个方向分别测量开关支架表面的水平度，如不满足要求，可加垫片调整。

2）机械安装

（1）指挥作业车司机对位，扶起作业凳，升作业台，旋转作业平台靠近支柱支架安装位置。

（2）作业台作业人员把支架按设计要求的位置、方向安放在支柱上，将支架底座安装好。

（3）调整支架底座表面使之水平，用水平尺在垂直的两个方向分别测量开关支架表面的水平度，如不满足要求，可加垫片调整。

3. 开关本体安装

（1）开关支架安装完成后，作业人员用尼龙吊带将开关本体绑扎牢固，绑扎方式应使开关被吊起来后能够保持竖直状态，如图 5-2-6 所示。

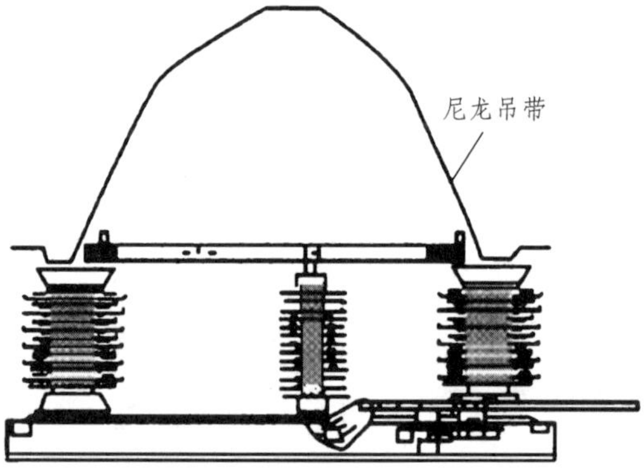

图 5-2-6　绑扎开关本体

（2）指挥吊车将开关本体按其安装方向吊至开关支架上落座，作业车上人员扶正对位，使用圆钢作为安装引导螺栓，对准安装孔位进行螺栓预连接，螺栓连接上后用水平尺调平开关底座，一人扶住开关，另一人用扳手循环紧固。

（3）如果是安装双极开关，则重复上述步骤（1）和（2）安装另一台开关本体，并按产品说明书要求连接联动轴。

4. 操作机构箱安装

（1）地面两人配合，根据设计要求，用钢卷尺测量操作机构箱安装高度。

（2）对应隔离开关的安装方向，在已测出的安装高度位置，安装操作机构箱底座和抱箍，并调整底座和抱箍水平。

（3）底座和抱箍安装好后，用尼龙套将机构操作箱绑扎牢靠，指挥吊车将机构箱吊起，转臂靠近固定件安装位置缓缓下落。

（4）两人配合将操作机构箱安放在底座上，先在机构箱固定螺栓上预戴螺帽，用水平尺调整操作机构箱的水平度，调整水平后，一人扶住机构箱，另一人用力矩扳手紧固螺栓，完成操动机构箱安装。操作机构箱结构如图 5-2-7 所示。

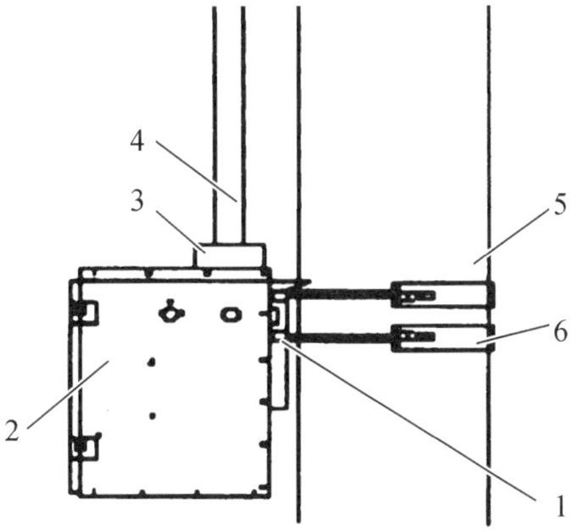

1—操动机构箱底座；2—操动机构箱；3—万向接头；
4—传动杆；5—支柱；6—固定件抱箍。

图 5-2-7　操作机构箱结构

5. 操作传动杆安装

（1）作业平台上人员将开关主触刀旋转置于“合”位，地面人员将操作机构箱内的操作机构手动置于“合”位。

（2）两人扎好安全带上杆，按设计说明书要求，安装机构传动杆固定装置。

（3）支柱下面的作业人员将下部传动杆穿过机构传动杆固定装置，并通过万向接头与操作机构相连。

（4）一人爬至杆顶扎好安全带，配合作业平台上人员将上部传动杆穿过机构传动杆固定装置，并与开关底座上的传动拐臂连接件连接好，同时杆上另一人员用传动杆连接件将上、下传动杆连接好。操作传动杆安装如图 5-2-8 所示。

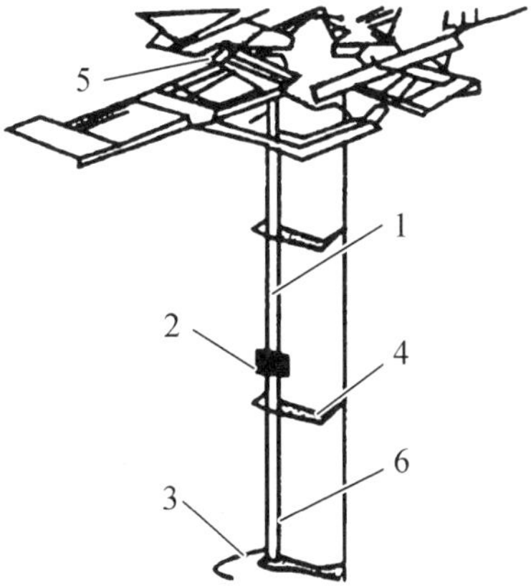

1—上传动杆；2—传动杆连接件；3—万向接头；4—传动杆固定装置；
5—传动拐臂；6—下传动杆。

图 5-2-8　操作传动杆安装图

（5）安装完毕后，地面人员使用手动方式，将开关操作机构箱内的操作机构手动置于“分”位，检查开关是否在要求的“打开”位置，若有差异，可通过微调传动拐臂的连接位置和传动轴的预置角度，使开关“分”“合”到位。

6. 隔离开关接地安装

用直径不少于 8 mm 的圆钢或根据设计要求用其他材质和截面要求的导体将隔离开关本体、操作机构箱与接地体（架空接地线）相连接。与接地体连接时，接地体的接地电阻不得大于 10 Ω。

7. 电动隔离开关的调试

安排专人站在隔离开关附近和变电所值班员或电力调度员联系，由变电所值班员或电力调度员远动操作隔离开关，分合闸至少各两次，直到调试正确，确保远动操作指令、信号显示和隔离开关实际状态一致。

三、任务考核

（1）人员：以作业组为单位。

（2）操作时间：规定时间为 60 min。在规定时间内完成，不加分也不扣分；每超时 1 min，从总分中扣 2 分；超时 10 min，停止作业。

（3）考核标准：见表 5-2-3。

表 5-2-3 考核记录表

考核项目	分值	序号	考核要求及评分标准	分值	扣分情况	得分
工具准备	15 分	1	作业车、吊车、钢丝刷子、尼龙吊带、梅花扳手、套筒扳手、力矩扳手、防护用具、钢卷尺、安全帽、ϕ16 棕绳、脚扣、水平尺、切割机、记号笔	10 分		
		2	隔离开关本体、支架底座、操作机构、传动杆、传动杆连接件、垫片	5 分		
操作技能	65 分	3	完成支架底座和传动杆组配，预配开关底座，切取符合长度的操作传动杆，并将料具运送到现场	10 分		
		4	在保证开关安装位置和方向正确的情况下，将支架底座安装好，并调整支座水平	15 分		
		5	安装开关本体，用尼龙绳带将开关本体绑扎牢固，吊至开关支架上落座，对准安装孔位进行螺栓预连接，螺栓连接上后，用水平尺调平开关底座	15 分		
		6	测定操作机构安装位置，对应隔离开关安装方向，安装操作机构箱底座和操作机构箱	15 分		
		7	安装操作传动杆，调整传动拐臂连接位置和传动轴的预置角度，使开关“分”“合”到位	10 分		
安全及其他	20 分	8	按规定设置防护	5 分		
		9	安全	10 分		
		10	动作、语言文明	5 分		
规定时间	60 min		操作时间			
合计	100 分			100 分		

任务二　隔离开关引线安装

【任务描述】

隔离开关引线是隔离开关与接触网两个锚段线索的连接部分，是实现供电灵活性电流的通道，本任务重点掌握隔离开关引线的安装方法。

一、理论部分

（一）隔离开关引线的作用

隔离开关引线的作用是连接隔离开关与接触网，保证隔离开关与接触网间的可靠电力传输。

（二）对隔离开关引线的要求

（1）隔离开关引线的规格型号应符合设计要求，引线连接方式正确可靠。

（2）隔离开关引线应留有一定的弛度，其弛度应满足因温度变化而引起的位移长度，并满足在任何情况下隔离开关引线对接地体的距离大于最小泄露距离。

二、任务实施

（一）施工工艺流程（见图 5-2-9）

图 5-2-9　施工工艺流程

（二）施工组织准备

1. 施工人员组织（见表 5–2–4）

表 5-2-4　施工人员组织

序号	项目	单位	数量	备注
1	施工负责人	人	1	由正式职工担任
2	技术工人	人	4	有相关技术
3	防护人员	人	3	防护
4	轨道车司机	人	2	正、副司机各 1 人

2. 施工工机具准备（见表 5-2-5）

表 5-2-5 施工工机具

序号	名称	单位	数量	备注
1	单滑轮	组	1	
2	钢卷尺	把	1	
3	水平尺	把	1	
4	记号笔	支	1	
5	大绳	条	1	20 m
6	钢丝套子	个	1	连接滑轮用
7	工具袋	个	2	
8	断线钳	把	2	断避雷器引线
9	力矩扳手	把	2	配与螺栓相符的力矩头
10	电动工具	套	4	
11	接地线	组	2	
12	验电笔	支	2	
13	报话机	台	4	
14	安全帽	顶	9	人均 1 顶
15	防护用品	套	2	

（三）施工方法及步骤

1. 施工准备

（1）从库房领取施工安装材料，对所安装的承力索、接触线电连接线夹及上网引线等材料进行外观质量及规格检查。承力索、接触线电连接线夹不应有裂纹、变形等现象，上网引线如使用软铜绞线不应有散股、断股现象。

（2）将材料及安装所需工具一并提前装到作业车上。

2. 测　量

（1）一人攀上装有隔离开关的支柱顶端，扎好安全带，一人在作业车平台上，两人配合用钢卷尺测量开关电连接引线安装中各部分的距离。

（2）测量时应考虑接触网线索随温度变化的偏移值，为上网引线预留适当的弛度。

3. 预制开关引线

（1）根据实测数据，计算出开关连接线所需的总长度，在软铜绞开关引线上做出标记，在标记两边用绑线绑扎牢固后，用断线钳剪取。

（2）在设备线夹内涂电力复合脂。

（3）用梅花扳手将开关设备线夹安装在开关引线一端，并用力矩扳手检测是否达标，然后把开关引线盘成盘捆紧，贴标识标签，以防安装错误。

4. 安装上网引线

（1）作业车行至安装位置停车，对位，升作业台，扶起作业凳，一人上凳，另一人攀上装有隔离开关的支柱顶端，扎好安全带。两人配合，复测承力索至开关的距离是否与预制长度相吻合。

（2）确认无误后，先用刷子清除承力索、接触线安装电连接线夹位置的灰尘和氧化物，并在安装位置涂一层电力复合脂，再用专用液压钳，逐个压接好电连接线夹，如图 5-2-10 所示。

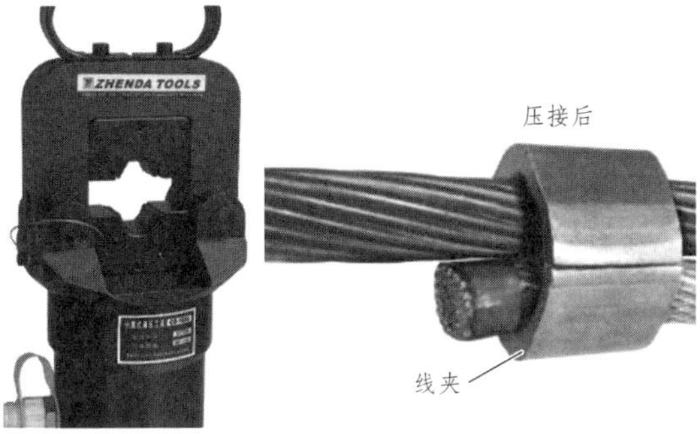

图 5-2-10　专业液压钳压接电连接线夹实例

（3）支柱上人员用梅花扳手把设备线夹与开关接线端连接好，并用力矩扳手紧固达标。

三、任务考核

（1）人员：以作业组为单位。

（2）操作时间：规定时间为 30 min。在规定时间内完成，不加分也不扣分；每超时 1 min，从总分中扣 2 分；超时 10 min，停止作业。

（3）考核标准：见表 5-2-6。

表 5-2-6　考核记录表

考核项目	分值	序号	考核要求及评分标准	分值	扣分情况	得分
工具准备	15 分	1	开关引线、承力索电连接线、接触线电连接线、电力复合脂	6 分		
		2	安装作业车、作业凳、电工工具、钢丝刷子、断线钳、梅花扳手、套筒扳手、力矩扳手、钢卷尺、安全帽、安全带、脚扣、水平尺、液压钳、发电机、ϕ10 棕绳	9 分		
操作技能	65 分	3	对承力索、接触线、电连接线线夹及电连接线等材料进行外观质量及规格检查，材料及工具同时装车	10 分		
		4	测量上网引线长度，并考虑接触网线索随温度变化的偏移值	15 分		
		5	计算开关连接线所需的纵长度，预制上网引线	20 分		
		6	复测上网引线长度，安装上网引线，压接好承力索和接触线电连接线	20 分		
安全及其他	20 分	7	按规定设置防护	5 分		
		8	安全	10 分		
		9	动作、语言文明	5 分		
规定时间	30 min		操作时间			
合计	100 分			100 分		

模块六　竣工验收

模块六课件

本模块包含冷滑试验、送电开通、竣工验收三个项目。主要任务是以检查尺或检测车测量参数并人工进行目测；进行送电前的检查及准备，按程序进行接触网的送电开通及联调联试；对接触网工程设备进行全面检查验收及竣工文件的交接。目的是培养学生具备接触网参数测量的能力、送电开通和联调联试的实施能力、竣工验收和竣工文件的交接能力。

项目一　冷滑试验

【导　读】

冷滑试验是在接触网全面检查合格后，在接触网不受电的情况下，对接触网进行的动态试验检查。即通过电力机车受电弓的正常运行状态，检验接触网的机械性能是否满足运行需要。本项目的主要任务是以检查尺或检测车测量参数并人工进行目测。

【学习目标】

（1）掌握检测尺或检测车的使用方法、要求及特点，会用检查尺或检测车测量有关参数、具备利用检测设备进行参数测量的能力。

（2）掌握人工观测方法的重点、要求，会用目测的方法观察接触网的重点关键部位，具备判断观测对象情况异常的能力。

【思政目标】

（1）培养学生恪守诚信原则，强调竣工验收工作应遵守职业道德和职业操守，确保验收工作公正、公平和客观，验收结果真实可靠。

（2）强调竣工验收不仅是对工程质量的把关，更是对社会公众安全的负责，增强学生的安全意识和责任意识。

任务一　测量参数

【任务描述】

接触网在通电前要进行相关设计参数的测量，本任务重点要掌握参数测量的程序及冷滑试验的组织。

一、理论部分

（一）冷滑试验

冷滑试验是在接触网进行全面静态检查合格后，在接触网不受电的条件下，对接触网进行的动态试验检查，也就是通过检测车或电力机车受电弓的正常运行，来检验接触网的机械适应性能否满足运行要求。

（二）冷滑试验前的检查

冷滑试验应在接触悬挂调整完毕，全面检查合格后进行。冷滑前的全面检查由工程项目部组织工程技术人员、安全质量检查员以及该施工区段的作业队长、工班长等人员进行。全面检查应逐杆、逐锚段沿线路步行巡视观测。检查人员应准备并携带接触网平面布置图、记录本、梯车、导线高度及拉出值检测工具。检查出的问题及缺陷应做详细记录，并提出处理意见，整理成《冷滑试验前接触网设备巡视检查问题缺陷汇总表》，问题缺陷汇总表一式三份，一份交施工班组，一份交施工单位上级部门，一份在项目部存档备查，缺陷处理要做到“四定”，即定问题处理销号时间、定缺陷处理负责人、定具体处理人员、定处理后缺陷复测人员等。

全面检查的项目及技术要求主要包括以下内容：

（1）各种零配件装配符合设计图纸（包括变更设计）要求，且安装牢固，安全可靠。

（2）各种空气绝缘间隙符合设计要求。

（3）接触导线高度及拉出值符合设计要求。

（4）补偿装置灵活、补偿器坠砣数量及位置正确。

（5）吊弦、定位器偏斜值符合设计要求。

（6）接触线平直，无扭斜、弯曲，接触线坡度符合设计要求。

（7）电连接线位置和弛度符合要求，电连接线夹安装正直、牢靠、无扭斜。

（8）分相、分段绝缘器安装位置正确，接触面平滑过渡。

（9）影响冷滑试验的绝缘包扎物等已全部拆除。

（10）依据设计给定的营业电力机车受电弓最大抬升量和最大摆动量制作受电弓动态包络线检查尺，检查确认支持装置、定位装置、锚段关节及线岔等部位均应在受电弓动态包络线范围以外。

（11）确认与邻近带电区段接触网的安全措施正确，临时接地线连接正确可靠。

（12）调查不具备冷滑条件的线路或区段及存在问题，列出明细表，通知冷滑列车。

（13）对一些重要的线路，在冷滑试验前可采用非接触式接触网检测车对接触网的导线高度、拉出值、坡度等几何尺寸及技术参数进行检测。

（三）冷滑试验应具备的条件

（1）冷滑试验区段的接触网工程已全面竣工。

（2）冷滑试验区段的接触网已完成检查，检测记录完整，检查质量符合验收标准。

（3）影响冷滑试验的绝缘包扎物等已全部拆除。

（4）电力线路跨越接触网时，垂直距离符合相关规定。

（5）跨越接触网的立交桥及构筑物防护栅网安装到位，接地良好。

（6）接触网距树木的最小距离，水平方向不小于 3.5 m，垂直方向不小于 3.0 m。

（四）冷滑试验车的组成

冷滑试验的电力机车是由其他动力机车作牵引的，牵引机车为内燃机车或蒸汽机。

当采用内燃机车作牵引时，冷滑列车应作如下编组：内燃机车—电力机车—带作业平台的平板车—宿营车—守车。

当采用蒸汽机车作牵引时，冷滑列车应作如下编组：电车机车—带作业平台的平板车—蒸汽机车—宿营车—守车。

当采用专用冷滑检测车时，作如下编组：牵引机车—冷滑检测车。

（五）测量程序及项目

1. 测量程序

冷滑试验的顺序一般是先区间后站场，先正线后侧线，先低速后高速。冷滑试验一般分三次进行。

第一次为低速冷滑，运行速度为 10 ~ 15 km/h；站场为 5 ~ 10 km/h。

第二次为中速冷滑，运行速度为 25 ~ 30 km/h。

第三次为正常运行速度。

2. 测量项目

（1）接触线拉出值。

（2）接触悬挂的弹性，有无不允许的硬点。

（3）吊弦线夹、定位线夹、接触线接头线夹、中心锚结线夹、分段绝缘器、分相绝缘器、线岔等安装状态，有无碰弓、脱弓或刮弓的危险。

（4）接触线的质量，有无弯曲、扭转现象。

（5）受电弓与定位管之间的距离，受电弓与绝缘子之间的距离，受电弓与有关接地体之间的距离。

（六）冷滑试验组织

冷滑试验车一般由两部分人员组成：

（1）行车人员，包括车长、司机、乘务人员等。

（2）试验检查人员，包括观测人员、记录人员、安全监视人员等。

二、任务实施

（一）施工工艺流程（见图 6-1-1）

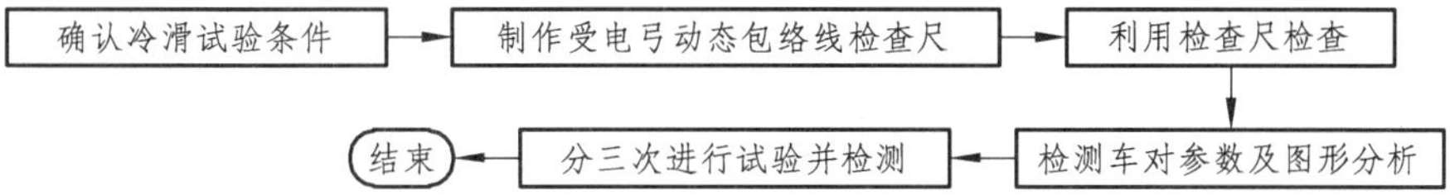

图 6-1-1　施工工艺流程

（二）施工组织准备

1. 施工人员组织（见表 6–1–1）

表 6-1-1　施工人员组织

序号	项目	单位	数量	备注
1	测量负责人	人	1	负责执行冷滑试验计划及列车的全面组织领导
2	转运车长	人	1	负责列车行车计划及行车有关事项
3	检查、观测员	人	2	按冷滑试验项目检查、观测
4	试验员	人	2	负责操作试验车，打印数据

2. 施工工机具准备（见表 6–1–2）

表 6-1-2　施工工机具

序号	名称	单位	数量	备注
1	接触网检测车	辆	1	检测接触网状态
2	牵引车	辆	2	牵引动力
3	经纬仪	台	1	校准受电弓中心
4	水平尺	把	1	校准受电弓水平
5	无线电报话机	台	4	通信
6	安全帽	顶	2	防护
7	安全带	条	2	防护
8	防风镜	副	2	防护
9	钢卷尺	把	1	测量
10	滑轮	个	1	拉弓时用
11	小绳	条	1	拉弓时用
12	笔记本	个	1	记录资料
13	手电筒	个	1	隧道照明
14	竣工平面布置图	套	1	现场核对

（三）施工方法及步骤

1. 测量前准备工作

（1）人员：电力机车驾驶室设 1～2 人，作业台上设 2～3 人。

（2）工具：包络线检测尺、检测车及其他常用工具。

（3）实践基地：符合冷滑试验要求的实践基地。

2. 动态包络线检测步骤

（1）测量支柱定位点处接触线的静态高度和拉出值、支柱处外轨超高值。

（2）将定位点处的接触线抬高到受电弓设计最大动态抬升量（如广深线为 220 mm）。

（3）使包络线检测尺上拉出值刻度与该定位点处接触线实际测量拉出值位置相重合，包络线检测尺倾斜度与轨面连线的倾斜度一致。

（4）通过包络线检测尺观察检测并记录有关数据，分析判断定位管、定位器、定位环线夹和其他接触网零部件是否侵入动态包络线范围内。

（5）发现有侵入包络线范围内的接触网零部件的检测缺陷时，找出对策并及时进行处理，直至用包络线检测尺检查合格。

（四）安全注意事项

（1）冷滑试验前应在直线线路上，利用经纬仪校核检测受电弓的中心是否与线路中心重合，否则应调整受电弓，并将受电弓底座接地端与车顶接地端子可靠连接。

（2）冷滑试验前，在全面检查阶段中发现的问题及缺陷应解决完毕，并做好记录。只有当施工负责人确认试验区段的接触网状态符合冷滑试验的要求后，方可开始冷滑测试。

（3）每个站场两端及每个区段两端的接触网均需设置临时接地线，试验期间受电弓也要做临时接地，防止感应电伤人。

（4）与带电接触网邻近区段的冷滑试验需在停电间隔进行。该邻近区段接触网应双接地，并由负责邻近区段运营的供电段派人配合施工。

（5）确认试验区段接触网与各种跨越、平行电线路的安全距离符合规定。

（6）冷滑试验时，试验观测人员一般应在特设观测舱内工作。如需在车顶工作时应逆向观测，身体各部位均不得超过机车限界，并采取安全可靠的防护措施。

（7）冷滑试验应在昼间进行，隧道区段应备有充足的照明设备，以方便观测及确保观测人员人身安全。

（8）试验列车应备有可靠的通信联络设备，保证试验负责人、运转车长、司机间的通话需要。

（9）为防止冷滑过程中的接触网事故，项目部应做好应急预案，并经项目经理审批，现场应配备事故抢修车，停放在试验区段中部较方便的站场上。

（10）为防止冷滑过程中因弓网事故损坏受电弓，应备有受电弓易损件，以保证冷滑试验不间断进行。

（11）冷滑试验发现的问题应及时进行处理，且应符合以下要求：

① 接触线朝向正确、平直，无弯曲、扭转、碰弓、脱弓现象。正线接触线对受电弓中心的偏移符合设计要求。

② 受电弓与定位管之间的距离、受电弓与有关绝缘子之间的距离、受电弓与有关接地体之间的距离符合设计要求。受电弓在正常情况下距接地体瞬时间隙不应小于 200 mm，困难情况下不应小于 160 mm。

③ 吊弦线夹、定位线夹、接触线接头线夹、中心锚结线夹、电连接线夹、分段（分相绝缘器）、线岔等无碰弓、脱弓或刮弓和不允许的硬点。

④ 速度 200 km/h 区段简单链型悬挂的弹性下均匀度不应大于 40%。

三、任务考核

（1）人员：以作业组为单位。

（2）操作时间：规定时间为 20 min。在规定时间内完成，不加分也不扣分，每超时 1 min，从总分中扣 2 分；超时 10 min，停止作业。

（3）考核标准：见表 6-1-3。

表 6-1-3　考核记录表

考核项目	分值	序号	考核要求及评分标准	分值	扣分情况	得分
工具准备	15 分	1	动态包络线检测尺	10 分		
		2	其他常用工具	5 分		
操作技能	65 分	3	测量拉出值、外轨超高等参数	20 分		
		4	包络线检测尺检测记录并分析	30 分		
		5	找出对策并处理	15 分		
安全及其他	20 分	6	按规定设置防护	5 分		
		7	安全	10 分		
		8	动作、语言文明	5 分		
规定时间	20 min		操作时间			
合计	100 分			100 分		

任务二　人工目测

【任务描述】

本任务重点要掌握人工目测的重点项目有哪些，以及人工目测的方法和步骤。

一、理论部分

（一）目测的重点

电力机车驾驶室内的观测人员重点观察接触网走向、终端线岔、锚段关节、导线接头、特殊定位、分相分段绝缘器等关键部位的异常情况。

作业台上的观测人员主要观察导线拉出值、各种线夹安装是否正确、导线面是否正直、有无不允许的硬点或打弓现象，以及观察受电弓与有关绝缘子或与有关接地体之间的距离是否符合要求。

（二）安全与注意事项

（1）冷滑前每个站场和区间两端均须做好接地。受电弓也应做临时接地，以防静电伤人。

（2）冷滑区段的各种跨越电力线及其他干扰必须在冷滑前彻底处理，平行线路的安全距离应符合规定。

（3）冷滑试验的观测人员一般应在特设观测舱内工作。如需在车顶工作时应背向列车前进方向，并佩戴安全帽、防风镜等防护用品，身体各部位不得超出机车限界。

（4）冷滑试验应严格按照低、高速程序进行，并不许超过规定速度，不克服前次冷滑发现的问题，不得进行下次冷滑。

（5）在带电接触网邻接区段的冷滑试验需要在停电间隔进行，该邻接区段的接触网应双接地，并由负责邻接区段运营的供电段派员参加配合。

（6）列车在运行中不得上、下电力机车，非试验人员禁止上车。

（7）为防止冷滑试验过程中因刮弓事故损坏受电弓，应备有受电弓易损配件。

（8）冷滑车进行试验的每个区段施工负责人及技术人员应随车检查，以便及时掌握实际情况尽快解决问题。

二、任务实施

（一）施工工艺流程（见表 6-1-2）

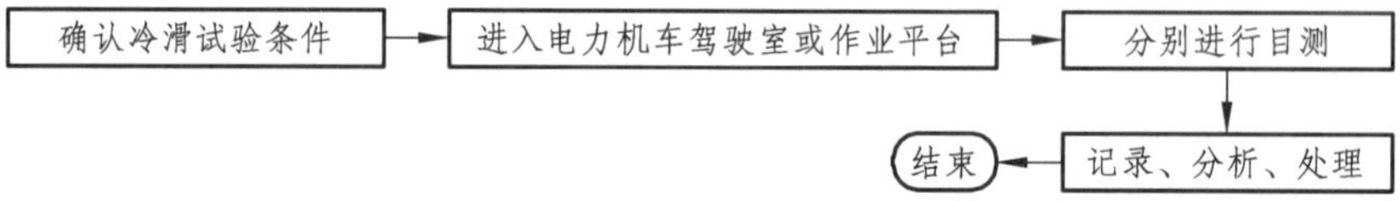

图 6-1-2　施工工艺流程

（二）施工组织准备

1. 施工人员组织（见表 6-1-4）

表 6-1-4　施工人员组织

序号	项目	单位	数量	备注
1	测量负责人	人	1	负责执行冷滑试验计划及列车的全面组织领导
2	转运车长	人	1	负责列车行车计划及行车有关事项
3	目测观测员	人	2	按冷滑试验项目检查、观测
4	试验员	人	2	负责操作试验车，打印数据

2. 施工工机具准备（见表 6–1–5）

表 6-1-5　施工工机具

序号	名称	单位	数量	备注
1	接触网检测车	辆	1	检测接触网状态
2	牵引车	辆	2	牵引动力
3	经纬仪	台	1	校准受电弓中心
4	水平尺	把	1	校准受电弓水平
5	无线电报话机	台	4	通信
6	安全帽	顶	2	防护
7	安全带	条	2	防护
8	防风镜	副	2	防护
9	钢卷尺	把	1	测量
10	滑轮	个	1	拉弓时用
11	小绳	条	1	拉弓时用
12	笔记本	个	1	记录资料
13	手电筒	个	1	隧道照明
14	竣工平面布置图	套	1	现场核对

（三）施工方法及步骤

1. 目测内容及步骤

（1）导线拉出值是否符合设计，拉出值最大不应大于 400 mm，接触线线面正确，无扭面。无弯曲、碰弓、脱弓现象。常速冷滑无不允许的硬点。

（2）受电弓在正常情况下距接地体瞬时间隙不应小于 200 m，困难情况不应小于 160 mm。

（3）定位管、定位管坡度是否满足要求。

（4）线岔处受电弓过渡是否平稳，有无脱弓或刮弓、钻弓危险。

（5）观察导体调试变化是否平稳，有无突变和跳动，有无不符合《铁路技术管理规定》的高度。

（6）吊弦线夹、定位线夹、接触线接头线夹、中心锚结线夹、电连接线夹、分段绝缘分相绝缘器等无碰弓现象和不允许的硬点，以及无偏磨现象。

2. 注意事项

1）冷滑的准备工作

接触网的冷滑必须与施工单位紧密配合，由施工单位派出调度人员和技术人员通过检测车进行检测。冷滑检测车由内燃机车或大马力轨道车进行牵引共同组成检测车组。冷滑速度根据《铁路电力牵引供电工程设计规范》规定，首先以低速进行一遍，根据检测数据，施工单位进行调整后再进行常速冷滑检测。

检测车冷滑的标准根据《铁路电力牵引供电工程质量评定验收标准》（TB 10421—2018）及该线的设计标准而制定。检测车冷滑以检测车上安装的接触式检测系统为主，检测采用 WBL-85 型高速受电弓。它具有质量小、跟随性好等特点，能够与接触线紧密接触。该系统采用传感器测量接触线的参数，通过计算机自动处理，评估接触网参数。

2）冷滑的常见问题与分析

（1）接触线高度的问题：通过冷滑检测，接触线高度的问题主要存在于站场与区间，隧道内外高度不一致的转换处。这些地方易造成导高控制不严，高度过渡不平滑，表现为导高变化率较大。我国接触网在大站导高通常设计为 6450 mm，而一般区间设计皆为 6000 mm，隧道内由于隧道净空等因素一般设计为 5700 mm。当检测车从区间向站场及由隧道外向隧道内运行时，接触线存在导高变化的问题。通过冷滑检测发现，在这一变化区段导高变化率常常达到了 5‰～6‰，在隧道与区间的过渡处有的锚段导高变化率也达到 5%，超过设计规定最大值 5‰。导高变化率过大将使受电弓不能平稳地取流，导致受流恶化并引起离线现象的发生。

在大站侧线还存在导高控制不严，施工时未严格调整的问题。由于车站正线轨道比侧线高，如果保证大站正线导高达到 6450 mm，侧线将大于 6450 mm。在西南某线的冷滑检 测中，发现有的车站侧线的检测受电弓发生自动降弓现象，经过复测与手工测量证实，此处导高皆大于 6650 mm，超过检测受电弓的限高设定值 6600 mm，故发生降弓现象。通过观察分析，这些地方皆是由于在侧线跨中的调整时，施工人员仅注意了悬挂点的调整而忽略了跨中的吊弦受力，使吊弦拉抬接触线过大形成负弛度，加上侧线轨道较低，造成跨中导高偏大。

（2）曲线处拉出值超限：通过多条电气化铁路的冷滑检测证明，接触线拉出值的施工调整问题主要发生在小曲线半径处。在小曲线半径上线路超高较大，拉出值向曲线外侧拉出，由于受向心力的影响，接触线在小曲线半径处受力较大，给施工调整带来极大困难，不利于把拉出值调整到位，因此经常发生此处拉出值偏大。

（3）常见硬点的产生：从几条线的检测曲线硬点分布及实际情况分析，接触网硬点主要由分段/分相绝缘器、吊弦线夹、电连接线夹及一些导线死弯等产生，无论是进口还是国产的分段/分相绝缘器，本身就是硬点存在的因素，加之由于绝缘器与接触线的集中质量不同，不易使绝缘器与接触线安装水平，常使绝缘器的灭弧导角产生倾斜，形成较大硬点。

三、任务考核

（1）人员：以作业组为单位。

（2）操作时间：规定时间为 20 min。在规定时间内完成，不加分也不扣分；每超时 1 min，从总分中扣 2 分；超时 10 min，停止作业。

（3）考核标准，见表 6-1-6。

表 6-1-6　考核记录表

考核项目	分值	序号	考核要求及评分标准		分值	扣分情况	得分
料具准备	15 分	1	常用记录表格		10 分		
		2	其他常用工具		5 分		
操作技能	65 分	3	目测各关键部位并汇报异常情况		25 分		
		4	对异常情况进行记录并分析		25 分		
		5	找出对策并处理		15 分		
安全及其他	20 分	6	按规定设置防护		5 分		
		7	安全		10 分		
		8	动作、语言文明		5 分		
规定时间	20 min		操作时间				
合计	100 分				100 分		

★ 思政链接

违章作业事故找，遵章守纪保平安

某公司配电站在进行电路改造时，发生了一起触电事故，造成 1 名外来施工人员（男 37 岁）死亡，直接经济损失 155 万元。事故调查组经调查认定，该事故是一起“外来作业人员管理不严、电工无证上岗、违章作业造成的生产安全事故”。

从现场勘查来看，有几个致命的隐患导致悲剧的发生：① 配电站在作业时未全部断电，发生地裸铜排未做安全绝缘防护；② 作业现场未进行认真勘查和风险辨识；③ 个人防护用品（劳保鞋、手套）缺失。

分析该起事故，可以看出，事故的直接原因是作业人员（死者）在进行电缆线穿线时，碰掉了边上带电电缆的保护盖，作业人员在把保护盖复位的时候触碰到带电电缆，导致触电后死亡。可以说，作业人员是在毫无意识和防备的情况下，误触碰带电线缆，导致触电身亡的，确实让人心疼。

每个事故的背后，总有令人警醒的“故事”，这是我们认真学习和反思事故的原因。就该起事故来看，类似的线路改造工程，按说是要制订作业方案并经过审批的。或许是因为工程太小，于是很随意地就开展工作，于是很随意地管理，然后在小项目、简单作业过程中发生了悲剧。这也警示我们“勿以恶小而为之”，细节往往决定成败。类似的外包作业，按说是要签订专门的安全生产管理协议，作业电工需要经认真地资质审查和安全技术交底的，并且作业过程中须配备安全帽、劳保鞋等防护用品，但是由于大家对这种“临时性小项目”不以为然，所有的程序都被简化和松懈地“放行”了，于是一步错步步错，一个环节失效，个个环节难以管控，违章被刻意放大，失去节制，终究酿成悲剧。

项目二　送电开通

【导　读】

在冷滑试验完毕后，对接触网送电，使其投入运行状态称为开通。送电开通，是接触网工程的最后一道工序，是为下一步联调联试奠定基础。送电开通区段的接触网及相连设备均带电运行。本项目的主要任务是送电前的检查及准备、按程序进行接触网的送电开通及联调联试的实施流程。

【学习目标】

（1）掌握安全与注意事项、检查的项目内容及送电开通程序，学会按照“送电开通实施方案”要求实施开通工作，具备送电开通实施能力。

（2）掌握联调联试及运行试验的内容，学会联调联试的实施流程，具备一定的联调联试实施能力。

【思政目标】

（1）培养学生的安全意识与责任担当，强调送电开通的危险性和安全操作的重要性，让学生树立安全意识，理解自身在操作过程中需要承担的责任。

（2）培养学生“防患于未然”的忧患意识，在设备的联调联试的过程中，能够及时发现问题、分析问题、解决问题，确保项目的后续稳步实施，为正式开通运行夯实基础。

任务一　送电开通

【任务描述】

送电开通是接触网施工的最后一个工序，送电开通是否顺利、牵引变电所向接触网送电是否一次合闸成功，是评定和检验接触网施工质量的重要依据。本任务重点掌握送电开通的方法及步骤。

一、理论部分

（一）概　述

接触网送电开通必须在严密的组织下实行统一领导、统一指挥，遵守各项安全规则。施工单位与运营单位应互相配合，为保证送电开通和工程的顺利移交打下良好的基础。

（二）安全与注意事项

（1）送电开通过程中，除遵守施工技术安全规则外，还应严格按照上级批准的“送电方案”规定的计划、要求进行工作。

（2）从第一次向接触网送电开始，即认为全段接触网及相连设备均通电。此后，所有接触网作业（包括事故抢修）均按带电作业要求进行。禁止无证上杆、上车作业。

（3）各种作业车辆上的登梯及经常攀登的部位，均应悬挂“接触网有电、禁止攀登”的醒目标志。

（4）所有参加送电人员均应明确自己的岗位职责，熟记安全操作规则，掌握通信联络办法及通信工具的使用方法。

（5）送电期间执行各种操作命令时，均需两人协同执行，一人监护一人操作。

（6）用电话或无线对讲机传送的签证命令，为避免差错，均应复诵核对。

（三）送电前的检查

送电前，应对接触网进行全面质量检查，确认工程质量符合设计要求，消除所有影响送电安全的因素后，方可申请送电。

送电前需要检查的主要项目及内容如下：

（1）冷滑试验报告。包括有无存在的问题，问题是否处理完毕。

（2）各种带电体之间、带电体与接地体之间的距离是否符合设计要求。

① 绝缘锚段关节两悬挂点间的距离，一般情况下（适用于任何海拔高度地区）正常值为 450 mm，吸流变压器处正常值为 300 mm。

② 25 kV 带电体与 25 kV 带电体的间隙正常值为 500 mm。

③ 25 kV 带电体与接地体间隙正常值为 300 mm，困难值为 240 mm。

④ 隔离开关引线、电连接线（包括跨越另一个接触悬挂时）及供电线跳线距接地体正常值为 330 mm。

⑤ 绝缘元件接地侧裙边对接地体：瓷质及钢化玻璃绝缘子正常值为 100 mm，困难值为 75 mm；其他材质绝缘元件正常值为 50 mm。

（3）各供电臂及跨越线路、附加导线的回路及接触网与各所之间的连接线是否正确。

（4）各种绝缘件是否有破损或裂纹，超过规定要求的应及时更换。

（5）影响送电开通的交叉、平行线路干扰是否已处理。架空电线路（包括通信线路）跨越接触网时，与接触网的垂直距离：

① 110 kV 及其以下电线路不少于 3 m。

② 220 kV 电线路不少于 4 m。

③ 30 kV 电线路不少于 5 m。

④ 500 kV 电线路不少于 6 m。

（6）沿线侵入安全供电限界的树木、建筑物等是否砍伐或拆迁。

（7）各种标志、限界门及设备是否安装齐全，并符合设计规定。

（四）送电前的准备

1. 清洗绝缘子

一般在送电的前几天进行各种绝缘子的清洗工作，在有蒸汽机车牵引区段清洗后应做临时简易包扎。

2. 送电工具准备

（1）临时接地线和 35 kV 的绝缘杆。

（2）高压验电器（35 kV）。

（3）绝缘手套、绝缘鞋、橡胶垫。

（4）兆欧表（2500 V）。

3. 抢修机具准备

（1）各队应组织抢修小组及抢修车，负责本队管辖范围内的绝缘子、零配件的更换，导线脱落及断线事故的修复工作。应配备一定数量的抢修工具及材料、零件。

（2）各段组织抢修安装列车，负责全段管辖范围的断杆、吸流变压器等重大事故抢修。

二、任务实施

（一）施工工艺流程（见图 6-2-1）

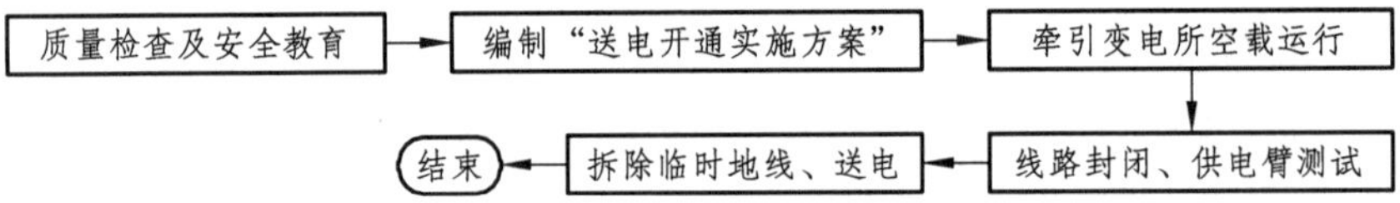

图 6-2-1　施工工艺流程

（二）施工组织准备

1. 施工人员组织（见表 6-2-1）

表 6-2-1　施工人员组织

名称	职务	定员	职务与备注
指挥组	项目经理	1	负责送电开通全面工作
	总工程师	1	负责整体工程的送电开通业务
	主管工程师	1	负责所辖区送电开通及人员调配
	队技术主管	1	负责辖区送电开通的具体实施
区间作业组	抢修列车	实际需要	根据列车容量和实际需要配备人员抢修
	撤旧作业组	实际需要	拆除绝缘绑扎和撤除线路固定接地线
	绝缘测试组	实际需要	遥测线路绝缘和导通试验
	抢修组	实际需要	施工负责人负责组织现场抢修
	倒闸组	2	根据电调命令进行线路开关的分合操作
	验电组	2	根据需要配备若干验电组
	线路巡视	2	按 2 人一个小组根据需要配备

2. 施工工机具准备（见表 6-2-2）

表 6-2-2　施工工机具

序号	名称	规格	单位	备注
1	临时接地线	绝缘杆额定电压 35 kV	根	临时接地
2	高压验电器	35 kV	支	验电
3	绝缘手套		副	操作隔离开关
4	绝缘靴		双	操作隔离开关
5	橡胶垫	额定电压 35 kV	块	操作隔离开关
6	兆欧表	2 500 V	个	

（三）施工方法及步骤

1. 施工准备

（1）人员：组织职工进行送电安全教育，经考试合格后才能参加送电工作。选择熟悉情况，具有一定技术水平的专业人员负责各项开通工作。

（2）工具：必备的送电工具、抢修机具及其他常用工具。

（3）实践基地：符合送电开通的实践基地。

2. 送电开通程序

送电开通程序由总指挥组按送电开通方案，通过电力调度命令（以命令票方式）下达执行。

（1）向各指挥组、分指挥组宣布线路封闭时间开始，下达拆除绝缘子包扎物的命令。

（2）各分指挥组在确认拆除完毕后向指挥组汇报。

（3）由段指挥组向电力调度申请进行绝缘测试。

（4）由电力调度下达进行各供电臂绝缘测试的命令，绝缘测试前应确认接触网上已无人作业，然后拆除临时接地线，进行绝缘测试。将测试结果向电力调度汇报。

（5）由电力调度下达各供电线隔离开关合闸送电的命令。

（6）通知各指挥组坚守岗位，加强巡视，发现异常现象及时报告。

（7）送电开通 24 h 后，可命令各送电机构、巡视、抢修人员撤离，移交接管单位。

3. 送电开通安全与注意事项

（1）严禁与铁路施工或调试无关人员进入铁路防护网内，严禁在车站内和跨铁路高架桥上玩耍、放牧或停留。严禁在铁路两侧各 300 m 区域内升放风筝、气球。

（2）车辆和行人必须经公跨铁桥或人行涵洞跨越铁路，严禁翻越铁路栅栏进入铁路地界内。严禁向铁路上抛掷杂物。

（3）严禁通过任何物体（如绳索、棒条、导线、水流等）与接触网导线及相连部件相接触。发现接触网断落时，行人、物体要远离该线 10 m 以外。

（4）严禁攀爬接触网杆塔、箱式变电站、通信铁塔等沿线各种铁路设施。严禁偷窃铁路沿线电缆、架空线路及铁路其他设施。

（5）发现故障后及时向铁路部门报告。

三、任务考核

（1）人员：以作业组为单位。

（2）操作时间：规定时间为 30 min。在规定时间内完成，不加分也不扣分；每超时 1 min，从总分中扣 2 分；超时 10 min，停止作业。

（3）考核标准，见表 6-2-3。

表 6-2-3　考核记录表

考核项目	分值	序号	考核要求及评分标准	分值	扣分情况	得分
料具准备	15 分	1	送电开通工作	10 分		
		2	抢修机具	5 分		
操作技能	65 分	3	拆除绝 缘子包扎物并汇报	20 分		
		4	绝缘测试并汇报	30 分		
		5	合闸送电	15 分		
安全及其他	20 分	6	按规定设置防护	5 分		
		7	安全	10 分		
		8	动作、语言文明	5 分		
规定时间	30 min	操作时间				
合计	100 分			100 分		

任务二　联调联试

【任务描述】

接触网开通前的联调联试涉及的专业部门多，是一个较为系统的施工任务，本任务重点掌握联调联试的工作组织、实施流程。

一、理论部分

（一）联调联试内容

联调联试主要包括：轨道、接触网、供变电、通信、信号、运营调度、客运服务、防灾安全监控、综合视频监控等系统联调联试，以及综合接地、电磁兼容、振动噪声、路基状况、路基及过渡段动力性能、桥梁动力性能、隧道内气动效应、列车空气动力学性能测试等。

（二）运行试验内容

运行试验内容主要包括：运行图参数测试、故障模拟、应急演练和按图行车等。

二、任务实施

（一）施工工艺流程（见图 6-2-2）

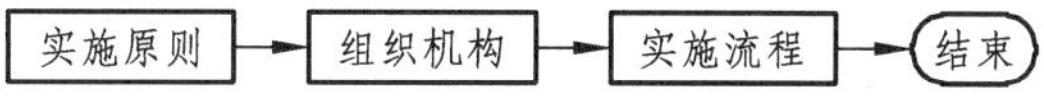

图 6-2-2　施工工艺流程

（二）施工组织准备

1. 施工人员组织（见表 6-2-4）

表 6-2-4　施工人员组织

名称	职务	定员	职务与备注
指挥组	项目经理	1	负责送电开通全面工作
	总工程师	1	负责整体工程的送电开通业务
	主管工程师	1	负责所辖区送电开通及人员调配
	队技术主管	1	负责辖区送电开通的具体实施
作业组	抢修列车	实际需要	根据列车容量和实际需要配备人员抢修
	撤旧作业组	实际需要	拆除绝缘绑扎和撤除线路固定接地线
	绝缘测试组	实际需要	遥测线路绝缘和导通试验
	抢修组	实际需要	施工负责人负责组织现场抢修
	倒闸组	2	根据电调命令进行线路开关的分合操作
	验电组	2	根据需要配备若干验电组
	线路巡视	2	按 2 人一组根据需要配备

2. 施工工机具准备（见表 6-2-5）

表 6-2-5　施工工机具

序号	名称	规格	单位	备注
1	临时接地线	绝缘杆额定电压 35 kV	根	临时接地
2	高压验电器	35 kV	支	验电
3	绝缘手套		双	操作隔离开关
4	绝缘靴		双	操作隔离开关
5	橡胶垫	额定电压 35 kV	块	操作隔离开关
6	兆欧表	2 500 V	个	

（三）施工方法及步骤

1. 实施原则

高速铁路联调联试及运行试验以速度为主线，以开通运营时一次达到设计速度和设计密度为目标，在确保安全的前提下采用逐级提速的方法进行。通过不同速度等级的全方位测试，依据测试结果对各子系统和整体系统进行评估、调整与优化，实行闭环控制，直至达到设计目标。

2. 组织机构

高速铁路联调联试及运行试验工作在中国国家铁路集团有限公司（以下简称“国铁集团”）统一指挥和协调下，由运营单位牵头与建设、测试、施工、设计、监理等单位共同组织实施。

国铁集团负责组织试验大纲的审查、批复，工作指导和检查，以及重大问题的协调；运营单位负责现场的实施组织，包括行车组织、施工管理、安全防护、系统和设备的调整优化等；建设单位负责施工现场安全管理和后勤保障，组织设计和施工等单位配合试验、系统和设备的调整优化、安全防护等；测试单位负责大纲的编制、具体的试验测试工作，根据试验测试结果提出试验和问题整改的要求，进行试验数据的整理分析、编写试验报告。

3. 实施流程

联调联试及运行试验实施的主要流程包括项目委托，大纲编制、审查和批复，实施方案的编制和规章制度的制定、现场实施，报告编写、审查等环节。

（1）项目委托。根据项目建设计划，由建设单位于联调联试开始前 3 个月向测试单位进行项目委托。

（2）大纲编制、审查和批复在联调联试开始 2 个月前，由测试单位牵头，会同运营、建设等单位共同编制大纲，由国铁集团组织专家审查并批准执行。

（3）实施方案的编制和规章制度的制定。在联调联试开始 1 个月前，依据大纲和线路特点，由运营单位牵头与建设、测试等单位共同编制实施方案，报国铁集团备案。在联调联试开始半个月前，依据工程技术特点、设备配置情况、工程状态和试验要求，由运营单位牵头制定试验期间行车组织、施工管理、设备使用和维修、安全管理及应急处理等规章制度。

（4）现场实施。根据试验需要，成立现场指挥组织，搭建工作环境，进行人员培训和配置，完成测试设备仪器、车辆等所有试验前的准备工作，按照实施计划和确定的工作程序组织实施。

（5）试报告编写。在试验结束后，由测试单位及时进行数据处理、分析，完成试验报告的编写。

（6）报告审查。由国铁集团组织专家对试验报告进行审查。

三、任务考核

（1）人员：1 人。

（2）操作时间：规定时间为 30 min。在规定时间内完成，不加分也不扣分；每超时 1 min，从总分中扣 2 分；超时 10 min，停止作业。

（3）考核标准：见表 6-2-6。

表 6-2-6　考核记录表

考核项目	分值	序号	考核要求及评分标准	分值	扣分情况	得分
工具准备	10 分	1	笔	5 分		
		2	试卷	5 分		
操作技能	70 分	3	联调联试及运行试验内容	25 分		
		4	实施原则	25 分		
		5	实施流程	20 分		
安全及其他	20 分	6	按规定设置防护	5 分		
		7	安全	10 分		
		8	动作、语言文明	5 分		
规定时间	30 min		操作时间			
合计	100 分			100 分		

项目三　竣工验收

【导　读】

当接触网工程的施工工作基本完成以后，就进入接触网施工的最后阶段，施工单位应及时办理工程有关验收交接手续，将线路设备和文件移交给接收单位，这就是竣工验收工作。本项目的主要任务是组织验收小组对接触网工程设备进行全面检查验收及竣工文件的交接。

【学习目标】

（1）掌握竣工验收的程序，了解竣工验收的方法，具备竣工验收的能力。

（2）掌握竣工文件的交接内容，了解竣工文件交接的程序，具备竣工文件交接的能力。

【思政目标】

行百里者半九十，走好最后一步很关键。竣工验收是接触网施工交付的最后一步，继续保持精益求精、一丝不苟的工作态度，绷紧安全生产弦，把好最后一关，不到最终交付并投入使用，就绝对不能有丝毫懈怠。

任务一　接触网工程的竣工验收

【任务描述】

竣工验收是工程结束并投入运营前的最后一个项目，本任务重点掌握工程验收的组织、验收的项目，工程交接的程序等。

一、理论部分

（一）竣工验收依据

接触网工程的竣工验收依据主要有以下几项：一是批准的设计文件，有初步设计文件，初步设计鉴定意见，接触网平面布置图，接触网安装图，接触网Ⅰ类、Ⅱ类变更设计文件、接触网Ⅲ类变更设计文件（施工处理意见）。二是设计、施工时采用的规程和规范，包括《铁路技术管理规程》《铁路电力牵引供电工程设计规范》和《铁路电力牵引供电工程施工规范》。三是验收标准，主要是《铁路电力牵引供电工程质量评定验收标准》。四是省部级及以上工程领导小组下达的有关文件、决议、会议纪要，以及施工单位和建设单位签订的协议等。

（二）竣工验收组织

电气化铁路工程是由国铁集团组织验收的大中型建设项目，按规定由国铁集团组织验收交接委员会（简称验交委员会）或指定建设单位（或接管单位）组织全面验收交接工作。验交委员会下设多个验交小组，接触网验交小组就是其中之一，接触网验交小组成员，由建设单位、设计单位、施工单位、运营单位（接收单位），以及监理单位的代表组成。

二、任务实施

（一）施工人员组织（见表 6-3-1）

表 6-3-1　施工人员组织

名称	职务	定员	职务与备注
工程验收人员	验收组织负责人	1	工程项目负责人
	总工程师	1	工程技术咨询
	主管工程师	1	负责所辖区人员调配
	技术人员	若干	工程检查
	项目验收员	若干	验收资料核对

（二）施工材料准备（见表 6-3-2）

表 6-3-2　施工材料

序号	名称	规格	单位	备注
1	工程设计文件		套	验收核对
2	规程、规范文件		套	验收核对
3	记录笔		支	记录

（三）施工方法及步骤

1. 工程检查

国铁集团或建设单位接到施工单位提出的申请验收报告后，组织一次工程检查，检查的主要内容有：接触网工程是否按设计施工，并符合质量标准；与接触网相配套的有关专业工程是否配套建成；路外协作工程是否同步建成；是否具备送电开通条件；是否能保证行车安全和生产安全等。工程检查结果符合初验条件后，即可成立初验委员会或验收委员会，以及各专业验收小组（包括接触网验收小组）。

2. 现场初验

接触网工程的现场初验由接触网验收小组支持，负责对接触网工程进行全面检验，按照竣工验收的依据及施工单位提供的竣工资料逐项检验。在检验中，要对工程质量做出评价，对存在的问题提出处理意见，对争议较大的问题提出复验要求。现场初验工作完成后，即向上级机关提交初验报告，由初验委员会或上级机关组织审查、处理各单位的不同意见，解决存在问题，并向上一级机关提报初验报告和申请正式验收的报告。初验合格后，方可交付临管运营。

3. 正式验收

验交委员会接到各接触网验交小组的初验报告后，组织对接触网工程进行复验或抽查，解决初验中没有解决的问题，决定送电开通方案及日期，决定全线电气化工程总验收交接日期。正式验收原则上应在初验合格后一年进行。

4. 固定资产移交

当接触网工程的正式验收工作结束后，即可由接管单位按确定的时间正式运营，并办理固定资产移交手续，也就是施工单位将接触网工程的所有设备移交给接管单位。此后，接触网线路的运营维护工作就由接管单位负责。固定资产的清理和移交应在接触网工程正式验收后半年内进行。

三、任务考核

（1）人员：1 人。

（2）操作时间：规定时间为 30 min。在规定时间内完成，不加分也不扣分，每超时 1 min，从总分中扣 2 分；超时 10 min，停止作业。

（3）考核标准：见表 6-3-3。

表 6-3-3　考核记录表

考核项目	分值	序号	考核要求及评分标准	分值	扣分情况	得分
工具准备	10 分	1	笔	5 分		
		2	试卷	5 分		
操作技能	70 分	3	工程检查内容	25 分		
		4	现场初验、正式验收	25 分		
		5	固定资产移交	20 分		
安全及其他	20 分	6	按规定设置防护	5 分		
		7	安全	10 分		
		8	动作、语言文明	5 分		
规定时间	30 min		操作时间			
合计	100 分			100 分		

任务二　竣工文件整理和交接

【任务描述】

本任务重点掌握竣工文件材料的准备，了解竣工文件的内容。

一、理论部分

1. 接触网平面布置图

接触网平面布置图是综合了解接触网结构、接触网设计计算、接触网平面图绘制等多项内容的设计图纸，是接触网设计中最重要的工作项目，它集中反映了接触网设计的主要原则。作为施工设计文件，它是接触网施工、接触网设备交付运营及进行管理和维修的重要依据。

2. 接触网竣工图

接触网竣工图是指接触网工程竣工验收后，为了能真实反映接触网工程的施工结果，由施工单位按照施工实际情况画出的接触网平面图。因为接触网工程在施工过程中难免有对设计图的修改（即设计变更），为了让建设单位或接收单位能比较清晰地了解接触网设备的实际安装情况，规定在接触网工程竣工之后，施工单位必须向接收单位或建设单位提交竣工图。

3. 接触网工程总结

接触网工程竣工验交后，施工单位应对该工程做全面系统的总结，以便吸取施工中的经验教训，提高施工技术和企业管理水平。接触网工程总结的编写，应由各级施工组织技术负责人主持，组织编写小组，并吸收施工技术人员、安全质量监督检查人员、财务人员参加。为了使工程总结全面、真实和准确，在整个施工过程中，各部门应注意积累有关资料，特别是施工中发生的问题及处理过程，变更设计项目及理由，采用的新工艺、新方法、新技术的应用总结情况。接触网工程总结应由各级施工组织分别按工程项目、施工范围逐级汇总上报，一般应与接触网工程竣工验收交接后半年内全部完成。

二、任务实施

（一）施工工艺流程（见图 6-3-1）

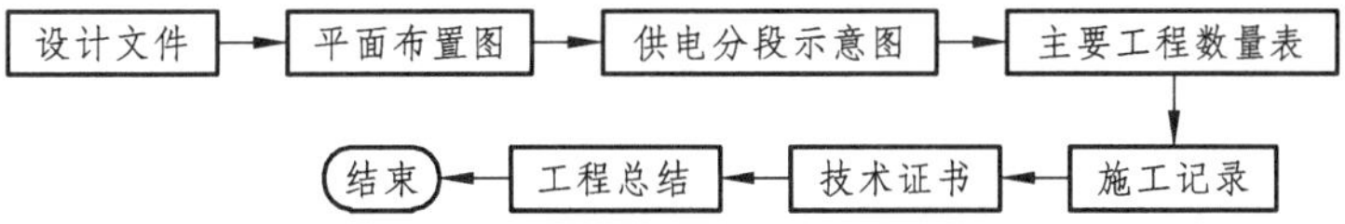

图 6-3-1　施工工艺流程

（二）施工组织准备

1. 施工人员组织（见表 6-3-4）

表 6-3-4　施工人员组织

名称	职务	定员	职务与备注
工程验收人员	项目经理	1	工程项目负责人
	总工程师	1	工程技术咨询
	主管工程师	1	负责所辖区人员调配
	队技术主管	1	负责辖区工程项目实施
	项目验收员	4	负责具体施工质量验收与核对

2. 施工材料准备（见表 6-3-5）

表 6-3-5　施工材料

序号	名称	规格	单位	备注
1	工程设计图纸文件	蓝图	套	验收核对
2	供电分段图		套	验收核对
3	工程施工记录		套	施工原始材料验收
4	主要设备合格证明		套	质量证明
5	相关验收表格	标准格式	套	验收填写
6	记录笔		支	记录

（三）施工方法及步骤

1. 文件材料准备

接触网工程竣工前，施工单位应提前整理好竣工文件和竣工资料，绘制好全部工程竣工图，竣工图要反映实际现场的接触网结构，对已有设计变更说明的地方，应调查核实后，将图纸进行相应的修改使之符合设计要求。竣工文件不齐全、不完整时，不能验收交接。

2. 竣工文件主要内容

（1）设计文件1份，由设计单位提供。

（2）接触网平面布置图 4 份，其中，蓝图 3 份交接管单位，底图 1 份交接管单位报送国铁集团档案馆存档。

（3）接触网供电分段示意图 2 份，接触网装配图 2 份。

（4）接触网主要工程数量表 3 份。

（5）工程施工记录：

① 钢柱基础隐蔽工程记录 1 份；

② 支柱埋设隐蔽工程记录 1 份；

③ 接地装置隐蔽工程记录 1 份；

④ 绝缘子和分段、分相绝缘器，以及隔离开关、避雷器、吸流变压器试验记录，各 1 份。

（6）主要器材技术证书，如钢筋混凝土支柱、钢柱、接触线、承力索、供电线、绝缘子、电分段、电分相、隔离开关、避雷器及吸流变压器等，各 1 份。

（7）工程总结 1 份。竣工文件的编写、绘制和整理，应由专人负责，并配备施工技术人员和具有一定绘图能力的专业人员进行。竣工文件应在正式验收前，由施工单位交给接管单位统一保管，并按规定送上一级档案部门归档。

三、任务考核

（1）人员：1 人

（2）操作时间：规定时间 30 min。在规定时间内完成，不加分也不扣分；每超时 1 min，从总分中扣 2 分；超时 10 min，停止作业。

（3）考核标准：见表 6-3-6。

表 6-3-6　考核记录表

考核项目	分值	序号	考核要求及评分标准	分值	扣分情况	得分
工具准备	10 分	1	笔	5 分		
		2	试卷	5 分		
操作技能	70 分	3	接触网平面布置图、竣工图	25 分		
		4	工程总结	25 分		
		5	竣工文件主要内容	20 分		
安全及其他	20 分	6	按规定设置防护	5 分		
		7	安全	10 分		
		8	动作、语言文明	5 分		
规定时间	30 min		操作时间			
合计	100 分			100 分		

附　录

附录一　接触网施工常用工机具及仪器仪表

附录二　接触网施工安全措施

附录三　接触网常用施工技术记录

附录四　工程案例

参考文献

[1] 中国铁路总公司. 高速铁路接触网技术[M]. 北京. 中国铁道出版社，2013.

[2] 中国铁路总公司. 客货共线铁路电力牵引供电工程施工技术规程（Q/CR9658—2017）[S]. 北京：中国铁道出版社，2017.

[3] 中铁电气化局集团公司第一工程有限公司. 电气化铁道施工手册——接触网[M]. 北京：中国铁道出版社，2015.

[4] 中铁第一勘察设计院集团有限公司. 铁路工程制图图形符号标准（TB/T 10059—98）[S]. 北京：中国铁道出版社，2007.

[5] 铁道部经济规划研究院. 铁路工程施工组织设计规程（Q/CR9004—2015）[S]. 北京：中国铁道出版社，2016.

[6] 国家铁路局. 高速铁路电力牵引供电工程施工质量验收标准（TB/T 10758—2018）[S]. 北京：中国铁道出版社，2018.

[7] 李伟.接触网基础知识[M]. 北京：中国铁道出版社，2010.

[8] 鲁宝安，王诗颂.接触网施工[M]. 北京：中国铁道出版社，2016.

[9] 中国铁路总公司.普速铁路接触网维修规则[M]. 北京：中国铁道出版社，2017.

[10] 中国铁路总公司.高速铁路接触网维修规则[M]. 北京：中国铁道出版社，2016.

[11] 中铁电气化集团第一工程有限公司. 电气化铁路施工组织与项目管理[M]. 北京：中国铁道出版社，2009.